国家社科基金重大招标项目"丝绸之路城市史研究（多卷本）"
（编号18ZDA213）系列成果

# 古代地中海城市贸易研究

本书得到国家级一流专业（历史学）项目资助

GUDAI DIZHONGHAI
CHENGSHI
MAOYI YANJIU

徐跃勤 / 编著

山西出版传媒集团
山西人民出版社

**图书在版编目（CIP）数据**

古代地中海城市贸易研究 / 徐跃勤编著. —太原：
山西人民出版社，2022.7
ISBN 978-7-203-12024-7

Ⅰ.①古… Ⅱ.①徐… Ⅲ.①地中海区—国际贸易—
贸易史—古代 Ⅳ.①F749

中国版本图书馆CIP数据核字（2021）第261605号

## 古代地中海城市贸易研究

编　　著：徐跃勤
责任编辑：蔡咏卉
复　　审：傅晓红
终　　审：梁晋华
装帧设计：陈　婷

出 版 者：山西出版传媒集团·山西人民出版社
地　　址：太原市建设南路21号
邮　　编：030012
发行营销：0351—4922220　4955996　4956039　4922127（传真）
天猫官网：https://sxrmcbs.tmall.com　电话：0351—4922159
E - m a i l：sxskcb@163.com　发行部
　　　　　　sxskcb@126.com　总编室
网　　址：www.sxskcb.com

经 销 者：山西出版传媒集团·山西人民出版社
承 印 厂：山西出版传媒集团·山西新华印业有限公司

开　　本：720mm × 1020mm　1/16
印　　张：18
字　　数：220千字
版　　次：2022年7月　第1版
印　　次：2022年7月　第1次印刷
书　　号：ISBN 978-7-203-12024-7
定　　价：86.00元

# 序

　　丝绸之路作为一条极负盛名的贸易之路、文化之路、友谊之路、发展之路，是连接古代中国与中亚、西亚、南亚、非洲、欧洲之间物质文明和精神文明交往的最重要的纽带。无论是在民间话语、媒体报道、外交活动还是学术研究中，丝绸之路都受到高度赞誉和广泛提及。在既有的研究中，无论是凭借文献记载还是考古发现，都已积累了对古代丝绸之路丰富而多元的诠释和解读。而新丝绸之路的兴起，又赋予其新的内涵，不仅意味着中国与中东、中亚等伊斯兰世界之间贸易通道的复兴，而且也是对古代丝绸之路的部分历史遗产的激活与重组。铭记历史是为了开辟未来，"我们传承古丝绸之路精神，共商'一带一路'建设，是历史潮流的延续，也是面向未来的正确抉择"[1]。因此，对古代丝绸之路的再思考是理解当代新丝绸之路的起点。

　　丝绸之"路"是东西方之间一连串"城"组成的道路网络，因此，丝路城市作为丝绸之路上相互交往的网络与纽带的支点，是丝绸之路开拓和

---

　　[1]　习近平：《习近平"一带一路"国际合作高峰论坛重要讲话》，外文出版社2018年版，第14页。

发展的关键地点和载体。在丝绸之路发展的鼎盛时期，丝路城市发展亦达到巅峰，其东西段的各条支线相连，在亚非欧构成了一张横贯东西、纵连南北的交通网络，使得这些城市具有横向性、复合性的特点。作为一条国际性贸易通道，正是由于丝路沿线区域或城市物品的差异性，才有了城市之间的互补性；正是由于丝绸之路城市的差异性和互补性，才有了丝绸之路的长久性。丝路城市的繁荣不仅为封闭的农牧社会注入了商业因素，而且打破了边远地区与世隔绝的状态，使得东西方世界直接联系起来，中国与印度、两河流域、埃及、希腊古文明有了直接的交流。两千多年以前，当我们的先辈们在欧亚大陆上踏出这条路时，这条路便注定成为一种永恒。而构成这条路的一颗颗明珠般的城市，注定随着这条路被记载到我们整个人类的历史之中。

百年来国内外学术界对丝绸之路的研究，既有宏观审视，也有微观突破，研究方法多元，这些皆为我们的研究奠定了一定的基础，但也有不足之处。

首先，国外丝路城市研究主要存在三种缺陷。一是历史语言学和考古学"考证式问题研究"，其研究多以文献、遗址、遗物为主，对丝绸之路诸文明各自的内涵及相互的联系还缺乏系统、深入的整体研究。二是基于区域史的"百科全书式"研究，美国著名学者威廉·麦克尼尔认为，这些著作搜集了"令人感兴趣的大量史料"，但从学术水平看"显然未能提供清晰易懂的模式"，丝绸之路史、城市史存在进一步探讨、研究的空间。三是没有实现丝绸之路史与丝路城市史有机结合。百年来，丝绸之路与城市各自的研究都富有成果，遗憾的是学术界对二者的关注并没有产生应有的交集。独立的研究对象、独立的研究队伍，在两条平行线上运动，所以国外仍然没有一部完整意义上的丝绸之路城市史。

其次，既有的国内丝路城市研究也存在明显的短板。一是更多关注了进入中国的外来文化和丝绸之路东段，很少涉足中国文化对外输出和丝绸之路中段、西段研究。这样，在世界史领域研究中，丝绸之路城市史是个新课题。丝绸之路中段、西段研究使我们的目光沿丝绸之路西出国门，扩展到与西北地区毗邻的中亚、西亚、北非乃至整个外部世界。因此，以丝绸之路中段、西段为线索，丝绸之路中段、西段城市发展史为切入点，展开对丝路城市史研究，无论在学理上还是现实中都显得尤为必要。二是注重境内的考古发现，忽视对国外研究成果的吸收和利用，导致一些研究有失公允。如站在汉文史料的基础上，部分国内学者认为"伊斯兰时代的中亚丝绸之路基本断绝"，但阿拉伯文、波斯文文献中则记录着该时期中亚地区丝绸之路繁盛的情况。三是我国的丝路城市史研究十分薄弱，与我国"一带一路"倡议的需要，存在着相当大的错位。所以，丝路城市研究应该是一个有价值的尝试。

在当今世界经济发展中，陆地的长途国际贸易仍然占据重要地位。随着冷战的结束和全球化的发展，丝路国家城市化进程加快，其城市基础设施投资、制造业发展、就业的解决等方面中存在着巨大的合作空间。那么，研究丝路城市的兴衰更迭，将给"一带一路"倡议的推进提供历史依据和借鉴，有助于推动中国与中亚、西亚、北非等国家在经济、传统安全、非传统安全等领域的进一步合作。丝路城市作为"一带一路"沿线国家的重要发展节点，无疑对于"一带一路"倡议的实施和推进具有重要的基础性作用。丝路城市群体之间通过发展网络互动的相互作用，能够使我国"一带一路"沿线的发展"支撑点"得以彼此连接，并以网络为基础向周边区域辐射，最终形成从点到线、到面的新的发展带，从而推动全球经济发展实现"由海到陆"的新平衡。这对于我国的未来战略，无疑是充满机遇的，也会是双赢的。

山西师范大学世界史研究团队，多年来致力于丝路城市史研究，在本领域积累了大量的研究成果和丰富的研究资料。国家社科基金重大招标项目"丝绸之路城市史研究（多卷本）"的获批，使团队研究迈上新台阶。即将出版的徐跃勤先生的《古代地中海城市贸易研究》即为"丝绸之路城市史研究（多卷本）"阶段成果，书中既有对丝路城市史的个案研究，也有从"文明交往理论"出发对丝路城市发展的宏观探讨，是难得的专业书籍，对读者了解丝路城市史大有裨益。

是为序。

车效梅

2022年5月

# 前　言

　　中近东位于欧、亚、非三大洲交汇地区，具有重要的战略意义，历来为兵家必争之地，也是古代丝绸之路必经之地。自古以来生活在古代中近东地区的诸多族群曾创造了自己辉煌的历史与文化，譬如苏美尔人、腓尼基人、犹太人、阿拉伯人、赫梯人、阿拉伯人、埃及人等。古代中近东的历史与文化是人类历史与文化的有机组成部分。但是，在这些创造中近东历史与文化的族群中，有的民族历史与文化得以承袭和发展，有的民族为历史的长河所湮没，腓尼基人即是被历史长河湮没的族群之一。

　　腓尼基人是中近东历史上一个古老的族群，他们曾生活在地中海东岸，大致相当于今天的黎巴嫩和叙利亚沿海一带。学界对于腓尼基人的起源莫衷一是，有学者认为他们来自阿拉伯半岛，还有学者认为他们来自西奈半岛。但现今大部分学者认为他们是闪米特人的一支，很可能是来自阿拉伯半岛的部族，公元前4000多年就来到这里定居。他们曾创立过高度的文明，创造了字母文字的源头腓尼基字母，建立了城市和一系列国家。约在公元前14世纪至公元前2世纪，腓尼基人的西顿、推罗、迦太基等国家先后呈现繁荣。历史上的腓尼基人以航海、殖民、经商著称，是古代世界著名的航海家和商人。他们驾驶商船，足迹遍布地中海的每一个角落，地中海沿岸的每个港口都能见到腓尼基商人的踪影。在腓尼基商人中，尤以西顿、推罗和迦太基数量为最。

西顿是腓尼基人的城市国家之一，位于黎巴嫩首都贝鲁特以南30公里、推罗（今泰尔）以北35公里。历史上西顿曾是腓尼基人城市的中心。公元前14世纪，西顿在埃及的统治之下。公元前13世纪"海上民族"入侵埃及和黎凡特海岸地区，给兵火所至的区域带来了深重的灾难。当古埃及新王国在公元前12世纪衰落时，西顿在东地中海贸易中处于领先地位，主要经营紫色染料、玻璃和海洋产业。公元前11世纪，西顿加强与地中海地区的塞浦路斯、希腊半岛、西西里、意大利半岛和非洲的商贸。公元前10世纪至公元前8世纪，西顿的商贸活动远达西班牙，并与推罗的竞争愈演愈烈。公元前7世纪，西顿被亚述帝国统治。但随着亚述帝国的衰落，西顿以此为契机恢复海上商贸。公元前6世纪早期，新巴比伦国王尼布甲尼撒二世围攻推罗，西顿借机突出在腓尼基城邦中的经济和政治地位。波斯兴起后，西顿被波斯占领。公元前333年，当亚历山大率军用兵东地中海时，西顿不战而降。亚历山大死后，西顿和腓尼基其他城邦被塞琉古王国统治。

推罗与西顿并称腓尼基人的姊妹城，也是腓尼基人的强邦之一。古代亚述文献将推罗记载为"Sur-ri"，其最初的名称是"Sor"或者"Sur"（在古代腓尼基语中意即"岩石"）。历史上的推罗城位于以色列城市阿卡以北37公里、西顿以南32公里。推罗和西顿一样，也曾是腓尼基城市的中心。公元前11世纪到公元前7世纪是推罗历史上的黄金时期。在此期间，它主要通过联姻、建立殖民地或"飞地"来发展商贸。其商贸范围遍及西亚和地中海周边地区。推罗在西亚地区构筑了巨大的商贸网络，其范围北达叙利亚、安纳托利亚地区；向东涵盖两河流域；南至整个巴勒斯坦地区、红海周边和阿拉伯半岛。推罗在西地中海的商贸范围远及西班牙。但推罗周边强邦环伺，由于推罗的富庶和战略地位的重要，它一直是古代西亚地区强邦极力控制的对象。公元前8世纪至公元前7世纪它为亚述人所统治；公元前6世纪它遭到新巴比伦尼布甲尼撒二世攻掠；波斯兴起后，推罗又遭受波斯的攻伐；在公元前4世纪，马其顿亚历山大占领推罗。推罗所在地在建立城市之前是一座岛屿，公元前332年亚历山大进攻推罗时，将其与陆地连接起来形成后来的半岛。

迦太基是推罗在北非建立的著名殖民城邦。迦太基城建于公元前814年，位于今天突尼斯首都突尼斯城东北17公里处，濒临地中海，扼守突尼斯海峡，据东西地中海要冲，占地300多公顷。公元前814年迦太基建城到公元前550年麦戈尼德王朝建立的近300年时间，迦太基的政治、经济、文化与母邦有着强烈的依附关系。但随着推罗的衰落，迦太基成为名副其实的独立城邦。迦太基不仅是上古时期地中海地区的军事强国，也是该地区重要的商业国家。它地处非洲北部、地中海南岸，是东、西地中海多条航路的必经之地，优越的地理位置促进了其经济的繁荣。在相当长的时期内，迦太基垄断整个地中海地区的贸易。马克思和恩格斯就曾把它与推罗、亚历山大里亚并列为古代世界的贸易中心。但是，随着罗马帝国的崛起，迦太基与罗马不可避免地爆发了利益冲突。历经三次布匿战争后罗马征服迦太基，从而结束了迦太基的商业传奇。

由于腓尼基人居住地地理位置优越、战略地位重要，加之腓尼基人的富庶，因此周边强敌环伺，觊觎其战略地位和财富。历史上腓尼基人屡遭外族征服，历史中断，最后消失在历史的烟波云海之中。

笔者之所以梳理腓尼基人的城市与贸易并出版本书，其原因主要基于以下几点：

第一，教学科研的需要。笔者多年从事历史专业本科生世界古代史课程教学，在讲授腓尼基人相关章节时，相关教材往往是简略和粗线条的，甚至有些语焉不详，因此本科教学需要充实腓尼基人的历史。同时，笔者数年讲授世界史专业硕士研究生世界古代史专题研究课程，在教学中发现中国学界对于腓尼基人历史的研究与国外学界的差距较大，研究成果比较匮乏，几乎还是处女地。因此，在学术研究领域有必要强化腓尼基人的相关研究。

第二，改革开放的需要。20世纪70年代末，中国开始改革开放，需要更好地了解世界的昨天。尤其是在习近平总书记提出"一带一路""人类命运共同体"等战略构想之下，研究中近东腓尼基人城市及与中近东相关的早期罗马帝国与南亚次大陆的贸易，具有"洋为中用""古为今用"的学术和实际意义。

第三，长期教学科研积累的基本素材。在数年讲授本科生世界古代史课程、硕士研究生世界古代史专题课程，以及指导硕士研究生毕业论文过程中积累的相关腓尼基人历史研究、早期罗马帝国与丝绸之路研究的素材，为本书的成型奠定了基础。

第四，"丝绸之路城市史研究"项目的支持。2018年，山西师范大学历史与旅游文化学院车效梅教授主持申报"丝绸之路城市史研究（多卷本）"项目，获批国家社科基金重大招标项目。本书有幸成为该项目的组成部分并获得经费支持，使本书最终能够出版。

在公元前11世纪至公元前7世纪的推罗商贸部分，本书从古代推罗城市建筑、地理位置、人口等基本情况，以及埃及对推罗控制的削弱、"海上民族"被驱逐、以色列的崛起等有利的外部环境，分析论述了推罗的崛起。从推罗在西亚地区"飞地"的建立，推罗在西亚的巴勒斯坦、叙利亚等地区的商贸活动，推罗在地中海地区的殖民地及商贸活动，尤其是推罗在伊比利亚半岛南部地区的商贸情况等层面，分析论述了公元前11世纪到公元前7世纪推罗的商贸发展。同时，从论述推罗与以色列、大马士革、亚述等国的关系入手，分析论述了外交关系对推罗商贸发展的影响。

在迦太基的中介贸易部分，本书基于迦太基中介贸易的特点，以迦太基的"新金属航线"、伊特鲁利亚—高卢航线、迦太基与埃及的陆上商路、迦太基的大西洋航线等主要商贸线路论述了迦太基的中介贸易。从腓尼基人的"金属航线"及迦太基的政治、经济特点等层面，分析论述了迦太基中介贸易形成的原因。从其地理位置、先进的造船技术、贸易保护政策等层面论述了迦太基中介贸易形成的条件。从迦太基商业民族性格特征的形成、经济结构和政治体制的转变等方面，分析论述了迦太基中介贸易的历史影响。

在迦太基的海外殖民部分，本书在论述迦太基的兴起及其基本情况的基础上，从迦太基在伊比利亚半岛、西西里岛和地中海其他地区的殖民活动入手，论述了迦太基的海外殖民情况。从迦太基的客观条件和国内需要两方面，分析论述了迦太基海外殖民的原因。从促进迦太基商业贸易发展、带动其本土经济发展、促使其政治体制转变以及对外冲突加剧与战争爆发等方面，分析论述了迦太基海外殖民的历史作用。

在早期罗马帝国与南亚次大陆的贸易部分，本书从罗马帝国稳定的国内环境、造船技术的提高、统治者的支持入手，分析论述了早期罗马帝国在印度次大陆开展商贸活动的成因与条件。从帝国境内的贸易线路、埃及到印度的贸易线路，分析论述了早期罗马帝国到印度的贸易线路。从罗马帝国和印度次大陆的贸易物品入手，以罗马帝国为核心，在对帝国的进出口物品作详细考察与研究的基础上，论述了早期罗马帝国与印度次大陆的商贸规模。同时，从经济、社会习俗两个层面，分析探讨了早期罗马帝国对南亚次大陆贸易产生的社会影响。

本书稿即将交付出版，但笔者仍感到诚惶诚恐。由于视域、语言工具、文献资料等因素的局限，本书还存在一些问题。诸如：缺少对于腓尼基城市西顿的相关研究；对推罗、迦太基的研究缺少希腊文、拉丁文、泥板文书等方面的论据；分析早期罗马帝国对次大陆贸易的影响时不够全面，只局限于经济和社会习俗；等等。这些问题是笔者自感遗憾的地方，也是以后努力的方向。对于本书的漏误之处，还期学者同仁不吝指正。

徐跃勤

2022年4月

# 目录

第一章

公元前 11 世纪至公元前 7 世纪的推罗商贸

推罗是古代腓尼基人在地中海东岸建立的城市之一，经济上主要以商贸为主。公元前11世纪之前，推罗一直处于古埃及新王国的控制之下。公元前13世纪，由于"海上民族"的侵袭，给新王国时期的埃及以及叙利亚巴勒斯坦地区造成了巨大的破坏，古埃及在叙利亚巴勒斯坦地区的统治受到削弱。推罗等腓尼基城市则借此机会摆脱了埃及的控制。摆脱埃及统治后，公元前11世纪到公元前7世纪是推罗历史上的黄金时期。在这段时期，推罗在西亚地区建立了完整的商贸网络，其贸易范围向北远达安纳托利亚、叙利亚以及两河流域地区；向南则穿过以色列囊括埃及北部、红海沿岸和阿拉伯半岛北部地区。推罗在这些地区建立了众多的商贸据点和"飞地"，成为维持其商贸网络的关节点。以公元前814年迦太基和公元前820年科新的建立为标志，推罗开始将其商贸活动重心转移至地中海地区。这一时期推罗商人频繁活动于爱琴海诸岛、伊比利亚半岛以及北非地区，他们在这些地区建立了众多殖民地及商贸据点。这些殖民地和商贸据点不仅为往来的商船提供补给与避险场所，同样也是其商品销售市场和原材料的来源地。通过这些殖民地或商贸据点的建设，推罗商贸得以在地中海地区称雄数百年时间。公元前10世纪后，推罗周边地区先后出现了以色列王国、大马士革王国和亚述帝国，这些国家都是当时西亚地区强国，它们控制着西亚地区庞大的市场以及原材料产地。推罗采用灵活的外交策略积极与这些强国发展外交关系，使其商贸的发展获得了令人瞩目的成就。以至于《圣经》在述及推罗时说道：推罗的"商人是这个世界上最为荣耀的人"。到了公元前7世纪末，由于两河流域新巴比伦王国的崛起及其政治、经济、军事方面的施压，以及地中海区域迦太基及希腊商人与推罗的竞争，推罗的商贸最终衰落。

推罗作为腓尼基人在地中海东岸建立的城市，虽然它的历史已成过往，但其因历史上的辉煌而历来受到学者们的关注。

## 一、史料与史学

早在19世纪，国外学者就已经开始对腓尼基城市有了初步的研究。德国学者默维尔在1841年至1856年间出版了四卷本的《消失的腓尼基人》一书，书中包含了当时能搜集到的关于腓尼基的文献材料；1860年至1861年间，法国考古队在拉楠的带领下前往腓尼基海岸进行发掘，并出版了全面的考察报告；1893年，学者古特斯密德在他的一篇文章中首次罗列出推罗国王名表。

20世纪以来，越来越多的学者开始关注腓尼基城市研究。1902年梅耶尔将前人对腓尼基的研究加以整理，写了一篇名为"腓尼基"的文章，初步系统地叙述了腓尼基城市的历史。1903年，学者库克出版了《北部闪米特人碑铭教程》，这本书具有很高的价值，成为人们了解腓尼基历史的基础教材。美国学者华莱士·布鲁斯·弗莱明于1915年出版的《推罗史》一书，主要介绍了从公元前10世纪一直到十字军东征时期推罗的简明史，书中还对推罗的商贸、工业、殖民和宗教进行了简要的介绍。学者希尔于1910年出版的著作《希腊出土的腓尼基货币目录》，对希腊地区出土的腓尼基钱币进行了研究，这些古钱币目前保存在大英博物馆中。学者阿尔布莱特1942年出版的著作《迦南人在文明史中的角色》强调了腓尼基人对西方文化的影响，特别是对古代犹太人的影响。尼娜·季德佳于1969年出版的《推罗全史》是一部综合性的推罗史，书中描述了公元前2000多年到公元前1000多年间的推罗历史。学者哈里斯1936年出版的《腓尼基语言语法》、弗里德里希1951年出版的《腓尼基人的语言》、威廉·罗伯特1962年出版的《腓尼基碑铭手册》、弗兰克·奔驰1972年出版的《腓尼基和布匿碑铭中的人名》等著作，对腓尼基语言领域的研究具有重要的学术价值。学者萨巴斯提诺·莫斯卡提1988年出版的《腓尼基人》是一部综合性的腓尼基历史著作，其中包括了腓尼基城市的经济、艺术、手工业以及殖民等，书中涉及推罗的政治、殖民地等内容，比较全面地反映了腓尼基历史。以色列学者卡岑斯泰因于1973年首次出版的《推罗史》也是一本较为全面的综合性著作，其内容从埃及第十二王朝开始一直到新巴比伦统治推罗时期结束，主要涉及推罗的地理、政治和对外关系等方面的内容。学者吉尔伯特·查理·皮卡德于1987年出版的《迦太基》一书论及推罗在北非地区的殖民情况。

21世纪初仍然有诸多学者关注推罗历史研究。其中玛利亚·尤金妮娅·奥贝特于2001年出版的《腓尼基人和西方世界》一书是非常具有学术价值的著作，她在总结前人研究的基础之上对腓尼基历史进行了较为全面的论述，尤其对推罗的政治、经济、殖民、贸易、手工业进行了重点分析论述。同时她在2008年出版的著作《新腓尼基编年的政治经济解读》中，主要对推罗与亚述的关系以及推罗在地中海的殖民地状况进行了简要介绍。

有关推罗的考古资料方面,法国学者是较早在这里进行考古发掘活动的国家。第一次世界大战后法国获得了黎巴嫩地区的委任统治权,法国学者借此机会对腓尼基城市遗址进行了发掘。考古学家泊巴德在推罗发现了古典文献中记载的"埃及港"。最著名的要数比凯亚于1973年主导的发掘活动,这是当时对推罗最为全面深入的一次考古发掘,此后他出版了《推罗陶器》一书,对这次发掘进行了详细的介绍。考古学家沃姆斯特于1978年也在推罗进行发掘。

国外学者对推罗历史的相关研究虽然已取得诸多成果,但综观其研究成果,主要集中在推罗的政治、社会生活、外交等领域,有关对外贸易方面的内容涉及较少。尤其是在国内学界,关于推罗的研究,主要有沈允宁在《世界遗产》2013年第2期发表的文章《走进中东文明古城:推罗与西顿》等,但鲜有系统研究推罗的学者与研究成果,推罗研究在国内几乎是一片处女地。因此,系统研究推罗的商贸具有一定的学术以及现实意义。

通过梳理推罗对外贸易的背景、过程以及影响其对外贸易的因素等,可以对推罗的历史有更深层次的了解。推罗与西顿、迦太基等其他腓尼基城市一样在经济上都是以商贸为主的国家,商贸发展是维系其国力的主要因素,可以说其全体国民都是为商贸服务的,因此要想更加全面地了解推罗必须首先了解其商贸。

通过研究推罗的商贸,可以窥一斑见全豹,在一定程度上反映出其他腓尼基城市的商贸状况。因为其他腓尼基城市与推罗拥有相似的经济与文化,它们都以发展商贸作为经济支柱。

通过研究推罗商贸，加强人们对古代西亚以及地中海世界商贸状况的了解。推罗在地中海和西亚地区建立了庞大的商贸网络，并且长期垄断了地中海地区的贸易，将地中海周边地区都融入了推罗建立的商贸网络中。因此通过对推罗商贸的研究可以看出西亚及地中海区域商贸的发展脉络，可以为其他研究迦太基和希腊贸易状况的学者提供借鉴。

推罗通过灵活处理对外关系，为自己的商贸活动创造了有利条件，对我国对外贸易的发展具有古为今用、洋为中用的借鉴意义。目前对于我国的经济发展来说对外商贸是非常重要的内容之一，而一些世界大国对我国的对外商贸有很大的影响，因此我们在努力提高自己的贸易能力、产品质量等因素的同时，也需要灵活处理与一些世界大国的关系，为我国对外商贸发展提供良好的环境。

## 二、推罗的兴起

### （一）古代推罗概览

历史上的推罗就是今天黎巴嫩的泰尔，位于以色列城市阿卡以北37公里、西顿以南32公里，面积大约为53公顷。它是古代腓尼基人在地中海地区的重要港口城市之一，一直被当成腓尼基城市的中心。古代亚述文献将推罗记载为"Sur-ri"，其最初的名字是"Sor"或者"Sur"，在古代腓尼基语中就是"岩石"[1]的意思。推罗所在地在建立城市之前是一座岛屿，

---

[1] Maraia Eugenia Aubet, *The Phoenicians And The West*, the second edition, Cambridge University Press, 2001, P35.

公元前332年亚历山大进攻推罗时，将其与陆地连接起来形成后来的半岛。推罗不仅是从非洲通向亚洲地区的交通要道，也是从地中海进入西亚地区的重要通道。由于推罗重要的战略地位，它一直是古代西亚地区强国极力控制的对象。

早期学者们对于腓尼基人的起源存在很大争议，有人认为其来自阿拉伯半岛，还有一部分学者认为其来自西奈半岛。现今大部分学者都认为他们是闪米特族，很可能是来自阿拉伯半岛的部族，"大约在公元前4000多年就来到这里定居"[1]。城邦形成后，腓尼基人生活的地区城邦林立，各个国家之间相互攻伐，导致这一地区战争不断，人们纷纷来到推罗避难，一度导致推罗人口剧增。古典学者阿里安认为亚历山大在攻陷推罗以后屠杀了将近8000人，大约30000人包括妇女和儿童被卖为奴隶，学者们据此推断那时推罗人口大约为40000人。

推罗人拥有悠久的航海历史，他们非常熟悉地中海的水文条件、天气状况。在长期的航海经历中，他们掌握了熟练的航海技能。远洋航行通常面临许多的困难，首先，要考虑水文条件、天气状况，然后要随时注意中途休整、补给。因此，他们对于沿途拥有良好停泊条件的海港、海湾非常熟悉。推罗人的造船历史也非常悠久，"大约在公元前1200年，他们就能够造出载重450吨的商船。到了公元前1000年时，他们已经拥有了载重将

---

[1] H.Jacob Katzenstein, *The History of Tyre*, Ben-Gurion University of the Negev Press, 1997, P6.

近500吨的大型商船，船只的航行速度能够达到时速5节"[1]。他们的商船甲板一般长20至30米、宽6至7米，方向的控制主要靠船的尾舵。在船尾处常常设计有巨大的船舱，供船员休息以及船上生活物资的储存。"每次航行时船员数量一般不超过20人"[2]。推罗人的战舰一般有两根桅杆，一根在船的中部，负责控制主要航向；另一根在尾部，面对强风时可以控制船身姿态，在战斗中还能操纵船只灵巧迅速地转向，然后用青铜制成的船首撞击敌舰。这些战舰一般有50个船桨，船身长25米，能载50人。

推罗城中拥有两个海港，一个是天然的，一个是人工的。天然海港位于推罗城的北部，由于它的位置面朝西顿被称为"西顿港"；人工海港于公元前9世纪由推罗国王伊苏巴尔一世修建于城市南部，由于它面向埃及故被称为"埃及港"[3]。埃及港呈喇叭形，出口比较宽，便于商船频繁进出。西顿港嵌入岛屿，呈葫芦形，出口较窄，用来长期停放战舰。由于对海上贸易的依赖，他们很早就重视海权。两个港口由一条横穿城市的河道连接，推罗的整个经济都依赖这两个港口。早期推罗人就居住在与岛屿隔海相望的名叫乌术的地方，在国王海拉姆一世带领下到达了后来的推罗，此后他在这里修建了自己的宫殿、神庙、储水池，并且掌握了简单的净化海水技术，对于缓解推罗淡水资源匮乏状况起到了非常重要的作用。海拉姆一世还将两个港口之间的土地进行平整，在这些地方修建了市场和广

---

[1]　Maraia Eugenia Aubet, *The Phoenicians And The West*, the second edition, Cambridge University Press, 2001, P35、P175.

[2]　Sabatino Moscatic, *The phoenicians*, Bompiani, 1988, P72.

[3]　拜占庭帝国统治时将其摧毁。

场。在岛屿周围建有防波堤，用以保护附近的城墙以及船舶修理厂免受海浪的袭击。

"从亚述国王辛那赫里布皇宫内的浮雕可以看出，在推罗城南部建造有皇宫，在皇宫周围还有其他的一些建筑物，研究发现这些建筑物都是推罗国王海拉姆一世建造的。从浮雕中我们看出推罗人从事的一些生产活动，比如纺织和象牙雕刻"[1]。海拉姆一世还在城市中建造了三个神庙，分别是梅尔卡特神庙、阿什塔特神庙、巴尔·沙门神庙。梅尔卡特是推罗的主要保护神，腓尼基语的意思为"城邦之王"。传说梅尔卡特是宙斯和阿什塔特的儿子，最初阿什塔特拒绝了宙斯的追求，宙斯震怒之下便将阿什塔特变成了一只鹌鹑，梅尔卡特便是这只鹌鹑所生。后来梅尔卡特在沙漠中被巨妖泰丰所杀，他的同伴准备杀一只鹌鹑充饥，结果正准备吃这只鹌鹑时它竟然变成梅尔卡特复活了，于是每年推罗人都要庆祝梅尔卡特的复活。

从目前发现的一些考古证据中我们可以看出当时推罗城内的基本情况。例如：在公元前10世纪中期亚述国王巴拉瓦特皇宫大门的青铜浮雕图案中，推罗被描绘成石头岛，由五个塔楼连起来的城墙包围而成，城墙上有两座拱形大门，其城门大约4米厚，[2]出于防御外敌的需要，推罗城建造有大量的防御工事；公元前8世纪萨尔贡二世皇宫的浮雕是以海洋为背景，浮雕上可以清

---

[1] H.Jacob Katzenstein, *The History of Tyre*, Ben-Gurion University of the Negev Press, 1997, P16.

[2] I.M.Diakonoff, *The Naval Power and Trade of Tyre*, Israel Exploration Society, 1992, P147.

晰地看见两个距离海岸线很近的岛屿，靠近右边的一个是推罗，左边的是阿瓦德，浮雕上刻有推罗主要的三个神庙。[1]

古代推罗淡水资源缺乏，城市所需要的淡水主要从对面陆地上获得。与推罗隔海相望的陆地上有一座城市，即现在的泰勒·拉彻狄耶，古代的亚述文献将其称为乌术。其南北跨度大约6公里，一直是推罗的附属地区及水源地。乌术境内有一条河流名叫艾因河，推罗人通过船只将水从乌术运往推罗。亚述国王为了迫使推罗屈服，曾经在乌术派驻军队阻止推罗从这里获得水资源。为保证日常用水的供应，推罗国王海拉姆一世在城中建造了储水池，"他命人将石灰涂在储水池周围避免水向外渗透，但是推罗仍然难以摆脱缺水的状况"[2]。

## （二）推罗兴起的外部条件

### 1.埃及的衰落以及对推罗控制的削弱

埃及第十二王朝时期的官方文献中首次提及推罗，从那时开始埃及试图获得叙利亚巴勒斯坦地区的控制权。第十八王朝时期，埃及就已经染指叙利亚巴勒斯坦地区。图特摩斯三世开始向巴勒斯坦地区发动大规模的进攻，在这次军事行动中埃及将推罗等地的腓尼基王公扣为人质，目的就是使推罗和其他一些腓尼基城市服从其统治。在这次军事行动之后，"包括

---

[1] Maraia Eugenia Aubet, *The Phoenicians And The West*, the second edition, Cambridge University Press, 2001, P37.

[2] H.Jacob Katzenstein, *The History of Tyre*, Ben-Gurion University of the Negev Press, 1997, P15.

推罗在内的腓尼基地区许多城市开始向埃及缴纳贡赋"[1]。

埃及阿蒙霍特普二世时期，为了和叙利亚地区的统治者争夺巴勒斯坦地区的控制权，埃及对叙利亚发动了大规模的进攻，反映出埃及对于腓尼基地区的重视。

著名的"阿马尔纳信件"[2]是反映这一时期推罗与埃及关系最为重要的文献资料，信中提到"西顿国王曾经进攻推罗"，以及他们向埃及求助的情况。这一时期推罗一直向埃及寻求援助，借助埃及国王的实力打击竞争对手，进一步发展商贸。信中提及推罗向埃及缴纳稀有木材和一些青铜制品，证明了推罗臣服于埃及。同时推罗国王还在信中请求埃及国王"向他提供一些粮食、木材等推罗急需的物品"，并"帮助推罗抵御阿拉姆的进攻"。埃及法老在收到信后迅速出兵，因为他了解推罗的重要性，特别是推罗海军对埃及的重要意义。这一事件反映出推罗在这一时期是埃及忠实的属国，双方之间存在依附关系。事后，推罗国王在致法老的信中向法老表示感谢，认为是法老将推罗赐予了自己，并称自己为"法老的仆人"[3]。推罗与埃及的臣

---

[1]　H.Jacob Katzenstein, *The History of Tyre*, Ben-Gurion University of the Negev Press, 1997, P23.

[2]　"阿马尔纳信件"是指在埃及阿马尔纳发现的以阿卡德语写成的大量泥板文献，这些泥板文献是公元前1385年至公元前1355年间埃及法老与当时西亚各国国王之间往来的书信。在埃及第十八王朝后期，埃及法老阿蒙霍特普四世为了摆脱底比斯阿蒙僧侣集团的控制，开始在埃及推崇阿吞神，并把首都迁到阿马尔纳。在1887年时一位埃及妇女无意中在此发现了350多块泥板文书，后来学者皮特在这里进行了系统的发掘，发现了大量以阿卡德语写成的泥板文书，内容是记载西亚各国与埃及之间的外交，被称为"阿马尔纳信件"或者"阿马尔纳档案"。"阿马尔纳信件"反映了各国之间通过信使交流，并且通过这种方式实现政治联姻、商业交易、缔结和约等活动，呈现了埃及第十八王朝时期与西亚各国之间的交往情况。

[3]　H.Jacob Katzenstein, *The History of Tyre*, Ben-Gurion University of the Negev Press, 1997, P25.

属关系巩固了推罗在腓尼基地区的地位，为其商贸的发展奠定了基础。

尽管在第十八王朝末期埃及重新获得了推罗的统治权，但是这一时期埃及的实力不断下降，对于腓尼基城市的控制力也不断削弱，腓尼基城市中不断爆发反抗埃及的斗争。埃及国王塞提一世平息了这些针对埃及的叛乱。尽管他在与赫梯争夺腓尼基地区控制权的战争中失败了，但是埃及始终没有放弃对推罗的控制，在塞提一世所建的纪念碑中清楚地表明埃及军队仍然完全控制着推罗和乌术。

公元前1283年，埃及法老拉美西斯二世与赫梯国王哈吐什尔签订了《银板和约》，规定双方彼此不再相互攻击，要共同应对来犯之敌，实现永久的和平等事项。和约的签订使得这一地区获得了暂时的稳定，推罗得以借此机会积极发展它的商贸。埃及法老麦伦普塔赫继承了王位之后，埃及并没有放松对推罗的控制，推罗在这一时期处于埃及的控制之中。

公元前13世纪末期，"海上民族"[1]入侵腓尼基地区并南下进攻埃及。尽管埃及法老拉美西斯三世将他们从埃及国土上击退，但他再也无力将其从腓尼基地区赶走。此后，埃及经过"海上民族"的冲击再也无力控制腓尼基城市。"海上民族"一直控制着卡梅尔和推罗北部到加沙南部之间地区。公元前1070年（埃及第二十一王朝时期），埃及使者

---

[1] 据《简明大不列颠百科全书》释义，"海上民族"指青铜时代末期左右，特别是公元前13世纪入侵安纳托利亚东部、叙利亚、巴勒斯坦、塞浦路斯和埃及的任何侵略性的航海者集团。他们摧毁了赫梯等古老的强国。由于古代西亚屡遭入侵，以致记录突然中断，导致其确切的范围和根源已经无从确认。古代腓力斯丁人是"海上民族"的一支，他们于公元前12世纪在巴勒斯坦南部沿海地带建立加沙、阿什杜德等小城，巴勒斯坦便意为"腓力斯丁人的国家"。他们在战争中广泛使用铁器，是其军力强大的一个主要因素。

文·阿蒙出访腓尼基城市，目的是获取雪松木，并加强埃及与腓尼基城市的来往。根据文·阿蒙的记载，"海上民族"的入侵严重阻碍了推罗的海上活动，而且给推罗带来巨大的破坏。推罗这一时期主要是受"海上民族"中名为"珊卡尔人"的海盗的控制，[1]许多推罗人被迫逃亡。

2.犹太王国的兴起为推罗崛起提供了契机

公元前12世纪到公元前11世纪，由于受到"海上民族"的侵袭，推罗商贸发展几乎停滞。在亚述国王提格拉特帕拉沙尔一世时期，关于推罗外部活动的记载非常少，亚述文献中提到在对亚述进贡的国家中有西顿、拜比鲁斯、阿瓦德，唯独没有提到推罗。"这一时期推罗则只能紧密地依靠西顿来发展自己，它仅仅是腓尼基城市中的二流国家。而拜比鲁斯和西顿在这一时期的国际贸易中则占据优势地位。"[2]拜比鲁斯是公元前11世纪腓尼基地区最强大的城市之一，而且也是埃及主要的雪松木供应国。拜比鲁斯从埃及获得了大量的埃及纸草，甚至一度成为埃及纸草的主要出口地，并在很长一段时间内成为希腊纸草的主要供应国。这一时期西顿受腓力斯丁人的破坏较小，其商贸发展较为顺利。

公元前1040年犹太王国兴起，犹太王国国王扫罗在对腓力斯丁人的战斗中取得巨大胜利，将腓利斯丁人赶出巴勒斯坦地区，确立了犹太王国在这一地区的强大地位。腓力斯丁人被驱逐、犹太王国的建立，客观

---

[1] Maraia Eugenia Aubet, *The Phoenicians And The West*, the second edition, Cambridge University Press, 2001, P30.

[2] Maraia Eugenia Aubet, *The Phoenicians And The West*, the second edition, Cambridge University Press, 2001, P30.

上给推罗创造了有利的国际环境。这一时期推罗在海拉姆一世的统治之下（公元前969年—公元前936年）开始逐步在腓尼基城市中确立了自己的地位，逐渐成为腓尼基地区重要的港口之一，推罗商人开始活跃在西亚和地中海世界，为其商贸的发展奠定了基础。

## 三、公元前11世纪到公元前8世纪推罗商贸的发展

### （一）推罗商贸在西亚地区的发展

1.推罗在巴勒斯坦地区"飞地"的建立

推罗在巴勒斯坦地区建立了众多"飞地"，它在西亚地区的商贸发展主要依赖这些"飞地"。"飞地"不仅缓解了推罗的人口压力，而且帮助推罗控制了巴勒斯坦地区众多商路。伊苏巴尔一世早期建立的两个"飞地"分别是利比亚的奥扎[1]和拜比鲁斯北部的伯特利。伯特利地理位置与现在的巴特南大致相同。这两个"飞地"的建立是由于公元前9世纪推罗人口过剩而向外移民的结果。"推罗在腓尼基地区建立的主要"飞地"分别是阿卡奥、阿卡赫兹、泰尔·阿布·哈瓦姆、泰尔·肯撒，以及位于加利利山地和海法海湾之间的整个地区。"[2]以至于在以色列和推罗签订的条约中，"所罗门承诺将加利利地区的20个城市赠送给推罗作为条约的保

---

[1] 具体位置目前仍未确定。

[2] Maraia Eugenia Aubet, *The Phoenicians And The West*, the second edition, Cambridge University Press, 2001, P78.

证，海拉姆则支付给所罗门国王120塔兰特的黄金"[1]。

阿卡赫兹位于阿卡和推罗之间，在当时是一个重要的港口，在其南部发现了公元前10世纪到公元前8世纪的墓葬群。这片墓葬区的墓葬明显是两种不同的风格，其中一类建造有大型墓室，里面有尸骨和大量陪葬品；另一类仅仅在墓室中保存着火化后的骨灰。而在古代犹太人通常拒绝将尸体火化，但推罗人有火葬习俗。这些不同习俗的墓葬表明推罗人已经和犹太人混居在这个重要的港口，这片推罗人墓葬的修建时期正好与推罗将其领土扩张至卡梅尔山的时期相吻合。

位于西顿以南13公里的古代城市萨勒法，长期以来一直是西顿的附庸城市，公元前11世纪到公元前8世纪时期被推罗占据，成为推罗的"飞地"。在此期间萨勒法进入了历史上发展最快和最具活力的时期。它制造的鲜艳的红色陶器是地中海西部以及伊比利亚地区非常流行的商品；同时它的橄榄油提炼、铜矿的冶炼等产业在推罗的带动下也繁荣起来。

除了在巴勒斯坦地区外，推罗在叙利亚和西里西亚也建立了"飞地"，这些"飞地"在帮助推罗控制这一地区的商贸方面起了重要作用。

腓尼基地区周边的阿玛努斯山、黎巴嫩山、撒玛利亚山共同构成腓尼基人城市的天然边境，这些山脉能够保护推罗免受来自美索不达米亚平原强国的攻击，但同时也给推罗造成了巨大的障碍。在这些山地中心地带，由奥伦特斯河、利塔尼河、约旦河以及贝卡河谷形成了难以穿越的天然屏

---

[1] H.Jacob Katzenstein, *The History of Tyre*, Ben-Gurion University of the Negev Press, 1997, P103.

障。由于这些地形因素的影响，推罗商人进入东方只得向北穿过奥伦特斯河口，向南经过以色列地区，因此他们通过建立阿卡奥、泰尔·肯撒、阿卡赫兹、米拉德罗斯等"飞地"对巴勒斯坦地区商路进行控制，同时与南部的以色列以及北部的大马士革王国建立紧密的政治经济联系。

推罗在腓尼基及其周边地区建立的众多"飞地"不仅有效缓解了其人口过剩的局面，还给推罗提供了大量的粮食，缓解了推罗城市粮食短缺的状况。同时这些"飞地"为推罗控制腓尼基地区的陆上交通要道起到了非常重要的作用，为其商贸在西亚地区的发展奠定了基础。

2.推罗商贸在叙利亚及其周边地区的发展

推罗与叙利亚北部和西里西亚地区商贸往来频繁，在卡尔凯美什和泰勒·海法等地考古发现了产自推罗的陶器，在叙利亚南部与黎巴嫩地区交界处的泰尔·卡泽尔出土了公元前8世纪的推罗陶器。早在公元前10世纪，推罗商人已经活跃在安纳托利亚地区，所罗门国王通过推罗商人获得卡帕多西亚和西里西亚的马匹及马车，推罗也从中获取了许多利益。推罗在这里设立了大量的商贸据点，这些据点对于推罗的商贸发展起到了重要作用。亚述的官方史书[1]中提到了一个位于亚历山大勒塔海湾的腓尼基人海港米拉德罗斯（靠近现代的伊斯卡德那）。亚历山大勒塔海湾地区是非常重要的贸易中心，这里是控制从地中海进入安纳托利亚南部重要金属产地的交通枢纽，同时也是沟通西里西亚的塔苏斯、萨马尔、黑山、卡尔凯

---

[1] Maraia Eugenia Aubet, *The Phoenicians And The West*, the second edition, Cambridge University Press, 2001, P50.

美什、阿勒波等商贸中心的贸易枢纽。黑山是这一地区重要的商贸中心，控制着从西里西亚到叙利亚北部之间的陆上商路。推罗非常重视黑山在西亚地区的商贸地位，亚述编年史记载着推罗在黑山的商贸状况。推罗对亚历山大勒塔港和塞浦路斯东部海岸的控制使它得以保持对西里西亚、托罗斯、幼发拉底河的金属和奴隶贸易垄断地位，同时也控制了通向爱琴海的海上商贸路线。通过推罗人与叙利亚北部和西里西亚地区的商贸活动，推罗的文化也渗透到这些地区。通常这些地区的人们使用腓尼基语作为官方语言，推罗的主要神祇也成了这些地区人们崇拜的神祇，甚至，推罗人还修建有梅尔卡特神庙。

在亚述国王萨尔玛那萨尔三世（公元前858年—公元前824年）时期，推罗的商贸范围已经扩展到了两河流域。推罗商人为了便于在幼发拉底河流域发展自己的商贸，在那里设有商贸代理机构。

3.推罗在西亚地区的陆上商贸线路

推罗在西亚的商路主要有四个方向：

第一条线路：沿着腓尼基向北一直到达阿勒颇地区，从东北方穿过哈利恩地区，到达两河流域北部。

第二条线路：在到达腓尼基北部之后，向东北方向经过卡尔凯美什北部地区进入亚美尼亚。

第三条线路：穿过腓尼基北部之后，到达土耳其东南部的米拉德罗斯港，再向西北方到达西里西亚，进入卡帕多西亚地区。

第四条线路：向南从腓尼基地区南部经过以色列到达阿拉伯半岛北部

和埃及地区。

### （二）推罗商贸在地中海地区的发展

1.推罗商贸向地中海发展的原因

公元前10世纪至公元前7世纪，人口增长、食物短缺、权力之争、市场刺激等诸因素共同影响推罗，刺激推罗商贸向地中海地区发展。

（1）人口增加以及食物的短缺

公元前10世纪到公元前8世纪，推罗人口进入了快速增长时期，[1]日益增长的人口使得推罗遭遇了严重的食物和饮水短缺，推罗不得不向外界大量进口橄榄油和谷物。在这一时期它非常依赖犹太—以色列王国。根据犹太王所罗门与海拉姆一世达成的协议，推罗用他们的手工业品换取以色列的白银和农产品。同时，推罗采取了修建储水池等措施来应对饮用水的危机。由于推罗的可用耕地严重不足，公元前10世纪到公元前8世纪，推罗一直在对岸的陆地上扩张其领土，在这一时期推罗甚至完全控制了西顿、阿卡海湾和卡梅尔山附近的土地，同时它还一直试图获得以色列北部粮食产地。

前面提到推罗在这一时期建立的阿卡奥、阿卡赫兹、泰尔·阿布·哈瓦姆、泰尔·肯撒等"飞地"，正好与同一时期推罗的国情相符。这些"飞地"的建立很大一部分原因就是由于推罗人口的增长。它们对于缓解推罗的人口压力虽然起到了非常重要的作用，但是仍然不能彻底解决推罗

---

[1] Maraia Eugenia Aubet, *The Phoenicians And The West*, the second edition, Cambridge University Press, 2001, P76.

国内所面临的人口问题，于是向地中海地区发展就成了推罗的唯一出路。推罗向地中海沿岸众多商贸港口大量移民，能够缓解其国内人口日益增长的压力。

（2）权力之争

公元前814年，推罗国内爆发了权力之争。推罗国王马特坦二世去世之后，其子皮革马利翁继承了王位，但是他的妹妹伊莉萨同样掌握着很大的权力。伊莉萨的丈夫阿查拉巴斯是推罗梅尔卡特神庙的高级祭司，在推罗国内拥有很大的影响力。阿查拉巴斯准备联合伊莉萨秘密发动政变，剥夺皮革马利翁的权力，结果被皮革马利翁察觉。他立即采取措施将阿查拉巴斯处死，伊莉萨也因此被迫逃离推罗，在其离开时带走大量财富，一些不满皮革马利翁的贵族也追随伊莉萨一起出逃。经历曲折后他们来到了现在的突尼斯一带，并且用他们携带的大量财富建立迦太基城。

（3）亚述的军事扩张

亚述在历史上数次进攻推罗，一度将推罗在陆上的领土占据，压缩推罗在西亚地区的发展空间。公元前935年到公元前605年，亚述进入新亚述时期，此后不断向周边发动进攻。亚述国王阿达德尼拉里三世、提格拉特帕拉沙尔三世、萨尔玛那萨尔五世、萨尔贡二世、辛那赫里布、阿萨尔哈东都曾经向叙利亚、巴勒斯坦地区扩张。通过不断的军事扩张，形成了地跨亚非两洲的亚述帝国。特别是在提格拉特帕拉沙尔三世、萨尔贡二世、辛那赫里布统治时期，亚述不仅将推罗位于安纳托利亚、叙利亚、两河流域的传统市场占领，甚至一度将整个巴勒斯坦地区纳入亚述的统治之下。

尽管推罗通过向亚述缴纳贡赋获得了相对独立的地位以及商路许可，但是亚述对其市场的控制仍然给推罗商贸发展造成了一定的障碍，迫使其向地中海发展商贸。

（4）推罗发达的手工业以及周边地区巨大的市场需求

推罗手工业非常发达，拥有专业的手工作坊，能够生产陶器、玻璃、紫色的纺织品、雕刻、金银饰品等。在腓尼基沿海特产一种名为骨螺的生物，从其体内可以提炼出紫色的染料，用这种染料染色的衣物色泽鲜艳而且不易褪色。当时埃及、以色列、亚述的皇室对用这种染料染色的纺织品非常喜欢。推罗由于在腓尼基城市中拥有强大的海军，得以控制这些染料的制造和出口，获得了巨大的利润。这种商品的广泛销售大大提高了推罗商贸影响力。

推罗人用黎巴嫩海滩的沙砾为原料，经过高温加工后制造出世界上较早的玻璃。由于原材料丰富而廉价，再加上玻璃制品用途的广泛，促使这种商品很快畅销周边地区。

推罗人用贵重金属制作的装饰品非常精美。他们将黄金等一些贵重金属打成薄片，在上面镶上宝石，用一种特殊的焊接方法将它们串在一起制作成项链。"他们常常用白银或者是青铜制作盘子和碗，并在上面雕刻图案，通常供应一些王公贵族。一些价值相对较低的金属常常用来制作普通的碗、水壶、香炉、锄头、剪刀、凿子等生活用具；还有一些则用来制作一些武器，如长矛、标枪、短剑等等"[1]。

---

[1] Sabatino Moscatic, *The phoenicians*, Bompiani, 1988, P82.

在推罗附近的黎巴嫩山上生长有一种名为雪松的珍贵树木，质地坚硬，不易腐蚀，是优质的造船原料。推罗人不仅将其用于造船，还将雪松木出口到许多地区。埃及、大马士革王国、亚述等周边大国常常从推罗进口这种珍贵的木材用来制造船只和一些建筑，推罗则用雪松木换取商路过境许可或其他推罗人的日用品。

陶器也是推罗行销海外的主要商品，特别是它制造的用于储存酒和粮食的双耳陶罐非常受欢迎。这些陶器容量大约有20至25升，它们不仅在平时被民众当做存放粮食的容器，而且还被广泛应用于航海中作为粮食和淡水的储存容器，保证了推罗船员们航行时的食物和饮用水的供应。由于地中海地区海上航运频繁，因此对于这些陶器需求量很大。

在推罗周边地区先后出现了埃及、以色列、大马士革王国、亚述等强国，这些强国无论是皇室还是民间，对于推罗的手工业品尤其是一些奢侈品都有巨大的需求。公元前9世纪，推罗成为向亚述、以色列–犹太等国供应奢侈品的主要国家。亚述国王为了炫耀财富，通常用大量奢侈品来装饰他的都城、皇宫、神庙，这些奢侈品或手工业品主要通过与推罗的商贸途径获得。因此，在当时周边大国的皇宫考古中发现诸多推罗制造的产品，如在亚述皇宫考古中发现大量推罗工人用黄金或白银制造的饰品、象牙装饰品等奢侈品。

（5）海军的强大

由于对海上商路的依赖，推罗优先发展海军，加之高超的造船技术，其海军一直被公认为是地中海地区最强大的军事力量之一。由于推罗雄厚的财力，"海军主力几乎都是从拜比鲁斯、西顿、阿瓦德、比提尼亚、吕底亚等地募集的雇佣兵"[1]。公元前10世纪腓力斯丁人的侵袭给推罗国内发展造成了巨大的影响。当时推罗国王巴尔与以色列-犹太国王大卫联合，以色列从陆地上进攻腓力斯丁人，推罗人则承担着从海上进攻腓力斯丁人的任务，他们最终于公元前975年将腓力斯丁人击败。这段时期埃及势力急剧衰落，亚述尚未真正强大，希腊还处在"黑暗时代"，为推罗称雄地中海提供了有利条件，此后推罗借此机会建立了腓尼基地区最为强大的海军。从公元前10世纪后半期开始，推罗逐渐获得了地中海海上商路的控制权。

推罗造船技术的高超为其海军的强大奠定了基础。其制造的军舰船身长而窄，船尾用青铜制造，质地坚硬，非常锋利，交战时用于撞击敌舰。在推罗与亚述国王沙尔曼纳萨尔四世的战斗中我们便可以看出这种战舰的优势，当时亚述集结了60艘战舰、800名水手，而推罗只有12艘战舰和500名水手，结果推罗大获全胜，迫使亚述与推罗签订和约。亚述国王萨尔贡二世为了镇压地中海地区的海盗不得不求助于推罗海军。在随后亚述与推罗的冲突中，辛那赫里布数次包围了推罗，也因为推罗海军的强大无果而终。公元前10世纪到公元前7世纪推罗海军是地中海最为强大的海军之一，以至于推罗在巴比伦的进攻之下坚持了13年之久。[2]推罗强大的海军

---

[1] I.M.Diakonoff, *The Naval power and trade of Tyre*, Israel Exploration Socity, 1992, P181.

[2] I.M.Diakonoff, *The Naval power and trade of Tyre*, Israel Exploration Socity, 1992, P177.

为它在地中海地区殖民地的建立以及商贸活动提供了有力的保障。

2.推罗在地中海地区殖民地的建立

推罗在地中海地区的商贸活动与它在这里的殖民活动息息相关，这些遍布地中海的殖民地给推罗提供了充足的人力、原材料和手工产品销售市场。这些殖民地还为过往的推罗船只提供了躲避风浪和休息补给的场所。可以说，推罗在地中海地区的商贸发展中这些殖民地是不可或缺的。他们在选择海外殖民地时常常选择一些岛屿、半岛，这些岛屿或半岛往往是拥有良好停泊条件（避风、避海浪）的海港；或者选择可以躲避陆地或者海上的危险，并且可以沿河上溯到内陆的河口地区，这些地区一般土壤都较为肥沃并盛产粮食。这些殖民地成为推罗在地中海地区发展的有力支撑点。

（1）推罗在地中海东部的殖民活动

虽然早在公元前11世纪推罗就已经在海外建立了一些殖民地，但是它在地中海的全面扩张是从公元前9世纪开始的，以公元前814年迦太基的建立和公元前820年科新殖民地的建立为标志，殖民地是推罗在地中海从事商贸活动的基础。

公元前11世纪后半期，塞浦路斯岛开始与腓尼基地区有了频繁的往来。推罗人在公元前10世纪就进入了塞浦路斯岛，并且逐渐在这里确立了主导地位。公元前9世纪末期到公元前7世纪末，推罗有很多居民迁移到了塞浦路斯岛南部。科新（现在的拉纳卡）是推罗较早的海外殖民地，是塞浦路斯重要的商贸港口，它拥有停泊条件优良的商港，地理位置非常重要。海拉姆国王曾经镇压了科新地区伊提开纳斯人的反叛活动，并且迫使当地居民向推罗缴纳贡赋。科新的统治者承认他是"推罗皇室的仆人，并且向推罗的巴尔神庙提供贡品"[1]。公元前8世纪，一场大火将推罗在科新修建的神庙烧毁，随后科新重建了神庙。科新重修神庙时，用石柱代替被大火烧毁的木头柱子，新建的神庙非常坚固，使用了将近两个世纪，同时向神庙供奉祭品和所需的一些物品。科新人以此行动表明科新对推罗的恭敬。

"塞浦路斯"希腊语的意思就是"产铜之地"，推罗之所以首先在这个岛上进行殖民活动，是由于对这个岛上的铜矿和其他一些金属资源的需求。同时，塞浦路斯岛上铜矿的开发也为这个岛带来大量财富。公元前9世纪末期，推罗通过其殖民地科新进一步将其势力扩展到了塞浦路斯岛的内陆地区，特别是科新以西35公里处的塔马索斯，蕴藏着丰富的铜矿资源。塞浦路斯对推罗在地中海商贸的发展起到了非常重要的支撑作用，为推罗提供了丰富的原料和巨大的市场。公元前8世纪到公元前7世纪，推罗对塞浦路斯岛的影响日益增加，在塞浦路斯岛上的帕福斯、阿马萨特、库瑞恩等地已出土了大量从推罗进口的奢侈品。在岛上一些地方还出土了来自推罗等腓尼基城市的黄铜、青铜、象牙等手工制品。科新是塞浦路斯岛的经济中心，推罗对塞浦路斯岛的开发促使科新变成了一个重要的商贸港口，大大加强了科新在爱琴海的商贸地位，打破了以前相对封闭的状态，

---

[1] Maraia Eugenia Aubet, *Political and Economic Implication of the New Phoenician Chronologies*, Leuven paris dudley ma, 2008, P250.

促进了其与周边地区的交往，在科新出土了"产自爱琴海的花瓶，产自埃及的精美花瓶、项链、宝石、象牙"[1]就是明证。

推罗最初在地中海东部地区的贸易活动主要集中于爱琴海沿岸及附近岛屿。公元前9世纪中期已经有推罗船只在爱琴海活动的踪迹，"推罗商人于公元前9世纪在阿芙吉拉（古希腊色雷斯沿岸城镇）建立了殖民地"[2]。公元前9世纪后半期推罗商船开始频繁往来于克里特岛和希腊多德卡尼斯群岛，开辟了爱琴海的商贸路线。这条商贸线路的开辟促进了罗德斯岛和克里特岛之间的交往。推罗人曾经用青铜和珠宝交换来自希腊的拉乌里翁和塔索斯地区的奴隶和白银。在希腊克里特岛克诺索斯的墓地中出土了一个公元前10世纪产自推罗的青铜碗，上面雕刻有腓尼基铭文。在克里特岛南部的科莫斯发现了公元前800年到公元前760年建造的神庙，也说明了推罗等腓尼基人曾经居住在这个岛上。同时在推罗出土的公元前10世纪的希腊花瓶和公元前850年产自基克拉底的盘子印证了推罗与爱琴海地区密切的商贸活动。

（2）推罗在地中海西部的殖民活动

推罗在地中海西部的殖民地主要集中在伊比利亚半岛南部地区，那里拥有丰富的矿产资源，特别是银矿，而白银是推罗大量需求的金属资源，这种需求刺激着他们走向遥远的地中海西部。推罗通过一系列的殖民活

---

[1]　Sabatino Moscatic, *The phoenicians*, Bompiani, 1988, P161.

[2]　Gilbert Charles Picard and Colette Picard, *Carthage-a survey of punic history and culture from its birth to the final tragedy*, Sidgwick and Jackson limited, 1987, P20.

动，一度控制了西地中海周边地区许多重要的港口，从而将这些地区的金属资源掌握在手中。推罗在伊比利亚半岛的殖民地主要集中在南部的马加拉和阿尔梅里亚之间。通过殖民地掌控该地的资源，"推罗囤积了大量的白银，这些白银都是来自安纳托利亚或者是伊比利亚半岛南部地区"。而伊比利亚人并不重视白银，他们认为白银只有很小的商贸价值，因此，推罗人得以用一些价值较低的手工业品向伊比利亚人换取白银，从而赚得了大量的利润。[1]

伊比利亚半岛西南部的加迪尔是推罗白银的重要来源地。尽管当时穿过直布罗陀海峡的航行困难重重，但是推罗人通过多次探险航行，最终成功在加迪尔建立了殖民地。随后，他们在加迪尔建造了梅尔卡特神庙，以此来加大对当地的掌控力。加迪尔位于西班牙南部瓜达基维尔河下游的冲积平原和瓜达莱特河口附近。这里土壤肥沃，在其东北部地区的山脉中富含铜、铅和白银。它地处海湾内侧，能够抵御海上暴风和海盗袭击。在加迪尔周边有座名为厄律忒亚岛的岛屿，拥有条件优良的港口，"岛上的艾芙迪兹、科廷奥萨以及圣·费尔南多等地都是推罗的殖民地"[2]。推罗通过在加迪尔港以及周边岛屿上建立殖民地，控制了瓜达基维尔河上游塔尔提索斯地区向外输出金属资源的出口。

---

[1] Gilbert Charles Picard and Colette Picard, *Carthage-a survey of punic history and culture from its birth to the final tragedy*, Sidgwick and Jackson limited, 1987, P19.

[2] Maraia Eugenia Aubet, *The Phoenicians And The West*, the second edition, Cambridge University Press, 2001, P266.

伊比利亚半岛南部伊比沙岛的托斯卡诺斯也是推罗的一个重要殖民地，"公元前700年左右，推罗已经控制了这里的沿海地区，占据了这里的粮食产区，并且在沿海修建了防御工事"[1]。在当地发现的陶器上面刻着的年代表也证实，"托斯卡诺斯建立于公元前730年到720年，这些陶器的形状与公元前8世纪推罗所制造的基本一致"[2]，印证了推罗与这个殖民地之间存在着商贸关系。公元前8世纪末期，大量推罗移民的到来使得托斯卡诺斯人口迅速增加，促使这里的金属加工、陶器制作逐渐繁荣，"同时也促使托斯卡诺斯成为这一地区的工业中心"[3]。

公元前9世纪，推罗在伊比利亚半岛南部还建立了"马拉加（西班牙南部城市）、和塞西（西班牙南部城市）等殖民地"[4]。

（3）推罗在北非沿海地区的殖民活动

推罗很早就在北非地区建立了殖民地。例如，里克斯城大约建立于公元前1100年，它是一座条件优良的避风港，位于卢克斯河口附近。卢克斯河将里克斯城与内地分割开来，成为保护城市免受内陆国家攻击的天然屏障。推罗商人常常在此躲避季风和海浪，他们修建了梅尔卡特神庙以表明对这里的占领。这里的土壤肥沃，粮食产量充足，木材和鱼类资源非常丰

---

[1]　Sabatino Moscatic, *The phoenicians*, Bompiani, 1988, P232.

[2]　Maraia Eugenia Aubet, *The Phoenicians And The West*, the second edition, Cambridge University Press, 2001, P317.

[3]　Sabatino Moscatic, *The Phoenicians*, Bompiani, 1988, P232.

[4]　Gilbert Charles Picard and Colette Picard, *Carthage-a survey of punic history and culture from its birth to the final tragedy*, Sidgwick and Jackson limited, 1987, P20.

富，在内陆地区的阿塔拉斯山脉中，铜、铁、铅等金属资源储量丰富。推罗通过里克斯港获得了象牙、木材、稀有金属等众多自然资源。

推罗在北非的另一个殖民地乌提卡位于突尼斯地区，距离海岸线10公里，距离迦太基40公里，大约于公元前1100年建城。在城市附近有一条河流，即使在汛期也不会发生洪灾。这里还有丰富的草场，并且粮食产量丰富，成为向过往推罗商船提供补给的重要基地。

迦太基是推罗在北非建立的最为著名的殖民地之一，建于公元前814年。迦太基的建立是出于政治原因，推罗国王皮革马利翁的妹妹伊莉萨由于皇室内部斗争，被迫于公元前814年逃到北非，由此建立了迦太基。迦太基建城后每年都会派遣使者前往推罗表示忠诚，并且向推罗主神梅尔卡特进献贡品，以示双方的臣属关系。迦太基拥有丰富的淡水资源，盛产大麦、小麦、葡萄，尤其是葡萄酒一度在地中海世界非常畅销。在靠近海岸的地方拥有条件良好的深水港，可以供商船补给和避风。诗人荷马写道："这里拥有丰富的木材、数不尽的山羊，这是一个非常富裕的国度，在合适的季节它能够产出任何的庄稼。这里还有安全的海港，非常适合过往的船只停泊。你不需要投锚或者是很粗的缆绳就可以将船只停靠，水手们只需要在这里等待合适的季风来临就可以起航，在海港的出口处有大量的淡水可以供水手饮用。"[1]但是这一时期迦太基的手工业仍然不发达，许多商品仍然要从推罗等腓尼基城市进口，它与推罗的经济政治联系非常密

---

[1] 荷马：《荷马史诗》（第九卷），袁飞译，远方出版社1998年版，第451页。

切。公元前670年和公元前662年，亚述国王阿萨尔哈顿以推罗向法老提供船只为借口，向推罗发动军事进攻。亚述的这次军事行动迫使大量推罗人向非洲地区迁移。推罗人迁往此地直接推动了迦太基手工业和商贸的繁荣，此后推罗的商贸中心地位开始向迦太基转移。

推罗甚至一度将埃及著名城市孟菲斯郊区占据为其商贸据点。它在北非的殖民地还包括里奥扎、皮斯·马格纳、希波和哈德穆提木等。

3.推罗在伊比利亚半岛的商贸活动

公元前9世纪，推罗在地中海东部沿岸以及西亚地区形成了稳定的商贸网络，推罗商人活跃在其中各个地方，极大地促进了推罗商贸的发展。公元前9世纪后期，推罗商贸发展逐渐转向地中海地区，以公元前820年塞浦路斯岛上科新殖民地的建立和公元前814年非洲迦太基殖民地的建立为标志，推罗掀起了向地中海商贸进军的高潮，推罗的商贸重心从此转向了地中海地区。这里笔者主要以推罗在伊比利亚半岛的商贸活动为例进行论述。

推罗人为了寻找原材料以满足近东市场的需求，经过远航来到伊比利亚半岛。在伊比利亚半岛的塔尔提索斯、瓜达基维尔河谷地带以及维尔瓦地区有丰富的白银矿藏。推罗很早就发现了这里银矿的价值，为将银矿转化成大量财富，推罗在这里建立了系列殖民地，如加迪尔、托斯卡诺斯、马拉加等，这些殖民地为推动推罗在这一地区的商贸发展奠定了基础。古代作家狄奥多罗斯在其著作中写道：

"提到伊比利亚必须提起那里的银矿，它为开采者们提供了大量的利润……牧羊人将比利牛斯山的树木点燃后引发了大火，大火燃烧了几日，将山上的土地都烧焦了，于是产生了比利牛斯山的名字。大量的白银被高温熔化成了水样的液体，形成了一条河流……但是当腓尼基人听到这件事情之后，他们用一些价值很低的东西与当地人进行交换。他们将这些白银带到了希腊、西亚等地区进行交易，获得了巨额的利润。这些商人们非常的贪婪，他们为了多拿一些白银将自己船上的锚也换成银的。通过转运这里的白银，腓尼基人变得越来越强大，他们建立了许多的殖民地，如西西里及其附近的一些岛屿、利比亚沿岸一些地方、撒丁尼亚和伊比利亚半岛。"

学者们认为"这段文字提及的腓尼基人就是推罗人"[1]。推罗人来到这里的目的就是为了获取白银，并且他们通过殖民地获得了在伊比利亚半岛开采银矿的权力。他们向当地出口橄榄油、酒、陶器等一些低成本的商品，用来换取当地的白银等一些贵重金属资源。在推罗考古发现的公元前740年到公元前700年的陶器，如蘑菇状的水壶、三叶状的水壶、单个灯芯的灯、边缘造型独特的碟子、三脚架和碗等文物，与伊比利亚半岛南部发现的同类陶器风格非常相似，似乎证明当时两地间的商贸往来。正是在经营伊比利亚半岛南部的商贸活动中获取了丰厚的收益，推罗人才有实力在北非、撒丁尼亚等地建立了众多殖民地。

（1）推罗在加迪尔地区的商贸活动

推罗于公元前8世纪到公元前7世纪在加迪尔建立了殖民地，这是推罗

---

[1] Maraia Eugenia Aubet, *The Phoenicians And The West*, the second edition, Cambridge University Press, 2001, P280.

在伊比利亚南部重要的殖民地。这里矿藏丰富并且人口稠密，为发展冶炼业提供了充足的劳动力。加迪尔殖民地的主要作用就是提炼并转运来自塔尔提索斯的白银等金属。推罗人非常重视这里的矿产资源，为了提高加迪尔的贸易与冶炼能力，他们在这里进行了大量的基础设施建设，改善其交通运输条件；推罗还"在加迪尔地区设置了具有管理职能的商贸机构，负责协调各地金属原料的加工与运输事宜，该机构完全控制着加迪尔的金属冶炼与运输"[1]。由于银矿的开采和加工主要由当地人经营，因此，该机构在经营银矿的过程中利用殖民地所辖各地的优势分工合作。比如特加德主要负责白银等金属矿藏的开采；阿兹纳克拉负责矿石的冶炼；圣·巴多罗密、皮拉罗萨、维尔瓦和加迪尔主要负责将金属切割加工；推罗人控制着白银等金属的交易与运输。垄断这些矿产资源的交易为推罗带来了丰厚的利润。

在对伊比利亚半岛南部金属资源大量开采的同时，推罗还不忘向当地输入它的手工业品。当地贵族对于推罗制造的奢侈品非常喜欢，特别是一些珠宝、象牙和青铜制品。由于这里的粮食和牲畜产量丰富，对于一些陶制容器拥有巨大需求，给推罗商人提供了庞大的市场。在加迪尔附近的布兰卡港考古发现了大量公元前760年到公元前750年从推罗进口的手工业品，佐证了当时商贸的盛况。

公元前7世纪，推罗对加迪尔银矿生产以及运输业的控制使其垄断了

---

[1]　Maraia Eugenia Aubet, *The Phoenicians And The West*, the second edition, Cambridge University Press, 2001, P285.

地中海地区银矿贸易,这一时期西亚地区对金属的巨大需求,成为推罗在这一地区寻求金属资源的巨大动力。推罗不仅从开采当地金属矿藏资源中获取大量收益,还根据这里庞大的市场需求建立了完善的商贸网络,从而获得了巨大的商贸利润。

(2)推罗在维尔瓦和塔尔提索斯地区的商贸活动

伊比利亚半岛南部的维尔瓦地区蕴藏着大量的黄铁矿,特别是其东部的里奥-提托,蕴藏着丰富的白银、黄金、铜、铅、铁矿等金属矿藏。推罗在这里建立了商贸据点,并且雇用大量当地人专门冶炼金属。推罗拥有当时非常先进的冶炼技术,考古发现了许多矿井和金属冶炼的遗址。从这些遗址中我们可以了解推罗人进行金属冶炼的过程。这些金属被熔化成锭块,称好重量,然后运往西亚地区。公元前8世纪到公元前7世纪,在维尔瓦地区设置管理金属冶炼与运输的机构,这个机构由推罗和当地人共同控制。推罗人并不直接控制金属资源产地,一方面在沿海港口建立殖民地,设置管理机构,从而将这些金属的输出控制在手中;另一方面,他们将当时先进的金属冶炼技术引入到这里,进一步加速了这里矿藏的开发。

塔尔提索斯位于瓜达基维尔河上游,那里蕴藏着大量的黄金、白银、铜、锡、菱铁矿。在塔尔提索斯北部的伊斯特马德拉蕴藏着丰富的黄金、白银和锡矿。陶器是当地人喜好的日用器皿,在塔尔提索斯附近的卡尔莫纳、卡拉姆波洛、塞维利于公元前8世纪中期曾大量进口推罗人的陶制容器和一些手工业品。推罗人通常将双耳陶罐当成礼物赠送给塔尔提索斯当地的贵族,通过这些礼物来获得一定时期的商贸许可。推罗在这里的商贸活动带动了周边地区比如塞拉·莫雷那、卡拉姆波洛、赛特菲拉、卡斯图罗金属开采业与金属运输业的兴起。推罗人将这些加工好的银锭等金属块锭运至希腊、推罗或者地中海其他的商贸中心，再由这些商贸中心转运至亚述或者周边市场。

### 4.海上商路

推罗之前的古希腊、古埃及等地中海文明时期，已在爱琴海开始航海活动，为推罗向地中海西部的航海、殖民、商贸打下了一定的基础。推罗人在长期海上活动中也积累了丰富的航海经验，他们曾经向埃及人学习造船技术，采用"方头平底"设计，这种船只具有很大的容量，并且适合进行远距离航行。"公元前1000年时推罗人对这种船加以改进，进一步增加了船的货舱，可以容纳更多的水手来操作船只，其速度也越来越快。推罗商人一般沿着海岸航行，这样可以避免来自海上的危险（暴风、海盗等等），同时还可以随时靠岸补给休整，他们在白天可以航行30到40公里"[1]。从伊比利亚半岛南部出发的商船一般都装载着大量金属，船身重、航速慢难以操控，而在当时船只动力主要靠帆，因此季风、洋流对古代商船航行有重要影响。特别是对于远洋航行来说，一般都选择顺流航行。推罗人在海上的航行分为短途和长途，短途航行使用小船，保持海岸线在视线内，航程不超过30到55公里。远洋航行则必须使用大型船只，大型船只抵抗海上风浪能力较强，但是吃水深，只能在距离海岸线较远的深

---

[1] Maraia Eugenia Aubet, *The Phoenicians And The West*, the second edition, Cambridge University Press, 2001, P167.

海航行。在深海航行非常辛苦，有时即使在夜间也不能靠岸停泊，常常需要连续航行数日。地中海的风向变化无常，船员们不得不中途在海港中停泊一段时间才能继续航行。

船只航行时间一般只能限制在天气状况良好的时间里，"排除战争因素一般从3月出发到10月底返回"[1]。一般情况下，"从推罗到加迪尔大约要走4200公里，需花费80到90天即3个月，推罗商人往返一次大约需要一年时间"[2]。

由于航海、经商的需要，推罗从公元前12世纪末期开始在地中海的岛屿、伊比利亚半岛南部以及北非地区的塞浦路斯、西西里、加迪尔、里克斯、乌提卡、迦太基等地建立殖民地。到公元前7世纪时，推罗的殖民地或商站已经遍布地中海的一些岛屿与沿岸地区。利用这些殖民地或商站，推罗在地中海地区形成了较完善的商路网络。推罗在地中海区域的主要航线有：

（1）推罗—加迪尔线路

推罗在西西里、南部撒丁尼亚、伊比利亚、迦太基、加迪尔都建立了殖民地，这些殖民地形成的商路网络既保证了原材料供应，同时也使推罗在相当长的时期内垄断了地中海的贸易。推罗从公元前9世纪就在塞浦路斯岛上建立了科新殖民地，从推罗出发到达科新后沿着安纳托利亚南部海

---

[1] 直到16世纪，地中海地区的人们才克服了冬季航行的困难。

[2] Maraia Eugenia Aubet, *The Phoenicians And The West*, the second edition, Cambridge University Press, 2001, P176.

岸到达古代卡里亚地区（位于罗德岛对面），再向西北方向航行，到达爱奥尼亚海域的赛西拉岛，然后穿过马耳他和西西里之间的海域，推罗商人一般会在西西里岛上躲避北部的季风，再穿过撒丁尼亚岛屿南部海岸，避免了逆向洋流与季风，就可以直达巴利阿里群岛南部地区。由于洋流和季风的影响，船只通常沿伊比利亚半岛南部海岸从圣安东尼奥海角和加塔海角到达直布罗陀海峡。

（2）直布罗陀海峡线路

在抵达伊比利亚半岛东部海岸之后，为了避免季风的影响，推罗商人必须得在马加拉海港和福恩吉罗拉海港休整，直到夏季来临他们才能穿过直布罗陀海峡到达加迪尔。船只通常在马加拉停泊几天或者是数月的时间，直到季风变成顺风。有时他们会在这里登陆，到附近的梅尔卡特神庙进行祈祷；有时他们会选择从马加拉出发从陆地上大约经过4天到达塔尔提索斯（西班牙南部海港）。这样可以避免在海上耗费过多时间，因为如果耽搁时间太久会导致冬天到来之前无法返回，以致影响到正常的商贸循环。

（3）直布罗陀海峡—西北非线路

推罗商人早在公元前1100年就在非洲地区建立了殖民地。西北非沿海岸地带不像地中海周边有较多的优良港湾可以停泊，并且海上暴风非常频繁。商船队经过直布罗陀海峡向北抵达伊比利亚半岛西南部地区，向南则到达西北非沿岸。船队首先经过丹吉尔，然后经过很长一段荒凉的海岸，才能到达较为富饶的吉哈伯河谷。往南就是推罗在非洲非常重要的殖民地里克斯，它位于卢克斯河口，这里也是其他腓尼基人的商贸聚集地。经过里克斯城再往南就是推罗人于公元前11世纪建立的摩加多尔港（现在的索维拉城），这里是推罗人在西北非航线的最后一站。

（4）加迪尔—推罗航线

夏季在季风与洋流的作用下，从加迪尔很容易就可以穿过直布罗陀海峡，然后顺流直达撒丁岛或者是阿尔及利亚，或者是顺着西风抵达巴利阿里群岛。再经过撒丁岛南部到达西西里，然后经过迦太基、潘泰莱里亚（意大利岛屿）、马耳他最后到达推罗。

5.交易方式

（1）建立商贸机构

推罗对外商贸活动主要是依靠在当地建立"商贸代理机构和一些商贸据点，这些机构主要受推罗国王管辖，负责管理当地贸易活动以及一些大宗货物的中转"[1]。

早期推罗的商贸据点主要集中于西亚地区。公元前10世纪，所罗门国王就通过推罗商人获得卡帕多西亚和西里西亚的马匹和马车，而正是推罗设在那里的商贸机构保证了商贸的顺利进行。在沙尔曼纳萨尔三世时期，推罗为了经营两河流域的贸易，在那里建立商贸机构。推罗在地中海的商贸据点主要设在一些沿海港口地区，以伊比利亚半岛为例，其商贸机构都在加迪尔、里奥–提托等沿海港口，这些商贸机构的主要目的是集中管理

---

[1] Maraia Eugenia Aubet, *The Phoenicians And The West*, the second edition, Cambridge University Press, 2001, P126.

当地矿产资源的提炼、运输等各项事务。

（2）礼物交换

古代地中海地区有许多商品交易是通过礼物交换实现的，在当时这种交易作为一种社会现象而存在。双方没有受到相互之间实力大小的影响，而是完全出于自愿，用于交换的礼物就是早期的商品。根据互惠原则而进行的礼物交换，暗示着对对方地位的承认，或者是去寻求一种对对方地位、特权、势力的炫耀。古代商品流通非常依赖这种商贸形式。这种交易方式加强了双方的友好关系，并且有利于形成固定的贸易渠道。在公元前14世纪到公元前13世纪，埃及、巴比伦、亚述、塞浦路斯皇室之间就普遍存在这种贸易方式，他们通过这种方式建立起私人友谊或国家间的外交关系。例如，埃及使者文·阿蒙在出访腓尼基城市时，带着腓尼基人急需的粮食交换腓尼基的雪松木，其实，文·阿蒙的主要任务是加强与这些腓尼基城市的关系。

推罗在地中海及西亚地区的商贸活动也曾使用这种礼物交换的方式。以推罗和以色列为例，当犹太–以色列国王所罗门继承了王位之后，推罗国王海拉姆派遣使团带着大量的礼物前往以色列，向所罗门表达建立良好关系的愿望，由此开启了双方之间商贸合作之门。推罗国王的礼物得到了回报，他获得了以色列的粮食等生活物资。在以色列都城撒玛利亚皇宫中保存着大量推罗的手工业品，以色列国王亚哈在撒玛利亚皇宫中的象牙宝座和一些贵族使用象牙装饰的床都是由推罗工人制作的。而推罗并不臣属于以色列，也没有向以色列缴纳贡赋的义务，因此在以色列皇宫中出现的这些产自推罗的手工品，或许主要是两国王公与君主之间相互交换礼物而来，这是他们商品流通的一部分，也体现出双方皇室之间密切的往来。同时，推罗人为了发展在伊比利亚半岛南部的金属贸易，将大量奢侈品赠与控制当地金属资源的贵族，由此获得了在那里进行金属冶炼与运输的许可，推罗的手工业品也得以进入当地市场。在塞浦路斯，推罗人往往用当地贵族急需的手工业品换取开采金属资源的权利，这种交换还巩固了双方的友好关系。

（3）梅尔卡特神庙在殖民地贸易中的作用

推罗人常常会在殖民地建造梅尔卡特神庙。在塞浦路斯、马耳他、摩洛哥、迦太基、伊比利亚半岛的一些推罗商贸港口，推罗人都建造了梅尔卡特神庙。

神庙在殖民地商贸中起着非常重要的作用，因为推罗人往往希望神灵保佑他们的商贸活动顺利进行，保证他们的利益不受到任何的侵犯，同时能够惩罚那些抢夺他们财务的强盗。神庙在当地往往能够起到管理职能，保证商贸有秩序地完成。有时神庙也会成为双方交易的场所，这样可以保证商旅不会遭到抢夺，因为神庙是根据神谕建造的，他们的安全获得了神灵的保佑。商人们往往反复诵读神的名字，以此希望神能够保佑他们的交易顺利地完成。作为一个保护商旅以及朝拜者的地方，神庙有时还能起到金融中介的作用。

作为回报，商人们必须向神庙缴纳一定的财物，如提供宝石等贵重祭品。这些祭品由神庙的神职人员统一管理，同时一些神庙还接受信徒大量的馈赠。殖民地的梅尔卡特神庙不仅被当成举行宗教仪式或进行商贸活动的场所，而且也是推罗对殖民地控制的工具，代表推罗君主在当地至高无上的权力。神庙成为推罗与殖民地宗教、政治、经济联系的纽带，因此，对于推罗皇室来说无论出于何种原因，在殖民地建造神庙都是一项获利巨大的投资。

推罗人往往通过向当地人宣传推罗主神梅尔卡特，来保证梅尔卡特神庙获得当地人的尊敬，进而确保推罗在殖民地的贸易顺利进行。推罗人将他们对神的祭祀、信仰很好地融入了当地人中间，这种和平的手段常常能够获得当地人的认可，为推罗人与当地人和平相处提供了平台。可以说，梅尔卡特神庙在保证推罗殖民地商贸体系稳定运行方面起到了非常重要的作用。

## 四、推罗与周边强国的关系及对推罗商贸发展的影响

### （一）推罗与以色列-犹太的关系及对推罗商贸的影响

1.推罗国王海拉姆一世时期与以色列-犹太之间的关系

公元前10世纪的西亚环境有利于推罗商贸的发展。一方面，埃及在新王朝后期逐渐走向衰落，已经不能垄断这一地区的贸易；另一方面，亚述在腓尼基地区东部建立了比较稳定的国家，但是其在叙利亚的统治仍旧不稳定，不能完全控制推罗等腓尼基城市。这给推罗人带来了发展契机，它不用再受埃及控制，开始利用地缘政治来发展商贸。公元前10世纪海拉姆一世成为推罗国王，揭开了推罗历史上新的一页。他迫切想通过发展推罗

商贸来增强推罗的国力，因此，与正在兴起的以色列结成同盟共同发展成了双方的最佳选择。在以色列-犹太王国建国之初，推罗对其持敌视态度，甚至与腓力斯丁人进行合作共同对抗以色列。但在以色列-犹太国王大卫击败腓力斯丁人以后，推罗开始改变态度。当时国王大卫将耶斯列和加利利河谷附近的一些城市都吞并了，成为巴勒斯坦地区的强国。其完全控制了推罗附近地区的商贸路线，同时还与周围的基述与哈麦斯签订了和约，并且在对阿拉姆部落的作战中获得了一些胜利，他的军队甚至扩张至大马士革。

以色列-犹太王国的迅速壮大引起了推罗国王的关注，推罗"海拉姆国王派遣代表团前去访问所罗门王，这些代表团带着雪松木，随行的人员中还有一些木匠和石匠，帮助所罗门建造皇宫"，访问过程中推罗与以色列签订了合作条约。由于推罗人拥有所罗门王需要的建筑材料和技术，其掌握的金属加工技术对于以色列来说也非常重要，根据条约，"海拉姆一世将一些具有丰富经验的工匠派往以色列-犹太王国，并且向其提供建筑材料、奢侈品以及各种劳务服务，其中包括帮助所罗门建立神庙、皇宫，同时还支付给以色列-犹太国王所罗门价值120塔兰特的黄金"[1]。

这里需要指出的是，尽管推罗国王赠给所罗门王大量的礼物，但是推罗并不臣属于以色列，它仅仅是通过赠送礼物的方式来获得在以色列-犹太王国境内从事商贸活动的许可。同时推罗国王希望通过发展双方的友好关系，避免受到其攻击。作为回报，所罗门则向推罗供应白银、农产

---

[1] H.Jacob Katzenstein, *The History of Tyre*, Ben-Gurion University of the Negev Press, 1997, P94、P103.

品以及推罗皇室需要的一些用品，其中包括"大约700吨的小麦和大量的橄榄油，这些东西都是推罗急需的"[1]。以色列还给推罗派来的工人提供食物，甚至将加利利地区20个城市赠给了推罗。在以色列的支持下推罗在陆地上的范围扩大至"卡梅尔山到阿卡之间的土地"，极大地缓解了推罗人口及粮食压力，为推罗商贸进一步发展奠定了物质基础。海拉姆甚至对所罗门说："如果你给我的皇室提供足够的食物，我就会满足你所有的要求。"[2]

同时，根据条约推罗与以色列-犹太王国将在以旬迦别[3]建立商贸船队——"他施之舟"[4]。为了建立商船队，"所罗门国王在以旬迦别靠近海岸的以拉塔建造了大量船只，海拉姆国王则派遣大量有经验的水手配备这些商船"[5]。由于"奥菲亚在古代被称为是黄金之地"[6]，这支船队在推罗人控制下，大约每隔三年到奥菲亚和他施等地远航一次，[7]他们船上载着工匠锻造好的青铜器、陶制器皿、劳动工具，返航时带回黄金、白银、

---

[1] Gerhard Herm, Translated by Caboline Hiller, *The Phonencians:the purple empire of the ancient world*, Wiliam Morrow and Company. inc. , 1975, P83.

[2] H.Jacob Katzenstein, *The History of Tyre*, Ben-Gurion University of the Negev Press, 1997, P100.

[3] 今以色列南部埃拉特港。

[4] Sabatino Moscatic, *The phoenicians*.Bompiani, 1988, P44.

[5] Maraia Eugenia Aubet, *The Phoenicians And The West*, the second edition, Cambridge University Press, 2001, P44.

[6] H.Jacob Katzenstein, *The History of Tyre*, Ben-Gurion University of the Negev Press, 1997, P110.

[7] 奥菲亚很可能是埃塞俄比亚和坦桑尼亚之间的地区，他施人一般认为就是伊比利亚人，生活在葡萄牙附近，他们在早前垄断了这里的锡，且只和腓尼基人交易。

象牙、豹子皮、珍贵的宝石以及一些特殊物品，如埃及王室最喜欢的产自阿拉伯半岛南部名为没药树的树脂。由于带回的财富众多，以至于以色列-犹太王国形成了崇尚奢侈品的新贵族阶层。

海拉姆和所罗门的商贸合作主要是为了满足西亚地区对于黄金、白银等贵金属和奢侈品的需求，在这之前埃及一直是西亚地区贵金属的主要供应者，它控制了整个西亚地区稀有金属矿石的供应。推罗与以色列-犹太王国合作在以旬迦别建立商贸船队以及与奥菲亚的商贸活动被埃及视为敌对行为，因此，在斯霍斯恩克（《圣经》中提到的埃及法老）即位后，推罗和以色列在红海地区的商贸活动被迫停止。

2.伊苏巴尔时期推罗与以色列的关系

公元前9世纪中期，西亚地区的政治形势发生了巨大的变化，巴勒斯坦地区统一的以色列-犹太王国已分裂成以色列和犹太王国；西亚北部的阿拉姆部落逐渐统一，形成强大的大马士革王国。伊苏巴尔一世统治时期，推罗在腓尼基城市中确立了强国地位，将西顿完全占领，建立了推罗-西顿联合王国（《圣经》中提到的迦南联合王国），这个王国以推罗为首都一直存在到公元前8世纪末。伊苏巴尔还在海外建立了科新、奥扎、伯特利、米拉德罗斯等殖民地。"推罗在这一时期商贸范围包括了爱琴海、撒玛利亚、叙利亚及其北部地区。"[1]

推罗国王伊苏巴尔一世为了保证推罗商贸发展，不断地寻求新的原材

---

[1] Maraia Eugenia Aubet, *Political and Economic Implication of the New Phoenician Chronologies*, Leuven-Paris-Dudley, ma, 2008, P251.

料来源地。为此，他希望发展与周边国家的关系。此时的以色列虽然经受了国家分裂的巨大打击，但是相比推罗来说，仍然是巴勒斯坦地区拥有较大影响力的国家，同时以色列的市场对推罗来说也具有重要意义。推罗主要希望其商品能够进入以色列市场，以及获得商贸路线的许可。为了进一步发展与以色列的关系，伊苏巴尔一世将自己的女儿（即《圣经》中提到的耶洗别）嫁给了以色列国王亚哈（公元前874年至公元前853年），以此来巩固与以色列的外交与商贸关系。公元前9世纪到公元前8世纪，以色列和推罗之间贸易往来频繁，推罗一直从以色列进口农产品。推罗向以色列出口的商品包括陶制花瓶、金属饰品、象牙雕刻制品。近年考古学者发现了相关的物证：在推罗发现产自以色列哈措尔的双耳圆柱瓶，这些瓶子主要用来盛放一些农产品；在以色列境内的撒玛利亚、哈措尔、梅吉多发现许多产自推罗的奢侈品和金属制品等。另外，在上述以色列城市中发现的公元前9世纪的文献中，保存着关于推罗建筑师和手工业者的资料，这些资料表明在亚哈及其继承者的王宫中存在着大量的推罗工匠。

公元前882年，以色列国内爆发了持续四年的内乱，最后伊苏巴尔支持下的以色列军事长官暗利获得了胜利，以色列与推罗之间的政治、经济关系更加紧密。公元前876年暗利将以色列的首都定在撒玛利亚，更加便利了推罗与以色列之间的交往。伊苏巴尔将其女儿耶洗别嫁给了暗利的儿子亚哈，推罗还获准在以色列境内修建神庙，加深了对以色列的宗教影响。暗利的即位带给推罗又一次发展商贸的良好机遇期。"暗利大量引进推罗工人在以色列从事建设活动，同时进一步向推罗开放了以色列的国内市场"[1]。在推罗的帮助下，以色列与大马士革王国建立了友好关系，使其免受大马士革王国的进攻，双方的关系变得越来越密切。

前面提到推罗国王伊苏巴尔的女儿耶洗别嫁给了以色列国王亚哈，对于以色列的政治、宗教影响非常大。她曾经积极参与以色列国内的政治活动，向以色列宣传推罗宗教，对于促进推罗和以色列外交关系的发展起到了重要作用。这一时期以色列与其南部的犹太王国也建立了良好的关系，而他们之间的良好关系正好为推罗商人打开犹太王国、阿拉伯半岛的市场提供了便利条件。耶洗别的儿子亚哈谢统治时期，以色列和犹太在政治和宗教方面都建立了密切的联系，他们之间隔阂的消除减少了商路的阻碍，为推罗提供了商贸上的便利。以色列国王耶罗波安二世时期，以色列是"推罗最好的顾客之一"，以色列皇宫中用于装饰的象牙都是从推罗获得。尽管在以色列国王耶户统治时期，推罗与以色列之间出现了矛盾，耶户破坏了推罗在以色列境内建造的神庙，杀害了神庙中所有的推罗祭司，但是以色列随后的统治者恢复了原状。他们之间的友好关系"持续了200年"之久。[2]到公元前722年，亚述国王萨尔贡二世攻陷撒玛利亚，将大批居民迁走，以色列王国灭亡。

3.推罗与以色列的关系对推罗商贸的影响

推罗国王海拉姆与以色列-犹太王国国王所罗门的友好关系确保了推

[1] H.Jacob Katzenstein, *The History of Tyre*, Ben-Gurion University of the Negev Press, 1997, P145.

[2] Maraia Eugenia Aubet, *Political and Economic Implication of the New Phoenician Chronologies*, Leuven-Paris-Dudley, ma, 2008, P196.

罗至两河流域、叙利亚、阿拉伯半岛商贸路线的畅通，并且保证了推罗对粮食的需求，同时也推动了推罗手工业的发展。在海拉姆和所罗门签订的条约中，作为对推罗的补偿，以色列甚至将加利利部分地区割让给了推罗。这一地区非常适合粮食的种植，海拉姆一世对这片地区表示出浓厚的兴趣。这片土地对推罗具有重要的意义，不仅缓解了它的人口压力，而且为它进行的远洋贸易活动提供了有力的支撑。以色列国内对于推罗手工业品有巨大的需求，推罗向其出口大量的陶器、金属制品。推罗工人在以色列从事各种建筑活动，也为推罗带来大量的利润。

推罗与以色列–犹太王国的联合商贸船队在红海地区不断发展。公元前10世纪推罗已经具备了组织远洋贸易的实力，并且拥有一定的航海技术支持它发展远洋贸易。在晚青铜时期（公元前1500年—公元前1100年）埃及一直垄断着红海地区的海上商路，海拉姆和所罗门所进行的远洋活动，打破了埃及在红海和也门地区的垄断地位，不仅使得推罗获得了巨额的收入，还扩大了其商贸影响力。同时，以色列国内对手工业品和奢侈品的需求为推罗提供了巨大的市场。以色列是以农业为主的国家，他们对陶器、金属农具等生活资料的需求量很大。由于以色列缺少经验丰富的建筑工人，大量推罗技术工人在以色列从事建筑活动。以色列位于撒玛利亚的皇宫、耶路撒冷神庙都是在推罗工人的帮助下建造的，其城市建筑也非常依赖推罗工人，其双方是雇佣关系，以色列必须为这些工人提供食物等生活必需品。两国之间的友好关系进一步促进了推罗商贸的发展，甚至在以色列境内设有推罗商业区，便利了推罗商品的销售。同时，以色列的强大有效地维护了推罗边界的和平，使其免受周边少数民族的袭扰，避免了商贸发展因战争而中断。

同样对于以色列来说，推罗也是它走向海洋的领路人。以色列是以农业和畜牧业为主的国家，其商贸和手工业远不及推罗，他们建立的联合商贸船队中所有水手都是从推罗招募。没有海拉姆国王提供的技术工人，以色列也不可能开发以旬迦别的铜矿，并将其转化为财富。海拉姆和所罗门从远洋活动中获得了巨大的利益，他们用这些财富兴建他们的首都。所罗门在耶路撒冷建造了雄伟的神庙，海拉姆则重建了推罗的海港、皇宫、市场、神庙以及一些大型的船坞，将推罗建设成为腓尼基地区最辉煌和令人羡慕的城市。

### （二）推罗与阿拉姆-大马士革的关系及对推罗商贸的影响

#### 1.推罗与大马士革王国的往来

公元前10世纪时，叙利亚地区的部落逐渐统一形成阿拉姆-大马士革王国。这个地区强国直接控制了推罗商人前往安纳托利亚以及两河流域北部的陆上商路。到了公元前9世纪本·哈丹统治时期，大马士革王国控制着东西方的主要商路，国力达到了顶峰。大马士革王国建立之后就不断地向周围地区，特别是向南方扩张自己的领土，"一度占据了巴勒斯坦北部地区和约旦河东部地区"。而推罗对于这些地方非常依赖，因此与这个新兴国家建立稳固的外交关系，对于推罗商贸来说具有重要意义。

亚述国王沙尔曼纳萨尔三世的官方文献中有关于处理与周边国家关系的一些记载。文献记载大马士革国王本·哈丹的儿子哈达德·伊萨尔统一了叙利亚各部落并建立强大的国家。公元前883年，本·哈丹在约旦国王的请求下命令军队向以色列发动进攻。大马士革王国的军队从推罗附近经过，给推罗造成极大的压力。面对这种情况，推罗国王伊苏巴尔一世不得不采用更多外交手段来发展与大马士革王国的关系，以此来确保推罗的商贸在叙利亚地区顺利进行。他的这种策略获得了一定的成功，在其执政期内，推罗与大马士革王国形成了非常稳定的关系。

推罗对大马士革的宗教有很大的影响，大马士革国王本·哈丹在其都城修建了梅尔卡特神庙，并且宣誓永远效忠于梅尔卡特神。亚述纳西尔帕曾经率军进攻叙利亚，随后在大马士革军队的抵抗下撤退，本·哈丹将亚述军队的撤退归功于梅尔卡特神的庇佑："梅尔卡特神保护了我们的臣民，使我们打败侵略者，免受危险。"他认为正是梅尔卡特神保护了他的王位和他的国家，保佑他的军队获得战斗胜利，因此对于祭祀梅尔卡特神非常虔诚。从这个神庙的修建中我们可以看出，当时推罗对于大马士革王国除了商贸和政治影响之外，对其宗教也产生了很大的影响。同时，推罗皇室和大马士革皇室之间也进行了联姻，这一时期大马士革王国与推罗之间的关系稳定。

公元前9世纪时，亚述逐渐强大起来，并且开始侵袭叙利亚地区，给大马士革王国造成了巨大的军事压力。亚述国王亚述纳西尔帕对他的一系列军事胜利颇为自豪，他说："我开始向卡尔凯美什进军，我在那里收到赫梯国王缴纳的赋税，它周边所有的国王都过来缴纳贡赋，向我表示臣服。我从卡尔凯美什出发并且在晚上穿过了阿皮尔河……从那时候起我占领了黎巴嫩所有的国家，在那时巴勒斯坦地区的所有沿岸国家推罗、西顿、拜比鲁斯、马哈拉特、凯扎、阿姆鲁、阿瓦德都在这些国家之列，他们缴纳的物品包括金、银、锡、铜、亚麻布、色彩鲜艳的衣物、猴子、黑檀木、黄杨木、从海象嘴里拔下来的象牙，他们将这些物品堆在我的脚下。我征服的脚步抵达了阿曼山上。"[1]公元前732年，亚述国王提格拉特帕拉沙尔将大马士革王国灭亡。这次军事行动同时也使得推罗从大马士革王国的限制中解脱出来，推罗不必再依靠大马士革来发展其在叙利亚地区的商贸了。但是，亚述在叙利亚和巴勒斯坦地区已经完全占据了主导地位，并且开始取代大马士革王国的地位向推罗征收贡赋，同时亚述完全控制了推罗在叙利亚地区的传统市场，给推罗带来了新的挑战。

2.双方关系对推罗商贸的影响

推罗一向重视海军的发展，其陆军仅仅依靠一些雇佣军，力量相对较弱，因此，它不可能通过军事手段与大马士革王国对抗。从某种意义上讲，推罗将缴纳的贡赋当成是一种商贸支出，推罗国王经常用缴纳贡赋的方式来获得一些短暂的商贸许可。然而，如果推罗确信所付出的超过了他们的利润，那么它会毫不犹豫地停止缴纳贡赋。

在哈泽尔统治时期，大马士革王国开始逐渐控制从南部进入大马士革的两条商路：一条是从埃及通向大马士革；另一条是从阿拉伯到达大马士革，并且在撒玛利亚建立了商贸区域，这对于推罗商贸发展造成了不利的

---

[1] H.Jacob Katzenstein, *The History of Tyre*, Ben-Gurion University of the Negev Press, 1997, P137、P139.

影响。同时，推罗必须向大马士革王国缴纳大量贡赋，给推罗造成了巨大的财政负担，严重影响推罗商贸发展。尽管如此，推罗国王伊苏巴尔通过宗教、政治和外交手段与大马士革王国保持了稳定的外交关系，他的这种政策促进了推罗一些奢侈品和手工业品进入大马士革市场。叙利亚人则用他们的特产"赫尔波的酒"和"萨哈尔的羊毛"与推罗商人进行交换。当时的人把推罗当做大马士革的港口，常说"大马士革就是你的市场，你在这里进行了大量的商贸活动"。在阿尔什兰出土的产自推罗的象牙雕刻饰品，上面雕刻着大马士革国王哈泽尔的名字，这种象牙饰品是推罗缴纳的贡赋，体现了双方紧密的商贸关系。推罗的建筑业和手工业对于大马士革国内城市建筑也有着非常大的影响，在哈泽尔统治时期，许多推罗工人受雇在叙利亚境内从事建筑活动。

公元前732年，亚述将大马士革王国征服，提格拉特帕拉沙尔变成了叙利亚的主人，大马士革变成了亚述的属地。推罗人认为，大马士革王国的覆灭使"阻挡我们国家的障碍消失了，大门从此打开，我从此变得富裕，而他开始走向毁灭了"[1]。

### （三）推罗与亚述的关系及对推罗商贸的影响

#### 1.双方之间的合作

亚述发展到新亚述时期得到复兴，并且开始向周边地区进行军事扩张。"公元前876年，亚述国王亚述纳西尔帕二世在奥伦特斯河口附近接

---

[1] H.Jacob Katzenstein, *The History of Tyre*, Ben-Gurion University of the Negev Press,1997,P184、P218.

受来自推罗、西顿、拜比鲁斯、阿瓦德进贡的物品，主要是青铜制的花瓶、羊毛和亚麻制的纺织品、狮子、象牙和雪松木"[1]。这是关于推罗向亚述进贡的首次记载，但这并不意味着推罗面临被征服的危险，而是表示推罗获得了某种商贸许可，比如获准进入叙利亚从事商贸活动，这一时期推罗仍然保持着相对独立。因为亚述国王在纪念新王宫建成仪式中邀请推罗和西顿作为腓尼基城市的代表参加，表明这一时期推罗与亚述建立了正常的外交关系，推罗的独立地位获得了亚述国王的认可。亚述对于推罗向其进贡的象牙、木材和其他一些奢侈品表示非常的满意，进一步推动了双方关系的发展。

萨尔贡二世统治时期，推罗和亚述的关系有了进一步的发展。在萨尔贡二世即位初期，巴勒斯坦地区爆发了反抗亚述的战争，这些参与反叛的城市拒绝向亚述国王缴纳贡赋。在这种形势下推罗并没有参与这次反叛，因为它在这之前已经很多年没有向亚述缴纳贡赋，而亚述对此则采取了宽容的态度。但是，推罗国王伊路莱奥斯趁此机会向亚述送去礼物，他发现这是与亚述建立良好关系的大好时机，并且打算在亚述的支持下趁机取得腓尼基南部城市的主导权，这样便可以为地中海贸易奠定良好的基础。推罗国王伊路莱奥斯的这种政策使得推罗获利颇丰。首先，使推罗避免成为萨尔贡的进攻对象，因为当时亚述国力非常强大，而反叛城市力量微不足道，一旦失败，亚述国王一定会对参与反叛的国家进行严厉的惩罚。其

---

[1] Maraia Eugenia Aubet, *The Phoenicians And The West*, the second edition, Cambridge University Press, 2001, P90.

次，即便参与反叛的城市胜利了，在这一地区驻扎的亚述军队自动就会撤走，同样不会受到亚述的攻击。后来的事实证明了推罗国王伊路莱奥斯的远见，萨尔贡二世命令当地指挥官缓和目前局势，并且与推罗建立了良好的关系。现存的在亚述城市卡拉赫发现的"尼姆鲁德信件"，总共有12封。信中记述了在"提格拉特帕拉沙尔三世统治的后半期到萨尔贡二世统治初期"[1]推罗与亚述的外交关系。信中说道：

"致我的国王，您的仆人莱缪尔：关注推罗人民，关注推罗人的海港，我收到了一些税收，他们缴纳了一些木材，收税人在黎巴嫩山那里，推罗人攻击并杀死了他们，我任命官员在西顿的仓库中收缴贡赋，西顿人攻击他，于是我派另一个人代替他。他几乎使人民都造反了，最后迫不得已他逃跑了，我不得不派遣另一个人代替他。"

这些信件都是由名为莱缪尔的官员所写，他是亚述派遣至推罗负责监督向亚述缴纳贡赋的官员。信中都是关于亚述处理与推罗和西顿政府之间事务的内容。在第11封信中写到"给予推罗人民更多的照顾……他们是我们稳固的盟友"，这些内容清楚地表明了亚述对于推罗的友好政策，体现了亚述对于推罗商贸的宽容态度。一方面，亚述允许推罗砍伐黎巴嫩山的木材，而推罗只需向亚述缴纳一定的雪松木作为贡赋，就能够获得这种许可；另一方面，亚述允许推罗在其对面的乌术从事商贸活动。从信件中我们看出，推罗人反对在黎巴嫩山上设置征收贡赋的官

---

[1]　时间大约是公元前740年至公元前721年。

员，他们甚至将亚述派来的税吏杀死。但亚述官员莱缪尔却在信中向萨尔贡二世建议只要推罗人不向亚述的敌人埃及出售木材，就允许他们继续砍伐树木，萨尔贡二世批准了这个请求，表明了他对推罗的宽容态度。信中还提及推罗国王伊路莱奥斯和萨尔贡二世签订了条约，条约内容表明亚述支持推罗获得腓尼基南部地区的主导地位，推罗也向亚述表明了忠诚。

公元前8世纪时，希腊的势力日益增长，对于西里西亚和塞浦路斯的影响不断加强，甚至在奥伦特斯河附近的阿尔米纳建立了面积广大的殖民地，严重威胁到了推罗的利益。通过萨尔贡二世的军事干预，最终维护了推罗在塞浦路斯的地位。同时萨尔贡二世为了铲除海盗不得不借助于推罗海军，他声称消灭地中海的海盗是为了保护推罗的利益不受损失，但是推罗必须提供战舰（推罗拥有腓尼基城市中最强大的舰队，如果没有推罗参与的话，剿灭海盗的行动很可能会失败）。最终在推罗海军的参与下,这次清剿行动获得了成功。1845年考古发现了萨尔贡二世建造的用于纪念这次军事胜利的石碑，石碑现已存放在柏林。石碑的发现表明萨尔贡二世时期亚述与推罗之间的友好关系，在其统治期间推罗的独立地位没有受到任何影响，亚述这种政策收到了良好的效果，公元前720年以后再也没有反抗萨尔贡二世的事件发生。

在推罗国王伊路莱奥斯统治的最初几年中，推罗成为腓尼基南部地区最强大的城市，其统治范围北及西顿南部地区，南至卡梅尔山北部地区，将塞浦路斯岛上的科新牢牢地控制在手中。由于推罗强大，人们称赞道：

"推罗，皇冠上的城市，它的商人也是全世界最为荣耀的人。"[1]

2.推罗与亚述的对抗

在阿达德尼拉里三世统治时期，亚述文献中这样记载："在我父亲沙姆西·阿达德五世去世之后，许多国家开始反叛，他们开始停止缴纳赋税……但是我最终迫使他们再次向我缴纳贡赋。"我们据此推断推罗曾经在一段时期内停止向沙姆西·阿达德五世缴税，双方在这一时期的关系较为紧张。公元前805年，阿达德尼拉里三世再次向周边地区发动攻击，"最终征服了赫梯、全部的阿拉姆国家、推罗、西顿、非利士（地中海东岸的一个古国，为非利士人居住），我迫使他们最终全部屈服，并继续向我缴纳贡赋"。在亚述国王阿达德尼拉里三世的两篇官方文献中，都提到了推罗被迫向亚述国王缴纳贡赋的情况。在泰尔·艾尔·利马赫发现了亚述国王建造的用于纪念军事胜利的石碑，上面记载："我收到了来自撒玛利亚人、推罗人、西顿人缴纳的贡赋。"在亚述境内卡拉赫出土的石板文书上面也记载道："我收到了推罗人缴纳的贡赋……我会一直向前进军直到遇见大海……我会在日出的地方建造纪念我们家族的石碑，我将黎巴嫩山完全占领，砍伐100棵雪松木用来修建我的皇宫和神庙。"[2]这些都证实了亚述国王的上述军事成果。阿达德尼拉里三世在大马士革接收推罗和其他腓尼基国王进献的贡赋，其中包括"黄金、白银、象牙、纺织品，其价

---

[1]　H.Jacob Katzenstein, *The History of Tyre*, Ben-Gurion University of the Negev Press, 1997, P234、P236、P224.

[2]　H.Jacob Katzenstein, *The History of Tyre*, Ben-Gurion University of the Negev Press, 1997, P167、P190、P240.

值是当时沙尔曼纳萨尔三世时期腓尼基城市缴纳的20倍"[1]，说明了这一时期亚述对推罗等腓尼基城市所征收赋税之沉重。

提格拉特帕拉沙尔三世即位后，亚述帝国的势力达到了顶峰，其版图北及乌拉尔图，向东包括了整个两河流域，西抵地中海东岸，向南囊括了埃及部分土地。许多城市在亚述的扩张中被摧毁或者是变成了亚述的属地。这一时期亚述"开始吞并一些腓尼基城市的领土，驱逐他们的居民，向被占领地方强行推行他们的经济、政治、宗教政策"[2]。在公元前8世纪后期，以色列与大马士革王国联合周边一些小国共同发起反抗亚述的战争，"推罗顺势也加入到反抗亚述的联盟中"。在公元前737年至公元前735年，提格拉特帕拉沙尔三世完全灭亡了大马士革王国，并占据了部分以色列的领土。"推罗国王海拉姆二世与大马士革国王利兹……来到了我的面前，亲吻我的脚，给我缴纳了20塔兰特……赠予我亚麻布的衣服……"[3]他们的这次反叛完全失败了，大马士革王国成了亚述的属地，以色列国王皮卡赫被杀害，其部分领土被占领，阿什克伦（古巴勒斯坦地区王国）国王米提提失去了王位，只有推罗国王海拉姆二世缴纳了一些贡赋之后得到了宽恕。提格拉特帕拉沙尔三世通过军事征伐，将腓尼基地区北部至叙利亚地区的许多小国征服。在公元前734年至公元前732年间，他

---

[1] Maraia Eugenia Aubet, *The Phoenicians And The West*, the second edition, Cambridge University Press, 2001, P91.

[2] Maraia Eugenia Aubet, *Political and economic implication of the new Phoenician chronologies*, Leuven-paris-dudley ma, 2008, P254.

[3] H.Jacob Katzenstein, *The History of Tyre*, Ben-Gurion University of the Negev Press, 1997, P212、P214.

又率领军队将亚述的边境推进至加沙地带，"推罗尽管损失了陆地上的土地，但是它仍然保持着相对独立的地位"[1]。不过亚述的军事行动仍然给推罗带来了极大的政治和军事压力，同时给推罗经济发展造成了极大的障碍，也因此加速了推罗商贸向地中海地区发展的步伐。

萨尔玛那萨尔五世时期，亚述再次向周边地区发动战争。"亚述国王率领他的军队入侵叙利亚，推罗人并没有向亚述表示臣服，于是国王率领军队向他们进攻。他要求西顿等其他一些腓尼基城市一起进攻推罗，为亚述提供60艘战舰和800名水手，亚述本身拥有12艘战舰、500名水手。结果推罗在海上获得了决定性的胜利，亚述大约60%的水手被俘虏了，共有40艘战舰被击沉"[2]。亚述军队最终从推罗撤了出来，但是亚述国王仍在推罗对面的河流附近驻扎了军队，试图从陆地上对推罗进行包围，目的是阻止推罗人从这条河中取水。亚述的包围持续了五年，推罗居民被迫开始打井取水，尽管当时储水的方式已经非常先进了，但是这次包围仍然给推罗造成了极大的困难。推罗的物价因此上涨了许多，在西亚地区的商贸也受到了沉重打击。最终推罗与亚述签订了和约，这是推罗与亚述对抗最为激烈的一次。

公元前704年，辛那赫里布成为亚述国王，巴比伦首先反抗亚述的统治，推罗也参加了反抗亚述的战争。他们的反叛行动持续了四年（公元前

---

[1] Maraia Eugenia Aubet, *Political and economic implication of the new Phoenician chronologies*, Leuven-paris-dudley ma, 2008, P254.

[2] H.Jacob Katzenstein, *The History of Tyre*, Ben-Gurion University of the Negev Press, 1997, P228.

705年—公元前701年），随后辛那赫里布发动了反攻，反抗亚述的联盟最终瓦解。就在辛那赫里布和伊路莱奥斯之间的战争爆发时，科新在亚述的支持下发动了反叛推罗的战争，这时西顿等腓尼基城市拒绝援助推罗，最终推罗国王伊路莱奥斯在内外交困之下被迫逃亡塞浦路斯岛。亚述国王辛那赫里布在尼尼微宫殿里的装饰浮雕（现在已经遗失）展示了公元前701年推罗国王伊路莱奥斯逃跑的情景。辛那赫里布由于缺少舰队并未对推罗实施包围，导致了推罗国王逃脱。公元前701年以后，推罗国王的统治范围仅仅剩下推罗主城和周边郊区了。亚述的这次进攻给推罗造成沉重的打击。"经过此次灾难，推罗港口关闭了，他的舰队在科新被俘获了，推罗皇室逃向了塞浦路斯"[1]。但是这一时期一个新的力量开始威胁到西亚地区，即新巴比伦王国，其统治者尼布甲尼撒二世先后征服了亚述、耶路撒冷、大马士革，并且包围了推罗将近13年（公元前585年—公元前572年），这对于推罗来说又是一场灾难。推罗国王伊苏巴尔二世和他的继承者巴尔二世被俘获至新巴比伦王国，巴尔二世于公元前564年在那里去世。新巴比伦王国获得了推罗地区的宗主权，推罗完全灭亡了。公元前6世纪到公元前5世纪，西顿完全取代了推罗的商贸中心地位。

3.推罗与亚述的关系对推罗商贸的影响

目前许多学者认为亚述统治者控制了推罗的商贸，推罗与亚述的商贸活动都是在亚述的强迫下进行的，面对这种情况推罗不得不向地中海扩张。

---

[1] H.Jacob Katzenstein, *The History of Tyre*, Ben-Gurion University of the Negev Press, 1997, P249.

其中，前苏联学者就认为亚述在其周边地区建立了一种强迫贸易体系。

但是学者珀斯提认为亚述并没有干预推罗的商贸发展，也没有用武力垄断本地区的国际贸易，相反，亚述一直积极参与地中海的贸易并鼓励民间贸易。亚述一直很小心地避免干预那些被征服地区的经济。同时他还认为"亚述与推罗之间存在着和平的商贸关系，而不仅仅是强迫或者进贡"[1]。

亚述势力的增长是影响公元前7世纪到公元前6世纪推罗对外政策的重要因素，其经济政治政策必须基于平衡亚述和埃及这两大竞争对手。亚述一直谋求控制腓尼基地区的港口及其商路。亚述向推罗征收贡赋既是为了满足其财政需求，也是为了在尽量保持推罗相对独立的同时对它进行有效控制。而亚述市场的巨大需求，刺激着推罗人去寻找更多获取白银的渠道。

（1）消极方面的影响

亚述从公元前10世纪开始便不断向周边地区发动军事进攻，其政治、军事行动给推罗商贸发展造成了极为消极的影响。

首先是亚述向推罗征收沉重的贡赋对推罗商业的影响。

新亚述是亚述历史上最为辉煌的时期，到了提格拉特帕拉沙尔三世时期，亚述成为地跨亚非的大帝国。它完全控制了西里西亚、乌拉尔图、大马士革和以色列之间的陆上商路，并且向周边国家收取大量贡赋。推罗是腓尼基城市中向亚述缴纳贡赋最多的城市。

在亚述国王亚述纳西尔帕二世统治时期，推罗开始向亚述缴纳贡赋。

---

[1] Maraia Eugenia Aubet, *The Phoenicians And The West*, the second edition, Cambridge University Press, 2001, P90.

这些贡赋是在亚述的军事胁迫下缴纳的，它耗费了推罗大量的财富，严重阻碍了推罗商贸的发展。

在萨尔玛那萨尔四世皇宫的青铜大门[1]上雕刻着关于推罗向亚述进贡时的情况。其描述了两艘船，它们的大小稍有不同，船头有雕刻成马头的装饰品，两名水手手里都拿着桨，船上装载着象牙和一些陶罐。

提格拉特帕拉沙尔三世从推罗收缴了150塔兰特的黄金，根据现在的标准大约是4.3吨，这在当时数量是非常巨大的。沉重的赋税使得推罗不断爆发反抗亚述的斗争。

其次是亚述对推罗的军事干预给推罗商贸发展造成的影响。

萨尔玛那萨尔四世曾经向推罗发动大规模的军事进攻。前文提到亚述国王率领军队向推罗进攻。虽然推罗在海上获得了决定性的胜利，但亚述国王在推罗对面的艾因河附近驻扎军队，阻止推罗人从这条河中取水，他的包围持续了五年。"西顿、阿卡等许多城市向亚述屈服，也加入了进攻推罗的行列，使推罗陷入了极大的困境。这些腓尼基城市一直都是推罗商贸发展的竞争对手，他们趁此机会削弱推罗在地中海的贸易优势。甚至，推罗传统殖民地科新也在其他腓尼基城市的援助和怂恿下开始积极反抗推罗的统治。科新的反叛动摇了推罗在地中海的殖民体系，而推罗在地中海的商贸发展完全依赖这些殖民地"[2]。最终推罗与亚述签订了和约，但是

---

[1]　目前此文物保存在大英博物馆。

[2]　H.Jacob Katzenstein, *The History of Tyre*, Ben-Gurion University of the Negev Press, 1997, P226—228.

这次军事进攻仍然给推罗造成了重大的损失，不仅导致推罗的物价上涨了许多，而且严重阻碍了推罗商贸的正常发展。

前文提及在亚述国王辛那赫里布时期，推罗不堪忍受亚述沉重的赋税，开始了反抗亚述的行动，最终这次反抗被镇压了。亚述严厉地惩罚了推罗，甚至推罗国王伊路莱奥斯都被迫逃至塞浦路斯，港口被迫关闭，导致推罗商贸受到严重打击。亚述国王阿萨尔哈顿和亚述巴尼拔都对推罗港口进行了封锁，使得这座城市比以前更加孤立，给推罗造成了前所未有的危机。大约到了公元前640年，推罗在陆地上的领土都被纳入了亚述的统治之下。亚述的这一系列举动给推罗造成了巨大的危机。这时，迦太基等殖民地开始兴起，并且逐步摆脱推罗的控制。

最后为亚述干预推罗内政对推罗商贸造成的影响。

亚述往往以征收贡赋为借口，向推罗等腓尼基城市派遣官员干预推罗的内政。比如从提格拉特帕拉沙尔三世开始，亚述向推罗派遣官员监督推罗港口的贸易状况，这些官员同时还负责征收赋税。同时，亚述在黎巴嫩山上也设置了官员，限制推罗对那里树木的砍伐，并且监督推罗雪松木的贸易。这些干预推罗内政的行为对推罗商贸发展产生了非常不利的影响。

亚述常常通过干预推罗内政从中获取利益。在提格拉特帕拉沙尔三世统治时期，"推罗国王马特坦二世主动向亚述派遣至推罗的官员缴纳了150塔兰特黄金和大量的白银"[1]。马特坦二世是通过不正当手段篡位的，

---

[1]　H.Jacob Katzenstein, *The History of Tyre*, Ben-Gurion University of the Negev Press, 1997, P218.

他主动向亚述缴纳赋税主要是为了获得亚述统治者对他的支持，从而巩固自己的皇位。

（2）积极方面的影响

首先，保证了推罗在西亚地区商路畅通并为推罗提供了巨大的市场。

亚述将推罗周边众多小国合并，政令统一，改变了多年来巴勒斯坦地区小国互相攻击的局面，扫清了推罗在西亚地区商路的障碍。尽管推罗需要向亚述缴纳贡赋才能获得商路的通行许可，但是，相比于原来与众多国家打交道所面临的重重困难，仍要简单得多。

同时，亚述国内市场的巨大需求对于推罗商贸发展也起到了重要的作用。在亚述皇宫遗址中出土了大量的推罗手工业品，亚述国王常常通过炫耀自己的财富来展示其国家的强大和富裕，比如用推罗生产的奢侈品来装饰自己的皇宫或神庙。在萨尔玛那萨尔四世和萨尔贡二世时期，推罗象牙制品是亚述位于卡拉赫皇宫中的重要装饰物。

推罗商人并没有将亚述向南进军看成是危险的征服，而当成是他们发展商贸的机会。公元前7世纪，推罗国王巴尔和亚述国王阿萨尔哈顿签订了条约。条约中有许多针对推罗的限制性规定，例如，规定亚述的代表可以向推罗地区征收贡赋，并对推罗商船航行做了一定限制，但是允许推罗商人自由进入巴勒斯坦海岸的所有港口，其中包括亚述控制的多尔和阿卡。作为交换条件，推罗则向亚述提供军队所需的部分物资，并且给亚述派往推罗的官员提供日常开支。条约实质上允许推罗自由发展商贸，为其商贸发展提供了保障，这对于推罗来说是极其宝贵的。

"作为亚述允许推罗在小亚地区自由贸易，以及准许它进入叙利亚市场的条件，推罗国王向提格拉特帕拉沙尔缴纳150塔兰特的黄金。这在当时是一笔巨款，但是能够获得进入叙利亚市场的许可，这对于推罗商贸发展来说仍然是至关重要的"[1]。

其次，亚述对推罗的宽容政策给推罗商业带来了积极影响。

推罗由于其重要的商贸地位一直保持着领土的相对独立。亚述国王提格拉特帕拉沙尔三世非常重视推罗的独立，他希望通过推罗商贸发展来获得更大范围的利益。推罗一直是亚述重要的财富来源地，亚述急需木材、金属等原材料来发展它的农业、手工业和军事，而这些东西严重依赖推罗商人的供应。推罗通过缴纳赋税来保证其商贸安全以及商路的畅通。如果将推罗占据，那么会导致推罗商贸中心地位转移至塞浦路斯或者是北非地区的迦太基，这将会对亚述的经济产生不利影响。

提格拉特帕拉沙尔三世统治时期，在西亚地区形成了以大马士革王国为首的反抗亚述联盟，推罗国王海拉姆二世也参加了这个联盟。但是他们的反抗不仅没有将亚述军队驱逐，反而加速了提格拉特帕拉沙尔三世的进军，这场战争最终以反亚述联盟的失败告终。随后，参与反叛的国家都受到了亚述严厉的惩罚，令人意外的是，推罗在向亚述表示臣服，并且"向亚述国王缴纳了20塔兰特的黄金和一些白银之后没有受到任何惩罚"[2]。

　　[1]　H.Jacob Katzenstein, *The History of Tyre*, Ben-Gurion University of the Negev Press, 1997, P143、P93.

　　[2]　H.Jacob Katzenstein, *The History of Tyre*, Ben-Gurion University of the Negev Press, 1997, P88.

这表明亚述并不想过度惩罚推罗而影响到它的商贸发展，因此使得推罗商贸在此阶段反而进入了繁荣时期。在萨尔贡二世统治时期，亚述对外扩张达到了顶峰。公元前715年，他占领了亚历山大勒塔和西里西亚地区，控制了推罗在这里的传统市场。但是他明白亚历山大勒塔是重要的商贸枢纽，因此尽量保持它的自治，以免影响到这一地区的商贸发展。并且，这时推罗已经在北非和安达卢西亚地区建立了稳固的商贸网络，因此，推罗商贸发展并未受到很大影响。

亚述国王萨尔玛那萨尔三世一度率军穿过幼发拉底河抵达了奥伦特斯河和阿米克平原，他在那里收到了推罗、西顿、阿瓦德、拜比鲁斯等腓尼基城市缴纳的黄金、白银、锡、青铜制品、黑檀木、象牙，但是他并没有威胁到这些腓尼基城市的独立。卡尔凯美什对于推罗来说非常重要，从这里可以直接获得安纳托利亚的金属资源，同时这里也是西里西亚、弗里吉亚（安纳托利亚历史上的地名，现今位于土耳其中部）、埃及、乌拉尔图地区重要的贸易枢纽。"亚述为了保持卡尔凯美什的商贸活力，并没有将其合并为亚述的领土，而是当成亚述进口外部货物的重要通道，允许其拥有一定的自治权利，给推罗商贸发展提供了极大的便利"[1]。

第三，亚述对于推罗商贸的保护作用。

公元前8世纪末期，希腊城邦在地中海的势力崛起，其与推罗等腓尼基城市展开了激烈的竞争，影响力甚至扩张到了推罗传统的势力范围塞浦

---

[1] Maraia Eugenia Aubet, *Political and Economic Implication of the New Phoenician Chronologies*, Leuven-Paris-Dudley, ma, 2008, P252.

路斯岛。萨尔贡二世的军事干预，有效地警告了希腊人不要威胁到推罗的殖民地科新，维护了推罗在当地的利益。推罗等腓尼基城市与希腊在安那托利亚市场的争夺非常激烈，而亚述出于维护自身的利益需要，对希腊在安纳托利亚的商贸发展持抵制态度，帮助推罗在安纳托利亚取得有利的商贸地位。当时地中海地区海盗盛行，严重威胁着推罗海上贸易的发展，但是凭推罗一己之力难以剿灭海盗，最终在亚述和推罗的共同努力之下将海盗消灭，维护了推罗海上商路的畅通。

从前面提到的"尼姆鲁德信件"中我们看出，亚述派驻推罗的官员向萨尔贡二世请求允许推罗在黎巴嫩山上砍伐树木，条件仅仅是禁止推罗人将这些木材提供给亚述的敌人埃及。后来，尽管推罗将亚述派往黎巴嫩山上的官员杀害，萨尔贡二世仍然批准了这个请求，从中我们可以看出这一时期萨尔贡二世对推罗是何等的宽容。萨尔贡二世在公元前712年镇压了阿什杜德[1]的反叛以后，推罗商贸在这短暂的和平中得到了极大的发展。

综上所述，我们了解到亚述控制着推罗传统市场，并且拥有强大的国力，因此亚述的政策对于推罗商贸发展来说起着举足轻重的作用。显然，推罗也意识到了这一点，因此其尽力维护与亚述的关系，向亚述缴纳各种贡赋，只有在难以承受时才进行反抗。同时，我们不难发现，亚述对于推罗这个商贸中心也非常重视，它急需推罗向其供应各种金属原材料来保证对外扩张的需求，同时推罗商品还能够满足其国内皇室和民众的需要，因

---

[1]　以色列港口城市。

此推罗数次反抗亚述失败后都得到了亚述的宽容。总体上说，亚述对推罗商贸发展的积极作用大于消极作用。

在亚述刚刚灭亡时，推罗仍然控制着通向叙利亚地区的商贸路线，此时推罗在叙利亚地区的商贸发展有所起色。新巴比伦国王尼布甲尼撒在公元前605年击败了埃及法老尼科二世，之后他将整个叙利亚和巴勒斯坦地区占据，在此期间推罗与这些地方的正常贸易仍然维持着。但从公元前585年开始，推罗在这一地区的贸易活动与巴比伦王国产生了竞争，于是尼布甲尼撒切断了推罗在两河流域以及巴勒斯坦纳地区的商贸路线，并且控制了黑海到叙利亚地区的商路，而这些正是推罗的传统贸易范围，推罗的贸易发展最终被摧毁了。

## 五、结语

公元前11世纪，埃及对推罗的控制逐渐削弱。公元前10世纪海拉姆国王即位后国力逐渐增强，他与以色列-犹太王国建立了联合商贸船队，共同发展商贸，并且获得了巨大的收益。在推罗国王伊苏巴尔一世即位后，推罗拥有腓尼基城市中最为强大的海军，并在腓尼基城市中建立了主导权。这一时期推罗商人活跃在安纳托利亚、叙利亚甚至远及两河流域地区，在这些地区建立了稳固的商贸网络。在此期间，伊苏巴尔积极发展与北部大马士革王国的外交关系，通过联姻和宗教手段与大马士革王国建立了稳定的外交关系，获得了在叙利亚地区从事商贸活动的许可。公元前10世纪，两河流域进入了新亚述时期，国力强盛并开始不断向周边地区进攻，推罗利用自己的商贸优势极力保持与亚述的友好关系，因此在很长时期内其独立地位并未受到很大的影响。通过亚述巨大的市场，其商贸获得了较大的发展。到了公元前9世纪，在诸多因素影响下，推罗商贸活动逐渐转移到地中海地区，建立了科新、迦太基、加迪尔等一系列殖民地，这些殖民地不仅为过往的推罗商船提供避险与补给场所，同时也是推罗的市场以及原材料的来源地，成为推罗商贸在地中海地区发展的基石。可以说从公元前9世纪初到公元前7世纪，推罗在地中海地区的商贸发展具有绝对的优势地位，特别是在"公元前8世纪前期，推罗商贸发展已经显著超过了其他腓尼基城市"[1]。从公元前7世纪末期开始，迦太基以及希腊逐渐强大起来，打破了推罗商贸在地中海的霸权，与推罗展开了强有力的竞争，同时推罗还受到周边大国的军事干预，其商贸不可避免地逐渐衰落了。

公元前11世纪到公元前7世纪是推罗历史上的黄金时期。同时，这一时期推罗的发展也极大地推动了地中海地区的文明进程。首先，推罗将地中海周边地区联系起来，将地中海各地融入推罗建立的商贸网络中，加强了各地人民的交往，推动了西亚地区商贸的进步。其次，推罗商船频繁往来于地中海各地，实现了不同地区商品的流通，优化了资源配置，带动了各地区经济发展。最后，推动了地中海地区生产力的进步。推罗等腓尼基城市拥有当时非常高的手工业和建造技术，他们通过商贸活动将这些技术

---

[1] H.Jacob Katzenstein, *The History of Tyre*, Ben-Gurion University of the Negev Press, 1997, P202.

带到地中海各地，极大地促进了各地人民生产力的进步，同时由于推罗对殖民地矿产资源的不断开发，刺激其不断改善冶炼技术以提高效率，为生产力发展做出了巨大的贡献。

第二章

迦太基的中介贸易

迦太基不仅是上古时期地中海地区的军事强国，也是该地区重要的商业国家。它地处非洲北部、地中海南岸，是东、西地中海多条航路的必经之地，优越的地理位置促进了其经济的繁荣。在相当长的时期内，迦太基垄断了整个地中海地区的贸易。马克思和恩格斯就曾把它与推罗、亚历山大里亚并列为古代世界的贸易中心。但是，随着罗马帝国的崛起，迦太基与罗马不可避免地爆发了利益冲突。公元前149年，罗马发动了第三次布匿战争，从而结束了迦太基的商业传奇。

## 一、史料与史学

关于迦太基的历史研究，国外的一些学者根据有限的史料和不断更新的考古成果发表了一系列的论文，出版了诸多著作。

生活在公元前4世纪西西里岛的希腊历史学家菲里斯托斯、罗马历史学家阿庇安和希腊历史学家提麦奥斯、罗马时期的犹太历史学家弗拉韦·约瑟夫都曾论及迦太基早期的建城问题。希腊著名哲学家亚里士多德在其著作中论述了迦太基的政治制度及其运行机制。曾因翻译希罗多德的《历史》而声名鹊起的英国历史学家乔治·罗林森于1880年出版了《古代历史手册：从早期到衰落的萨珊帝国》，书中开辟了迦太基研究专题。英国古罗马历史学家阿尔弗雷德·约翰·彻于1887年和1899年相继出版了《迦太基史》和《非洲帝国》两部专著。英国历史学家雷金纳德·博斯沃斯在1916年出版了《迦太基和迦太基人》。英国史学家沃明顿于1960年出版了《迦太基》一书，他在此书中论述了汉诺的非洲远航。意大利考古学家和语言学家萨巴蒂诺·莫斯卡蒂精通腓尼基文化和迦太基文化，并熟悉闪米特语言。他于1983年编著了一本着重介绍迦太基文化的专著《迦太基艺术与文明》。法国巴黎大学历史学教授吉尔伯特·查尔斯·皮卡德于1987年出版了《迦太基：从产生到灭亡的布匿历史和文化通论》。此书论述了从迦太基建城到灭亡的全过程，共分为七章，每章都由政治、经济、宗教等若干小专题组成。

我国学术界对迦太基的研究相对薄弱，但是近年来，学术界还是发表了一些相关的论文，现梳理如下：陈恒在2001年第1期的《常熟高专学报》上发表论文《迦太基建城小考》；刘红影在2005年第1期《华中师范大学研究生报》上发表论文《汉尼拔在意大利战争期间得不到迦太基政府支持的原因》；时殷弘、惠黎文在2007年第4期的《世界经济与政治》上发表论文《战略、制度和文化的较量——第二次布匿战争中的罗马和迦太基》；李荣建在1999年第2期《阿拉伯世界》上发表论文《历史名城迦太基》；华中师范大学2003级研究生刘红影的毕业论文《罗马与迦太基关系研究》。

这些研究成果有的侧重于迦太基与罗马和希腊的外交关系，有的着重于迦太基某一时期的历史人物，有的着力于迦太基的考古发现。虽然其各有千秋，但对迦太基商业贸易的研究却仍然是薄弱环节，对迦太基的商业贸易网和重要商路的研究更是显得匮乏。

我国的历史学界对迦太基的研究不乏其人。但是，很多学者把研究重点放在了它与希腊、罗马的外交关系上，对于迦太基商贸研究却几乎处于空白状态。因此，通过此方面的研究，对恢复其在上古世界中应有的地位，具有一定的学术意义和现实意义。

首先，通过对迦太基中介贸易的研究，有助于更加全面、系统地了解迦太基文明，认识到迦太基的商业发展在迦太基文明中的重要地位。迦太基是一个典型的商业帝国，商业的发展影响到迦太基的民族性格特征、经济结构和政治体制等诸多方面。正因为如此，我们要想了解迦太基文明，就必须了解它的商业贸易。

其次，用经济因素的角度去分析罗马与迦太基的外交关系，有助于深刻地分析三次布匿战争。第一次布匿战争，两国争夺西西里岛，实际上是争夺东、西地中海航路的控制权。第二次布匿战争，主动出击的迦太基则是要重新构建地中海贸易网。最后一次布匿战争的起因是迦太基的经济迅速恢复，危及了罗马共和国的商业利益。

最后，迦太基中介贸易研究对当今我国经济发展有着重要的借鉴意义。21世纪的世界是一个全球化的时代，各国之间的经贸往来频繁，尤其是资本主义世界工商业极为发达的国家，由于客观经济环境的需要，中介贸易比较盛行。所以，以中介贸易为主要特征的迦太基商业贸易对于我国与世界主要资本主义国家的经贸发展有着重要的借鉴意义。

## 二、迦太基的崛起

### （一）腓尼基人的殖民地——迦太基

地中海地区的民族通常会把其起源抽象为一段史诗，迦太基人也遵循了这种古典文明的传统。从公元前9世纪起，迦太基人逐渐发展成为西地中海地区的一支重要力量，此时它需要一个与它自身力量相匹配的起源。[1]

希腊和罗马的历史学家对"迦太基建城"相关问题进行过研究。最早由希腊史学家提麦奥斯和梅南德提出，后被罗马诗人维吉尔史诗化。但是，描述最多、最详细的是公元2世纪罗马史学家贾斯汀的论述。在这些不同的叙述中有着一个共同的特点，那就是神话传说。

该神话传说的背景发生在推罗国王皮革马利翁统治时期。国王的姐姐伊莉萨是国家的英雄，而他的姐夫阿查拉巴斯是梅尔卡特神的大祭司。国王皮革马利翁执政时杀掉了他的姐夫阿查拉巴斯，伊莉萨则率众出走。她出逃的第一站是塞浦路斯岛，提麦奥斯说她出逃时跟随她的是一群城邦公民，而贾斯汀却说是元老们跟随伊莉萨逃往塞浦路斯。当伊莉萨在塞浦路斯岛登陆时，她营救了大约60名为维纳斯献祭的处女。[2]岛上的很多高级祭司也加入了他们的行列，并带走了岛上的主神雕像。他们的船离开了塞浦路斯，一路西行，最终在后来迦太基建城的这个地方登陆上岸。他们得到当地人的准许在这块陆地定居，但居住的区域不得超过一块牛皮覆盖的面积。伊莉萨机智地把牛皮割成条状，首尾相接，结成一条长长的绳子，然后用这条牛皮绳围成一个狭长地带，这就是后来的迦太基卫城山的基础。但是，在卫城山发现了代表灾难的牛的遗骸后，他们决定离开这个地

---

[1]　Serge Lance, *Cathage: a history*, Blackwell Oxford and Cambridge Press, 1995, P20.

[2]　Gilbert Charles Picard and Colette Picard, *Carthage—a survey of punic history and culture from its birth to the final tragedy*, Sidgwick and Jackson Limited, 1987, P33.

方。在另一地点他们发现了象征吉祥和力量的马的遗骸，于是定居于此。紧接着就是献祭的故事。利比亚部落的首领兰巴斯坚持要娶伊莉萨，并威胁其如若不从，便要毁掉这座刚建的城市。伊莉萨为了保护这座城市，假装接受了兰巴斯的要求。但是，她为了表示对丈夫阿查拉巴斯的忠贞，葬身于自己堆起的火堆中，这就是著名的迦太基女王迪奥（非洲人称她为"迪奥"）献祭的故事。

伊莉萨的故事不只是表面上一个简单的神话传说，其背后隐藏着很多的历史信息。

首先，推罗国王皮革马利翁为什么要杀死自己的姐夫阿查拉巴斯，并逼迫姐姐伊莉萨出走呢？推罗人信仰的主神是梅尔卡特（译为腓尼基语是"城市之主"的意思）。该神的最大宗派被贾斯汀译为"神圣赫尔克里斯"宗派，罗马人解释为"腓尼基的上帝梅尔卡特神给予的"。该宗派的最高祭司是阿查拉巴斯，其既是国王皮革马利翁的姐夫，又是该城监护神的祭司，权力和影响之大可想而知。皮革马利翁只有除掉阿查拉巴斯才能掌握实权。这就是皮革马利翁杀死阿查拉巴斯的根本原因。

其次，从伊莉萨的传说中透露出另一个信息，即日后迦太基贵族政体和宗教演变的雏形。伊莉萨不是只身从推罗逃走的，她的身边有提麦奥斯说的城邦公民和贾斯汀提到的元老院的元老。这些推罗的贵族们构成了日后这座腓尼基移民城市的中坚力量，同样也成为该城市的社会基础。

在塞浦路斯时，大批的宗教祭司们也加入他们的行列，这和大祭司阿查拉巴斯被杀有某种联系。他们带走了梅尔卡特神的很多雕像、神器，从此梅尔卡特神被移植到了迦太基，并成为该城的主神，而祭司们也成为该城的重要社会阶层。

再次，伊莉萨为了表达对丈夫阿查拉巴斯的忠贞，决然选择了自焚。在伊莉萨被火焰吞噬的背后，我们看到了迦太基独特的"自我献祭"的渊源。

迦太基人的宗教祭祀很残忍。当遇到战争、极端干旱或瘟疫时，他们献祭自己的孩子给主神巴力哈蒙。这种祭祀传统令波斯人、希腊人和罗马人感到恐惧，因此他们的母邦推罗早已废除了该火焚仪式。1921年至1949年间发掘古迦太基萨朗坡陶菲特（它位于古迦太基城城门和港口附近的区域）时出土了大量的祭祀物，包括火焚后的小孩子的遗骸，其与小动物的遗骸混在了一起，并被圆锥形石堆覆盖。根据遗骸的数量来看，其举行这种祭祀仪式是频繁的。

献祭的祭品一般是迦太基最重要的家庭的孩子，甚至是国王的儿子。例如，迦太基的第一位国王马奥彻斯的儿子迦太都即被烧死。因为，当时的人们认为"这种祭祀可以保证城市的力量和繁荣，这种保证是由迪奥献祭所赋予的"。弗雷泽的研究也解释了这种仪式，他认为"一种力量的代表即国王在他的力量无效时就会被处死"。也就是说，一旦城市出现了危机（战争、灾荒等），国王就得效仿伊莉萨自焚。后来随着社会的发展，国王的儿子替代国王作为祭品，而这种献祭也从来没有失去它的合法性。[1]

---

[1] Gilbert Charles Picard and Colette Picard, *Carthage-a survey of punic history and culture from its birth to the final tragedy*, Sidgwick and Jackson Limited, 1987, P48.

当然，我们从古典史学家普遍认同的"迦太基建城史"中发现了很多受罗马神话影响的痕迹。伊莉萨在塞浦路斯登陆时救出了60名为维纳斯献祭的处女。这等同于"罗马人掳走萨宾妇女"的传说。这种描述很显然是为迦太基和罗马提供一个"人口发展"的逻辑。罗马城邦原先男多女少，他们掳走了邻近的萨宾妇女，以此完善罗马的人口结构，促进人口增长，为罗马的强大奠定了基础。而迦太基的这个传说也是有异曲同工之妙，关于神谕的涉及和兰巴斯的婚礼同样有罗马神话的原型，这些传说使迦太基建城史的独立性大打折扣。从中我们也发现，不论是迦太基还是罗马、希腊的神话，都习惯把一个城市的建立和君主统治的合法化相结合。

1921年至1949年的萨朗坡陶菲特的考古发现使迦太基建城史的研究有了显著的发展。萨朗坡陶菲特是迄今为止发现的最古老的迦太基遗址。它有很多文化层，每层所出土的文物年代是不同的，越往下层年代越久远。最底层的萨朗坡御所是一个小礼堂，它就是陶菲特——祭祀的地方。陶菲特里面有祭祀用的陶器等，它们被C14定为公元前750年至公元前725年的文物。

这批文物出现的时间显然与迦太基建城的时间（公元前814年）不相符，它们之间相差了半个世纪之久。而且，我们迄今为止还没有任何早于公元前8世纪的考古证据。但是，我们很难相信迦太基人在这里生活了近80年没有留下任何的生存遗迹。对于这段时间的空当，有以下几点解释：

首先，萨朗坡陶菲特的挖掘只是进行了一部分，不排除在以后的挖掘过程中会有所突破。

其次，前往迦太基的移民可能是由皇室组织的，而且是由一名公主领导的。这个新的贸易站被西方人称为迪奥。但是，该贸易站只是一个简陋的港口。此港口只是供往来于地中海的推罗船只过冬或避风、补给所用。在岸边也仅有一些小的棚户屋和临时的神坛，它们在千年以后什么也不会留下，但却被希腊人熟知。

再次，最早的迦太基很有可能只是建在卫城山上的一个哨兵站。它的建立只是为了保护来往的船只。

### （二）迦太基的崛起

迦太基从建立到灭亡将近700年，这段历史可以划分为早、中、晚三个时期。

早期阶段是指从公元前814年迦太基建城到公元前550年麦戈尼德王朝建立的近300年时间。在此阶段，迦太基和其他地中海腓尼基城邦一样，对母邦推罗有着强烈的文化认同。尤其在宗教上，迦太基每年都要派使者去推罗参加梅尔卡特神庙的祭祀仪式，以此来维系新城和母邦之间的联系。[1]不过在经济上，迦太基人在那时也会提供税收的十分之一作为贡物献给推罗。[2]

当推罗衰落、迦太基取代其地位时，迦太基与推罗却仍然保持着一种特殊关系——宗教、文化上的认同。迦太基在麦戈尼德王朝时期仍然会定期去参加推罗的宗教祭祀，提供祭品。如公元前5世纪末，迦太基人把西

---

[1]　Quintus Curtius, *Alexander the Great*, Loeb Classical Liborary, 1946, P2、P10.

[2]　Diodorus, *Siculus of Sicily*, William Heinemann LtD., 1933, P14.

西里岛杰拉城邦的主神阿波罗铜像送给了推罗的赫尔克里斯圣所。这种独特性还表现在人员往来上。汉尼拔在第二次布匿战争失败后，在腓尼基商人的保护与带领下乘船前往推罗去避难，而不是去别的国家。

迦太基的中期是指麦戈尼德家族统治的将近一个半世纪（公元前550年—公元前246年）。在此期间，迦太基中止了对推罗的依附，并开始了更为积极的外交政策。它对西地中海地区进行扩张，而且与西地中海强邦（如伊特鲁利亚、罗马、叙拉古）签订条约以共同维持此地区的秩序，并承担起了整合西地中海的腓尼基城邦以复兴迦太基文化的任务。

晚期是指三次布匿战争时期。此时的迦太基盛极而衰，在与罗马争夺西地中海霸权时，三次败北，并导致最终的丧国。

麦戈尼德王朝时的迦太基，依据其历史发展特点可划分为三个阶段：依附阶段、调整阶段、垄断阶段。

1.依附阶段是麦戈尼德王朝统治的早期

此时，迦太基在政治上独立了，但在经济上却仍然依附于推罗。从迦太基的墓葬和萨朗波陶菲特出土的物品来看，此时迦太基的生活用品几乎都是腓尼基-塞浦路斯型的，或是经由腓尼基商人转手的科林斯型陶器和埃及小饰品。

2.调整阶段是公元前5世纪上半叶至公元前3世纪上半叶

此时，迦太基的墓葬突然增多，这可能是由于亚述对推罗的入侵而导致的大量腓尼基人移民迦太基。他们当中有水手、商人和工匠。他们给迦太基带来了生机与活力，成为日后迦太基经济发展的动力。

迦太基在公元前5世纪末开始对外扩张。同时，它在经济上也逐渐摆脱了对推罗的依附关系。它的扩张有两个特点。首先，扩张为贸易服务。它和罗马式、希腊式的扩张不同。罗马是为了获得土地和人口，而希腊的扩张则是服务于商品出口和人口输出。迦太基既不会像罗马那样对土地和人口有无限的渴望，也没有希腊那样高水平的商品生产和人口压力。它的经济基础是"中介贸易"和"奴隶贸易"。迦太基在地中海上的多条航路保障了"中介贸易"的顺利进行。这些航路的安全对于迦太基人来说至关重要。为了打通和保护这些航路，迦太基控制了沿途的岛屿和海岸领土。其次，迦太基人在其控制的区域内采用不同的统治形式。非洲本土采取直接统治，并建立了带有商业性质的大奴隶主种植园。西地中海的腓尼基城邦则是高度自治，并组织有松散的联盟。例如：公元前6世纪，迦太基人就停止了生产红亮色的塞浦路斯—腓尼基型陶器。但是，西班牙和摩洛哥却依然生产这种陶器，并持续很长一段的时间。这说明了他们与迦太基的自治关系。还有像安达卢西亚这样的个别地区是以条约的形式保障迦太基商船通过赫尔克里斯神柱（直布罗陀海峡），并提供雇佣兵给迦太基。

3.垄断阶段是公元前3世纪中叶

此时，西西里岛上的希腊人在皮鲁士的冒险中败北。在地中海上与迦太基人竞争了长达三个世纪之久的希腊人势力急转直下，他们已经对迦太基人不构成威胁。迦太基人控制了西西里岛的西部，进而其在地中海"向西"和"向东"的航线畅通无阻。通过300多年的努力，迦太基人最终垄断了西地中海的贸易。

## 三、迦太基的中介贸易

### （一）迦太基中介贸易的特点

中介贸易是一种专门从供应商那里购买商品然后转卖给买方或是为交易双方提供平台并促成交易的经济中介。中介贸易包含了商品转买或转卖，以及买卖双方信息匹配两大功能。即一种形式是从事中间联络活动，促使买卖双方达成交易的贸易形式。在不同的国家（地区）间买卖商品时，由于买卖双方语言障碍、供求信息的不匹配、货币兑换障碍以及关税与非关税壁垒等原因，导致不易达成协议，有时需要中介人进行联络、撮合；另一种形式通俗地说就是充当二道贩子的角色。

上古时期的中介贸易是在一种生产力低下，各地区信息闭塞、联系滞后的背景下产生的。它必须建立在生产和销售脱离的基础上。马克思曾对古代的中介贸易有过这样的评价："最先独立的大大发展了的商业城市和商业民族，是当作纯粹的贩运贸易，立足在诸生产民族的野蛮状态上。他们在这些生产民族之间，起媒介人的作用。"[1]

这种贸易形式一般表现为以下几种类型的民族或国家：1.在地理位置上，它处于几大文明的交汇点，如丝绸之路上的粟特人和波斯人、海上丝绸之路的印度人、"汉志—红海"商路上的阿拉伯人。2.肇始于陆上活动区域的局限，而培养出海上冒险精神的民族，而且他们拥有较同时代高超

---

[1] 马克思:《资本论》，人民出版社1953年版，第408页。

的航海和造船技术，如上古的腓尼基人、中世纪的葡萄牙人、近代的荷兰人。迦太基的中介贸易兼具了以上两大属性：它既拥有非常优越的地理位置，又继承了腓尼基人的航海传统。

迦太基的中介贸易有两个显著的特点：首先，迦太基人转卖转买着地中海各个地区的货物；其次，迦太基城提供信息交流、货物仓储，成为各地货物的集散地。

法国巴黎大学的考古学教授吉尔伯特·查尔斯·皮卡德对此曾有过形象的描述："当麦戈尼德家族掌握权力时，毫无疑问的是迦太基已经实现了一些自治权利。很诱惑人地去想象一下这个港口，它不再作为一个小港口城市，而是作为东部的商船卸载了商品、并在再次驶向东方之前装上矿产品的中转港，与此同时，迦太基人的货船将驶向他施（西班牙南部）去交易来自希腊和埃及的商品，同样，希腊和埃及也需要他施的矿产。总之，迦太基肯定扮演了我们现在称之为铁路调度场的角色。"[1]

来自东地中海的手工业品和西地中海的矿产品汇聚于此，迦太基人则有序地调度着这些货物，使它们向着反方向运出，并尽量使它们的价值最大化。所以，皮卡德教授用"铁路调度场"这个词来形容迦太基的"中介贸易"是非常贴切的。

---

[1] Gilbert Charles Picard and Colette Picard, *Carthage—a survey of punic history and culture from its birth to the final tragedy*, Sidgwick and Jackson Limited, 1987, P50.

### （二）迦太基中介贸易的主要线路

迦太基很早就成为了巨大的中介贸易中心。[1] 以迦太基城为中心向四面辐射的贸易网也远远超过了他们的母邦——推罗。迦太基人的贸易网主要有四条线路：1.新金属航线。这条航线基本上继承了推罗人的金属航线。2.伊特鲁利亚和高卢航线。在伊特鲁利亚，迦太基与东地中海文明进行交流；在高卢，获取不列颠、北欧等地的皮毛、琥珀和贵金属。同样，这也是一条非常危险的航线。在通过墨西拿海峡后，他们经常会遭遇海盗的袭击。3. 通往埃及的陆上通道。这条陆上贸易航线是沿着与海岸线平行的洼地前行，起点是巴拉托流姆、马特鲁港（尼罗河的西边，距亚历山大里亚200公里），终点是格兰德希尔特的末端，这里离列波提斯马格那不远（在今利比亚境内，是非洲的贸易活动中心，同时亦是提供五谷食物的地方）[2]。4. 汉诺航线。迦太基的埃尔神庙的官方文件中抄录的《迦太基人汉诺周航记》就鲜明地描绘了这条贸易航线。这部公元前6世纪的航行记录里有旅行指南，还记述着汉诺环绕非洲航行的事情。[3]

四条航线可归结为三大贸易网，即西地中海贸易网、大西洋贸易网、东方贸易网。三大贸易网的贸易规模巨大，种类大致包括当时地中海地区

---

[1] 乌特琴科主编：《世界史》，文远、王灌等译，生活·读书·新知三联书店1960年版，第694页。

[2] Gilbert Charles Picard and Colette Picard, *Carthage—a survey of Punic history and culture from its birth to the final tragedy*, Sidgwick and Jackson Limited, 1987, P44.

[3] 阿普基耶夫编：《古代东方史》，王以铸译，生活·读书·新知三联书店1960年版，第411页。

所有的重要商品：从非洲运出的奴隶、象牙；从西亚细亚各国运出的贵重纺织品和地毯；从西班牙运出的金、银；从不列颠运出的锡；从科西嘉运出的石蜡；从巴利阿利群岛运出的酒类；从希腊运出的手工业品；等等。这里所列举的各地商品只是迦太基中介贸易的主要品种，并非贸易品的全部。[1]

1.迦太基的新金属航线

（1）迦太基新金属航线产生的背景

迦太基的新金属航线是在母邦——推罗金属航线基础上的继承和发展。推罗的金属航线衰落是因为两个原因：

第一，公元前8世纪后，亚述在萨尔贡二世、西拿基利、萨哈顿三人相继统治时期对西亚进行大规模扩张，并蹂躏了推罗等腓尼基人的国家，推罗就此衰落。就如弗雷尔所说："从公元前670年到公元前662年之间的八年里，推罗肯定是艰难的，因为推罗派舰队支援受困的埃及，亚述王萨哈顿惩罚了这座城市。亚述对推罗的重税使这种不稳定感加重了，大批的推罗人被迫移民到了非洲，从此东方市场关闭了。商业的活动中心向西转移了，而且利益的受益者是迦太基。"[2]

第二，从公元前8世纪起，希腊人开始殖民运动，在西地中海建立殖民地，它们严重地威胁着推罗的金属航线。希腊人广泛建立殖民地的主要

---

[1]　乌特琴科主编：《世界史》，生活·读书·新知三联书店1960年版，第694页。

[2]　Gilbert Charles Picard and Colette Picard, *Carthage-a survey of Punic history and culture from its birth to the final tragedy*, Sidgwick and Jackson Limited, 1987, P41.

原因是人口过多和急需为他们的豪华陶器寻找市场。他们涉足的地方在南意大利和西西里岛，并于公元前688年在西班牙南部建立了希腊人的要塞杰拉。他们在狮子湾进行贸易，并勘测加泰罗尼亚海岸，在西班牙比利牛斯山的山脚下建立了据点罗萨，而且，他们开始直接与他施人（即伊比利亚人，生活在葡萄牙附近，他们在早前垄断了这里的锡，且只和腓尼基人交易）贸易。推罗人的海上贸易垄断被打破了。在这种情况下，希腊人的优势更加凸显，拥有硬通货、陶器和青铜器。相反，推罗人仅有的优势是它的港口。

推罗的衰落和迦太基的勃兴大约是在同一个世纪，这并不是一种巧合，而是一种力量的延续。从公元前6世纪起，推罗人的势力逐渐淡出了地中海西部的西班牙南部、撒丁岛、狮子湾和西西里岛。从此，北非的腓尼基人就像散落在海岸上的珍珠一样，迦太基的任务就是把这些散落的珍珠串起来。此时，希腊人的势力覆盖了西西里岛、西班牙、狮子湾等，他们与腓尼基人产生了尖锐矛盾，西地中海上的腓尼基人需要一个领导者来维护他们文化、宗教和经济上的独立。迦太基的新金属航线就是在这样一种背景下产生的。

（2）新金属航线的线路

迦太基的新金属航线虽然承袭于推罗，但它的线路与推罗的金属航线并不完全一致。它的路线是：商船队驶出迦太基后，在地中海一路向西，到达了巴利阿利群岛。巴利阿利群岛离西班牙不到200公里，群岛南端的伊贝萨岛离西班牙更近。据西西里的希腊历史学家狄奥多罗斯记载，迦太基人在西班牙的伊贝萨岛建立了殖民地，时间是在他们自己城市建立的160年后，该岛是巴利阿利群岛最南端的岛屿。伊贝萨岛是迦太基在这一地区的第一个殖民地。在迦太基的巴卡家族入侵之前，该岛一直依赖着腓尼基人。巴利阿利群岛也是腓尼基文化圈的一员，它在迦太基殖民之前就已经接受了腓尼基文化。法国史学家瑟治尔曾提到该群岛的文化渊源，"巴利阿利群岛的闪米特文化大概是从西班牙南部的腓尼基人那里得到的"[1]。

巴利阿利群岛的战略地位相当重要。首先，它朝向西班牙，是迦太基进入南西班牙的桥头堡。其次，巴利阿利群岛可以给迦太基提供雇佣兵，以补给迦太基人在航行中的人员减员。在公元前5世纪，已经处于迦太基影响下的伊贝萨岛和整个巴利阿利群岛给迦太基人提供了大量的雇佣军，这就是著名的斯林格特种部队。

现代考古在巴利阿利群岛发现了大量的迦太基墓葬遗址，证明了迦太基影响的存在。尤其是伊贝萨岛，岛上的磨坊山陵园有4000多座迦太基人和罗马人的坟墓，而且，迦太基人的坟墓类型是典型的地下坟墓类型，在利亚普拉纳的陶菲特（迦太基人的圣所）也出土了大量的约公元前6世纪末的代表着性别的钟形小雕像，这些小雕像也是典型的迦太基手工业品。现在的达特维拉区博物馆也收藏了大量的腓尼基人和迦太基人的文物。

巴利阿利群岛只是一个通往西班牙的桥头堡，是为了保护通往安达卢西亚海岸的航路，迦太基人最终的目标是西班牙。大约在公元前500年

---

[1] Serge Lancel, *Cathage: a history*, Blackwell Oxford and Cambridge Press, 1995, P82.

前后，麦戈尼德王朝开始干涉伊比利亚半岛事务。[1]当时的国际环境有利于迦太基，其原因有二：一是公元前573年，推罗人被亚述征服，推罗人的金属航线关闭，西班牙的腓尼基殖民地与母邦推罗失去了联系，这一区域内的腓尼基城邦出现了权力真空。二是居住于比梯斯谷地和葡萄牙的土著伊比利亚人对腓尼基人时常进行侵扰，来自狮子湾和西西里的希腊人也威胁到了他们的利益。基于以上两个原因，迦太基人以西地中海腓尼基人的领导者和腓尼基文化的复兴者自居，干涉伊比利亚半岛事务。舒特恩认为迦太基殖民南西班牙的第一步应该是摧毁西班牙南部古国他施，并使阿卡萨尼亚斯王国（西班牙的一个古国）屈服。公元前3世纪，古他施王国被迦太基肢解为图尔德泰尼和巴斯特泰尼，它们分别属于今天西班牙的安达卢西亚地区和格拉纳多地区，这里的伊比利亚人也逐步接受了腓尼基文化。巴斯特泰尼人就是罗马人非常熟悉的巴斯特龙–布匿人，他们居住于直布罗陀和马拉加之间的海岸，而且，他们已经使用腓尼基人的语言。第二步，排挤南西班牙的希腊人势力。希腊人很早就在马拉加（西班牙西部）旁建立了殖民地。但是，在公元前500年，该城被迦太基人摧毁。迦太基人甚至有能力去处理希腊人对阿波利亚和罗达的渗透，他们的舰队可以在加泰罗尼亚、黎凡特和普罗旺斯的鲁西永海岸安然无恙地航行。第三步，迦太基与伊比利亚半岛的推罗城市加的斯、色卡斯、阿布德拉和马拉加签署了一个联盟条约。在这项条约中，这些推罗城市享有其内

---

[1] Gilbert Charles Picard and Colette Picard, *Carthage-a survey of punic history and culture from its birth to the final tragedy*, Sidgwick and Jackson Limited, 1987, P66.

部的自治和文化传统。迦太基人通过这些条约似乎保证了矿产的出口。在公元前348年，迦太基与罗马的第二个条约中又明确禁止意大利商人进入西班牙。到公元前4世纪时，迦太基完全垄断了伊比利亚的矿产出口贸易。

在伊比利亚半岛南部出土的墓葬也证明了迦太基人的势力在西班牙的存在。加利西亚（西班牙）的维哥港博物馆里有一个帝国时期的葬礼石柱，上面刻有代表着新月和太阳的塔尼特神（迦太基宗教当中的神祇），这个石柱是典型的迦太基物品；另外，在西班牙发掘的大型墓葬阿尔梅利亚里发现了大量的迦太基剃刀和装饰过的鸡蛋。这些考古物证似乎说明了加利西亚海岸一带迦太基势力的存在及影响。

迦太基控制西班牙南部后，势力逐步地渗透到西地中海的其他地域，如阿尔及利亚的奥兰地区、摩洛哥和葡萄牙。吸引迦太基人控制非洲的是利索斯（西班牙南部）以南的非洲大陆上的象牙和黄金。其实，比迦太基更早的还有一支腓尼基人，他们可以追溯至公元前700年左右，已定居摩洛哥在大西洋沿岸的马格德。从奥兰、阿尔及利亚附近的莱斯安德罗再到摩洛哥南部的马格德，相关迦太基影响的考古物证屡有发现。它们大多数是典型的迦太基手工业品（如面具、刀子等）。在葡萄牙也有非常多的迦太基遗迹或物证。所有这些证据说明了迦太基在加利西亚海岸（西班牙南部）的商贸和文化的影响。

迦太基人为了垄断他施的矿物出口，也是为了顺利通过海峡，并保护航海通道，他们控制了大西洋沿岸的腓尼基殖民城邦利索斯、加的斯（在腓尼基语中是"碉堡"的意思）和加的恩三处殖民地。[1]

殖民地利索斯城建在卢克斯河口的小山上，河流与深谷把它与内陆相对隔离。利索斯港是迦太基水手们通过直布罗陀海峡后经过的第一个港口。该港初建时只是为了让船只躲避海上风暴和海潮而建的。实际上，它不仅可以防止来自内陆的进攻，还可以把守住入岛的唯一通道——卢克斯河谷的出口处。通过直布罗陀海峡后的第二个腓尼基殖民城邦是加的斯，它位于利索斯的北边，与利索斯互为犄角。这座城市的布局与推罗极其相似，它建在了靠海岸的一个小岛上。岛屿与陆地之间被一条海峡分割，岛的南端（现在此地已经脱离了主岛）有一座梅尔卡特（腓尼基人的主神）神殿。加的斯的对面是比梯斯三角洲（这里现在称为瓜达几维亚河谷平原），河谷非常肥沃，河谷的东北方有一条山脉，蕴藏着丰富的铜、铅和银砂矿。这些地域为迦太基商人提供了源源不断的食物和贵金属。

迦太基人穿过了赫尔克里斯神柱（即直布罗陀海峡），航行进入广阔的大西洋，甚至可能为了获取银矿而到达了不列颠。

总之，迦太基的新金属航线的起点是迦太基港，中途到达巴利阿利群岛休整，然后继续前往目的地——西班牙。在西班牙，他们垄断了与伊比利亚人的贸易，并在公元前348年的"迦太基-罗马"条约中确保了迦太基人对这一地区的彻底控制。对葡萄牙、摩洛哥的殖民则是来自于对象牙、黄金的需求和扼守赫尔克里斯神柱的需要。

---

[1] Gilbert Charles Picard and Colette Picard, *Carthage-a survey of punic history and culture from its birth to the final tragedy*, Sidgwick and Jackson Limited, 1987, P18—19.

新金属航线的开辟使迦太基人垄断了地中海地区的贵金属贸易，也为迦太基人控制赫尔克里斯神柱提供了基础，同时也加强了迦太基对西地中海的控制，奠定了迦太基在地中海西部的霸主地位。

2.伊特鲁利亚—高卢线路

西地中海贸易网的第二条航线是伊特鲁利亚—高卢航线。这条航线的情况极其复杂，大体上可以概括为一盗、二点、三岛、四族。一盗是横行于狮子湾和科西嘉岛附近的海盗；二点是扼守该航线咽喉的墨西拿海峡和西西里岛西部的马雷蒂尼岛；三岛是指该航线经过的三个主要岛屿，它们依次是西西里岛、撒丁岛和科西嘉岛；四族是指影响到该航线的四个民族，即地中海地区的希腊人和腓尼基人、亚平宁半岛上的伊特鲁利亚人和后来兴起的拉丁人。

伊特鲁利亚—高卢航线从迦太基出发，在西西里岛分为两条支线。第一条支线是先后通过西西里岛的西部、撒丁岛、科西嘉岛，最后进入伊特鲁利亚或高卢；另一条支线是通过戈左岛，然后绕行于西西里岛东部的墨西拿海峡，沿亚平宁半岛海岸航行，最后驶入伊特鲁利亚。

两条航线的重叠点是西西里岛，所以西西里岛是迦太基人的生命线。得到西西里岛就会使迦太基的西地中海贸易网畅通无阻，失去西西里岛就意味着失去了出海的屏障。西西里岛两端的战略地位尤其突出。首先，西西里岛西部的末端处马雷蒂尼岛守护着西西里岛和非洲大陆之间的水道。[1]

---

[1] Gilbert Charles Picard and Colette Picard, *Carthage-a survey of punic history and culture from its birth to the final tragedy*, Sidgwick and Jackson Limited,1987，P43、P114.

其次，西西里岛东部的墨西拿海峡则是扼守亚平宁半岛和西西里岛的咽喉。

迦太基的麦戈尼德王朝对西西里岛西部的掌控主要通过一个三方联盟，这个联盟是由两个腓尼基城市帕勒莫和索伦托、一个希腊化的城市厄力密亚组成。早在公元前8世纪时，厄力密亚就是腓尼基人最忠实的盟友。历史学家修昔底德提到，由于希腊人的殖民，腓尼基人开始从西西里岛东部撤离，他们撤至其西边最忠实的盟友厄力密亚人那里。修昔底德认为厄力密亚人来自特洛伊。[1]考古学家也证实了他们来自安纳托利亚半岛，但是他们却吸收了希腊文化。西西里岛最西端的马雷蒂尼岛扼守西西里岛和迦太基之间的水域，地理位置十分重要。该岛最初是三方联盟的领地，三方联盟常在马雷蒂尼举行陶菲特仪式。三方联盟也把这个城市作为抵抗斯巴达人多利乌斯的基地。多利乌斯是被斯巴达流放的王子，他试图在列普提斯以东10公里处的西西里西部建立一个基地，三方联盟和迦太基联合西西里岛其他一些城市消灭了他。考古学家还在马雷蒂尼发现了迦太基控制这里的证据。他们在马雷蒂尼考古发现了一座典型的麦戈尼德王朝时期的迦太基建筑遗址，这就是马雷蒂尼神庙。兰瑟林领导的英国考古队认为这个庙宇是公元前600年左右由腓尼基人修建的，而且，这是该地区的第一个大型建筑。在公元前550年，迦太基人控制了马雷蒂尼，从此也拥有了这座神庙。不过，这个建筑在公元前396年被毁灭了。

---

[1]　修昔底德：《伯罗奔尼撒战争史》，谢德枫译，商务印书馆1960年版，第425页。

　　迦太基对于西西里岛东部的墨西拿海峡的控制是通过一个复杂的联盟和联姻的途径才得以实现。首先，迦太基通过与利吉翁（现在称卡布里拉）和赞克尔（墨西拿海峡）的暴君安纳克西拉的联盟进而控制海峡。后来，安纳克西拉与西西里岛北部希莫拉的独裁官塔瑞琉斯的女儿结婚，这样塔瑞琉斯、安纳克西拉和迦太基的麦戈尼德王朝在西西里的东部结成了紧密的联系。[1]迦太基通过这个联系牢牢地控制了海峡，进而保证了通往伊特鲁利亚航线的安全，该联盟还共同打击海峡北部的海盗。墨西拿海峡对于迦太基非常重要，因为它不仅是伊特鲁利亚—高卢航线的咽喉，还是前往撒丁岛的前哨。

　　在西西里的南部，迦太基利用叙拉古和格拉图之间的矛盾，获得了与叙拉古结盟的契机。迦太基麦戈尼德王朝的国王汉诺还迎娶了一位叙拉古姑娘，从而巩固了该联盟。这样就使迦太基的舰队能够安全地通过西西里岛南部。迦太基与叙拉古的联盟开启了一个通向希腊世界，去往腓尼基和亚洲波斯的通道。

　　迦太基人厘清墨西拿海峡和马雷蒂埃岛以后，掌控西地中海地区伊特鲁里亚—高卢商路的关键就是撒丁岛。[2]首先，撒丁岛是西地中海地区的交通枢纽，向北可直通科西嘉岛，进而与高卢人进行贸易；向东则与伊特

　　[1] Gilbert Charles Picard and Colette Picard, *Carthage-a survey of punic history and culture from its birth to the final tragedy*, Sidgwick and Jackson Limited, 1987, P6、P45.

　　[2] Serge Lancel, *Cathage: a history*, Blackwell Oxford and Cambridge Press, 1995, P83.

鲁利亚隔海相望。其次，撒丁岛是迦太基人与伊特鲁利亚人贸易的前哨。在这里汇集了大量的伊特鲁利亚和高卢、不列颠的商品，是迦太基与伊特鲁利亚两大文明交融的地方。

在腓尼基文化传入撒丁岛之前，该岛上就已经有了成熟的本土文化——怒拉利文化，考古证据显示它在公元前7世纪仍然繁荣。而几乎在迦太基建城（公元前814年）的同一时期，推罗人在塞浦路斯人的帮助下开始沿着撒丁岛沿岸定居。他们在撒丁岛最早的殖民地大概是诺拉，诺拉在撒丁岛诺拉赞南岸，与非洲相望。迦太基人为了打通伊特鲁利亚—高卢航线，开始在该岛进行系统的侵略渗透，就像佩吉所说的那样："迦太基人已经开始行动了。"迦太基人两次入侵撒丁岛，第一次由国王马勒古指挥，结果失败了，他也因此受到了惩罚。不久之后，在大约公元前6世纪末期，迦太基人在麦戈的两个儿子哈思鲁巴和哈米尔卡的领导下再次对撒丁岛采取了军事行动。在哈思鲁巴死之前，迦太基人已经基本上控制了撒丁岛。诺拉、萨若斯和北部的奥尔比亚、苏克斯等地有大量考古证据证明这些地方直接受到了迦太基人掌控。首先，诺拉和苏克斯的陶菲特都有一个刻有铭文的石柱，这些石柱几乎与萨朗坡陶菲特一模一样。其次，来自萨若斯与苏克斯、卡拉里斯的面具和人物形象不仅证明繁荣的文化存在，而且也证明了自公元前6世纪起，大量的迦太基人在该岛出现。

迦太基人对撒丁岛的控制使伊特鲁利亚—高卢线路最终完成。迦太基人和伊特鲁利亚人通过此航线进行大宗贸易。迦太基与伊特鲁利亚人的商业联系也使第勒尼安海的航海安全成为必要。所以，共同的利益使迦太基人和伊特鲁利亚人结成联盟，共同维护航线和贸易的正常运行。从伊特鲁利亚的第二大港口布匿斯姆的名字上也能看出迦太基商业实体在伊特鲁利亚的存在。从迦太基的古代卫城山南坡墓葬里考古发掘的物品显示，迦太基人大量进口伊特鲁利亚商品。除伊特鲁利亚和迦太基之间的贸易往来频繁之外，两国间的其他人员往来也非常频繁。

迦太基人以撒丁岛为基地继续北上，与欧洲的陆上商道会合于高卢南岸，从而使迦太基、伊特鲁利亚和高卢的航线连通。这条欧洲的陆上商道使来自不列颠的锡和来自波罗的海的琥珀通过载货工具在高卢南海岸汇集，它们大部分通过伊特鲁利亚—高卢航线水运至整个地中海地区，还有一部分由商人们越过阿尔卑斯山进入意大利和伊特鲁利亚境内，这些货物在伊特鲁利亚被迦太基商人收购。在公元前7世纪时，迦太基人不仅控制着科西嘉岛的阿拉利亚，他们还创建了马赛利亚（这个地方在罗纳河三角洲），而且还在加泰罗尼亚、伊波利亚定居。他们通过这两个关键点控制了西地中海的北半部分和罗纳河三角洲的交通。[1]但是，盘踞于科西嘉岛的福西亚人却严重地威胁着这条航线。福西亚人经常利用被称为格拉西斯（意即堡垒外的斜堤，指迂回包围）[2]的方式对过往船只进行劫掠。他们经常袭扰来往于高卢、伊特鲁利亚的商船，劫掠此航线上的商旅甚至一度

---

[1]　Gilbert Charles Picard and Colette Picard, *Carthage—a survey of punic history and culture from its birth to the final tragedy*, Sidgwick and Jackson Limited, 1987, P45.

[2]　Serge Lancel, *Cathage: a history*, Blackwell Oxford and Cambridge Press, 1995, P84.

成为福西亚人的一个重要收入来源。

在公元前6世纪后期，伊特鲁利亚人和迦太基共同维护该航线的安全与稳定，打击福西亚人，排挤希腊人，力图把福西亚人和希腊人的势力从第勒尼安海驱逐出去，甚至对希腊人关闭了墨西拿海峡。当伊特鲁利亚人被罗马人通过三次维爱战争征服以后，科西嘉岛的国王莫都斯·维凡德在罗马与迦太基之间奉行中立立场。但实际上，直到第一次布匿战争爆发之前，他还是更多地倾向迦太基。在这种情况下，伊特鲁利亚—高卢航线也保持了相当长时间的稳定。

伊特鲁里亚—高卢航线的开辟加强了迦太基与中、北欧的交流，促进了地中海地区的商品流通，同时也沟通了非洲文明与地中海文明。

3.迦太基的大西洋航线

在近代欧洲殖民非洲时期，西非的几内亚、加纳、多哥、贝宁等国被称为黄金海岸、象牙海岸。从古至今，西非的这些国家和地区就盛产黄金和象牙，尤其是作为贵金属的黄金成为近代欧洲列强争相角逐的对象。

早在上古时期，地中海地区的航海者就已经到达过西非。公元前7世纪，埃及法老尼科就曾雇用腓尼基船员和他们的船只，利用他们娴熟的航海技术和丰富的航海经验进行了史无前例的环绕非洲航行；在公元前5世纪，迦太基的汉诺大帝亲自率领庞大的舰队远航非洲，他们曾到达黄金海岸一带，并在沿途建立了许多的殖民点。[1]大西洋航线使迦太基的贸易网

---

[1] B.H.Warmington, *Carthage*, London Robert Hale Limited, 1960, P62.

超出了地中海的范围，大大地扩展了迦太基人的视野，对日后的迦太基产生了深远的影响。

（1）大西洋航线产生的背景

在迦太基的麦戈尼德家族的谱系中，有两位汉诺。第一位汉诺是麦戈尼德王朝的创始人迈戈的儿子，他是王朝的第二位统治者哈斯鲁巴的兄弟。这位汉诺没有做过国王，但是他的后代却持续统治了麦戈尼德王朝达百年之久。他的儿子哈米尔卡从他的伯伯那里继承了王位，成为王朝的第三位统治者。数年后，他在那场著名的希墨拉战争中被杀。战争的失败和国王被杀导致了迦太基暂时性地战略收缩。关于希墨拉战争之后的麦戈尼德家族，史学家贾斯汀有过较详细的叙述。他认为战后初期，麦戈尼德王朝很有可能是六人共治，他们是第二任国王哈斯鲁巴的三个儿子——汉尼拔、哈斯鲁巴、撒佛，和第三任国王哈米尔卡的三个儿子——黑米欧卡、汉诺和吉斯卡。[1]他们六人在公元前5世纪的前期同时掌控国家的权力。后来，权力似乎逐渐集中在汉诺手中。汉诺掌握权柄后，权力的再分配引发了家族内部的权力斗争，汉诺的兄弟吉斯卡被驱逐，最终客死异国他乡；汉诺的另一位兄弟黑米欧卡也离开了迦太基，去北海从事探险活动；汉诺的三位堂叔汉尼拔、哈斯鲁巴、撒佛也逐渐淡出了人们的视线。这位集大权于一身的汉诺就是上文提及的老汉诺的孙子，他对迦太基的影响远远大于与他同名的祖父。汉诺通过这场胜利巩固了他的统治，同时也为他

---

[1] Gilbert Charles Picard and Colette Picard, *Carthage-a survey of punic history and culture from its birth to the final tragedy*, Sidgwick and Jackson Limited, 1987, P93.

的"中兴事业"奠定了政治基础。

汉诺最终获得权力斗争的胜利，可以说其拥有更敏锐的政治智慧和更强硬的政治手腕。但是，掌权后他所面临的国内和国际环境却非常的严峻。公元前480年，迦太基在希墨拉的战败对其经济和外交带来了直接的负面影响。"在希墨拉的战败导致了迦太基对外政策的改变，它撤回到了本土，关闭了所有的港口，实行了锁国政策"[1]。吉尔伯特认为汉诺和他的王朝所面临的困境远非如此，他们在西西里岛和撒丁岛，甚至是本土都出现了危机。"迦太基停止了对外扩张，开始致力于维持在西西里岛的和撒丁岛的现状。但是，由于马雷蒂莫要塞缺乏必要的维修和补给，驻守部队开始溃散。迦太基最忠诚的盟友厄力密亚人也背叛了迦太基，他们转而臣服于希腊人。希墨拉战争后，厄力密亚人使用的希腊货币是他们在经济上融入希腊世界的一个很明显的证据"。因此，希墨拉战后，麦戈尼德王朝被迫停止了对地中海地区的扩张，并开始从该地区全面收缩。

在希墨拉战争失利后，迦太基已四面楚歌。这种不利的外部环境迫使汉诺在对外政策上做出了重大调整，他的调整分为三个步骤。第一步是退守政策，此时希腊在地中海地区势力正盛，而迦太基则元气大伤。所以，汉诺在此时采取退守政策，基本上不干预迦太基在西西里岛和撒丁岛的殖民地和属邦的内政。第二步是经营本土，海外殖民地的丧失和航路的封闭，使迦太基的粮食供应出现了困难。为了应对此问题，汉诺开始"经营

---

[1] Gilbert Charles Picard and Colette Picard, *Carthage-a survey of punic history and culture from its birth to the final tragedy*, Sidgwick and Jackson Limited, 1987, P86—88.

本土"，即对邻近的利比亚人部落进行侵略。史学家庞培·托格斯和演说家迪奥·科瑞斯特姆都曾描述过此情景，并将其视为一种文明社会对未开化的野蛮部落的征服。史学家庞培·托格斯说："战争在旷野中展开了，他们与努米底亚人进行战斗，非洲人被迫放弃了从迦太基人建城时就有的贡赋。"演说家迪奥·科瑞斯特姆也曾提及此事："汉诺彻底把迦太基人从推罗人改变成了非洲人，他们居住在非洲，而不是腓尼基，他们开始变得非常富裕，获得了更多的市场、港口和船，而且统治着陆地和海洋。"从这两位作者简短的文字中，我们可以看到汉诺对北非的扩张和其大西洋的远航之间的某种联系，即本土的扩张给日后汉诺的大西洋远航提供了必要的物质和人员准备。第三步，从迦太基当时所处的环境来看，他不得不开拓一条新的航线来获取财富，以摆脱国内所处的困境。

汉诺的"三步走"决策是在"被迫"的形势下决定的，但事物的双方在一定的条件下可以相互转换。汉诺的非洲陆上征服和海上远航改变了日后迦太基的政治结构和经济基础。前者使迦太基的农业实现自给，形成了农业贵族，他们与工商业贵族在议会中平分秋色，深深地影响了布匿战争期间迦太基的决策。更重要的是农业发展保证了汉诺远航的顺利进行，使汉诺在远航期间，国内政局稳定，同时也给汉诺的远洋船队提供了充足的物资和船员。

汉诺完成了对利比亚部落的征服后，把注意力集中到了海外贸易的拓展。他的目标是使迦太基垄断西部资源——西非的贵金属"黄金"，以便维持其庞大的海上贸易网及其对外战争所需的资金。

　　汉诺远航不是一蹴而就的，它是建立在几代腓尼基人对撒哈拉不断探索的基础上。公元前7世纪末，地中海文明就开始了对撒哈拉以南的接触。据气象学家分析，古时的撒哈拉不像现在这样干旱、少雨，商队和冒险家携带足够的水和耐旱的马便可通过撒哈拉。有多位历史学家都曾描述过腓尼基人对撒哈拉的探险。法国巴黎大学的迦太基学教授吉尔伯特在书中提到了"的黎波里的腓尼基人控制了很多重要的外撒哈拉路线"[1]。吉尔伯特提到的外撒哈拉路线很可能是现在的利比亚、阿尔及利亚、尼日尔和乍得北部。他又提出"定居于赫尔克里斯神柱两边的腓尼基人，尤其是加的斯的腓尼基人在汉诺远航之前就已经从事了沿摩洛哥海岸的航海探险"。从中可知加的斯的腓尼基人很可能已经经过了摩洛哥沿岸，到达了现在的西撒哈拉、毛里塔尼亚附近，并与当地的土著人进行以物易物的贸易往来。"历史学之父"希罗多德这样记述腓尼基人和撒哈拉以南土著人以物易物的情况："迦太基人也向我们讲述了一段关于利比亚人（赫尔克里斯两边的腓尼基人）的事迹，他们穿越了直布罗陀海峡。他们卸下船上的商品，并在岸边整理好，然后返回船上，并放起浓烟作为信号。土著人看到浓烟以后赶来，把足够多的黄金放到岸边以交换对方的商品，之后土著人退回原处。迦太基人（加的斯的腓尼基人）随后下船，检查放在岸上的黄金。如果他们认为物有所值，便收起黄金离开，如果不满意的话，他们将返回船上，一直等到土著人添加至他们满意的黄金数量，双方都不会欺骗对方。迦太基

---

[1] Gilbert Charles Picard and Colette Picard, *Carthage—a survey of punic history and culture from its birth to the final tragedy*, Sidgwick and Jackson Limited, 1987, P86.

人只有在他们欲出售的货物的价值等同于黄金的价值时，他们才会去触碰黄金。同样地，土著人在黄金被带走之前是不会接触货物的。"[1]

在西非，这种贸易方式一直持续到了13世纪，少数地区则持续到19世纪。直布罗陀两岸的腓尼基人对黄金的需求推动了这种贸易，他们拥有远航西非的经验和来自神秘地区的信息。随着迦太基的扩张，推罗的金属航线被迦太基人承袭，腓尼基与西非的贸易也为迦太基人所控制，迦太基人肯定是把它们从加的斯人手中接收了过来。[2]但是，这里要说明一点，加的斯与西非人的以物易物的黄金贸易只限于摩洛哥沿岸一地，并未到达严格意义上的西非。加的斯人只是给陷入困境的汉诺提供了一个令人振奋的信息——驶出赫尔克里斯一直往南会有无尽的黄金。

除了古文献记载以外，在摩洛哥考古还发现了一处迦太基人的殖民遗址——摩加多尔。这里距离直布罗陀海峡450公里，距离腓尼基的另一个殖民地利索斯也有约500公里。摩加多尔大概是公元前7世纪的加的斯人建立起来的，这块殖民地后被加的斯人遗弃后逐渐荒废。公元前5世纪，迦太基人开始定居于此，并把这里作为与西非贸易的桥头堡。从古文献和考古文物来看，一方面，当时的迦太基人已经具备了向西航行的条件和实力；另一方面，汉诺的远航不是盲目的远航。

关于汉诺远航的时间范围，我们可以用麦戈尼德家族的谱系表来印证

---

[1]　希罗多德：《历史》，王以铸译，商务印书馆1985年版，第341页。

[2]　Gilbert Charles Picard and Colette Picard, *Carthage-a survey of punic history and culture from its birth to the final tragedy*, Sidgwick and Jackson Limited, 1987, P86.

普林尼和希罗多德的文献，从而得出一个较准确的时间。

普林尼记述"汉诺的航行时间几乎与黑米欧卡沿大西洋向北航行一致"。黑米欧卡是在希墨拉战败的哈米尔卡的儿子，由此证明汉诺远航的时间应在希墨拉战争以后，也就是公元前5世纪以后。

希罗多德在记述希波战争时说到波斯国王薛西斯的远亲撒塔斯佩斯对非洲大陆的远航，这可能是暗指汉诺远航。[1]他同样叙述了撒塔斯佩斯远航的具体时间，即公元前485年至公元前465年之间。汉诺继承王位的时间是公元前480年，而且刚刚即位的汉诺最少得用5至10年的时间处理繁杂的国政，所以时间再推后10年，即公元前470年。汉诺远航最早发生在公元前470年，但是不能比公元前460年晚。"因为汉诺是于公元前480年继承了他父亲的王位，那时他不到20岁，他只能够在壮年时来完成这个令人疲惫的旅行"[2]。

（2）船队的规模和航线

《汉诺周航记》的希腊译本保存至今，它是从迦太基埃尔神庙遗留的文书中抄录下来的。《汉诺周航记》共17条，详细地记述了汉诺船队的规模和远航的线路，以及船员们的遭遇。

《汉诺周航记》里的第一条内容记述了船队的规模："汉诺将驶出直布罗陀海峡，而且在利比亚–腓尼基（笔者认为是摩洛哥海岸）建立了殖

---

[1] 希罗多德：《历史》，王以铸译，商务印书馆1985年版，第281页。

[2] Gilbert Charles Picard and Colette Picard, *Carthage-a survey of punic history and culture from its birth to the final tragedy*, Sidgwick and Jackson Limited, 1987, P86.

民地。他拥有60条船，每条船上有50名桨手，同时携带了30000名男人和女人、大量的食物和其他必需品。"笔者认为汉诺远航的船只不可能是迦太基传统的五帆船，因为《汉诺周航记》里的第一条提及每条船是50名桨手，50名桨手很难同时挤在一层，所以船队的船只可能是两层的三帆船。从《汉诺周航记》第一条来看，每艘船只平均容纳550人，这种船本身的空间就很小，所携带的食物和淡水肯定不充足。在这种情况下，船队在沿途必须不断地停靠进行休整和补给。

在当时生产力水平相对低下的背景下，汉诺远航的最大问题莫过于船队的补给和沿路土著人的袭扰。汉诺的船队必须找一个合适的地方进行短期休整和补给，这样就使汉诺远航的过程被分成了三大段。《汉诺周航记》里的第二条至第七条详细地描述了汉诺远航的第一段路程。汉诺的船队驶过赫尔克里斯神柱后，在摩洛哥的大西洋沿岸先后建立了七块殖民地，每块殖民地的间隔大约是两天的航程，汉诺的目的是要补给食物和水，甚至是桨手。

汉诺在摩洛哥的大西洋沿岸建立的第一块殖民地是萨米亚特维尼，《汉诺周航记》的第二条记述萨米亚特维尼殖民地建立时写道："通过海峡，船队行驶了两天后，我们建立了第一块殖民地，即萨米亚特维尼，它的附近是一个巨大的平原。"[1]汉诺在这里休整了几天后选择继续出发，在萨米亚特维尼的西边建立了第二块殖民地，即索罗埃。《汉诺周航记》

---

[1] B.H.Warmington, *Carthage*, London Robert Hale Limited, 1960, P62—63.

里的第三条和第四条记述："朝西行驶，我们到达了一块被称为索罗埃的地方，这里覆盖着森林。我们把一个圣所献给了海神波士顿，随后我们调转船头向东行驶了半天，到达了一个离海不远的潟湖，这里覆盖着树木、高高的芦苇，成群的大象和许许多多其他的动物在这里生息。"汉诺在索罗埃建造了一座名为"仙道沿海之旅"的神庙，可能是奉献给腓尼基海神的。这座神庙在后来的斯蒂拉克斯希腊航海指南中也曾提及。汉诺沿着潟湖的边缘继续行驶，在潟湖沿岸陆续建立卡瑞纳、盖塔、阿克瑞、艾瑞比斯等殖民地。虽然《汉诺周航记》里提到的这几处殖民地的遗址迄今为止没有一个被发现，但是通过把《汉诺周航记》里的资料与现在西非海岸加以对照，我们可以按图索骥地找到他们大体的位置。而且《汉诺周航记》的第一条就提到了汉诺在"利比亚-腓尼基"建立了数个殖民地，"利比亚-腓尼基"是当时迦太基人的一个地理概念，指现在的摩洛哥大西洋沿岸。这里提到了腓尼基人，说明这一区域有很多腓尼基的城邦。所以笔者推断，这七处殖民地离赫尔克里斯神柱不远。因为这里有大量的腓尼基人，迦太基人很容易在这里得到补给和获取远方的信息。

汉诺的舰队继续向南航行，他们驶抵里克西雷。根据《汉诺周航记》第六、七条所述，迦太基人在里克西雷休整数日后，开始了第二阶段的航行。他们沿着沙漠海岸线向南行驶了两天后，到达基尼岛，并在这里修建了一个定居点。[1]

---

[1] B.H.Warmington, *Carthage*, London Robert Hale Limited, 1960, P62—63.

根据《汉诺周航记》第九、十条所述，"汉诺的舰队继续南下，他们驶抵一条称为科瑞特斯的河流，河流深处有一个潟湖，湖里有三个较大的岛屿，湖周围的山脉中居住着身穿兽皮的野蛮人，他们对迦太基人采取敌对的态度。迦太基人又对另一条河流进行侦察，发现这条河流里有鳄鱼和非洲海马，于是汉诺被迫撤回了基尼，进行补给"。

在第三阶段远航中，汉诺的舰队一直沿着西非海岸航行了12天，一路经过了森林环绕的西角（现在的塞内加尔）、神之战车火山，最终到达此行的终点——南角。随后，迦太基人利用季风和洋流，沿着撒哈拉海岸返回了直布罗陀海峡。

汉诺开辟的大西洋航线是迦太基在特殊环境下，由麦戈尼德王室组织开辟的。它为迦太基拓展了视野，也使迦太基拓展了非洲贸易，并为其带来了大量的贵金属。同时，此航线的开辟也逐渐扭转了迦太基在地中海地区的颓势，并为迦太基商业帝国的建立奠定了基础。

4.迦太基与埃及的陆上商路

早在迦太基建城之前，腓尼基人与埃及已经有着频繁的贸易往来。腓尼基在埃及新王朝时期，它的海上贸易即相当发达。腓尼基人甚至垄断了埃及的全部贸易，其为数极多的商船游走于尼罗河沿岸各个城市的码头。[1]腓尼基人在埃及不仅出售自己的商品，而且还从其他国家运来奴隶和各式各样的手工业制品，后期还以农产品和畜牧产品进行贸易。

---

[1]　乌特琴科主编：《世界史》，文远、王灌等译，生活·读书·新知三联书店1960年版，第689页。

公元前8世纪至7世纪，北非的迦太基通过其母邦推罗的贸易网也开始同埃及有了商业往来。迦太基早期的墓葬中出土了大量的埃及奢侈品，以及一些埃及生产的避邪用品，如十字架、红铜制的铃铎和铙（古代的一种打击乐器）等，都是迦太基人趋吉避邪的必需品。通过从迦太基墓葬中出土的这些埃及产品，可以看出迦太基与埃及的贸易往来的规模和程度。

然而，在公元前631年，希腊人在埃及和叙提卡之间的非洲海岸上建立了殖民地古利奈，该地区离现在的班加西（位于利比亚北部）不远。从此，迦太基和埃及之间直接的海上联系中断了。但是，海上通道的中断却没有隔绝埃及与迦太基之间的商贸往来。迦太基人对埃及奢侈品的需求促成了连接埃及和迦太基两地的陆上商路的出现。

这条陆上贸易线路的方向与北非的海岸线平行。线路的起点是尼罗河西岸的巴拉托流姆（即现在的马特鲁港），该港所在地区是古代北非重要的贸易活动中心之一，亦是提供五谷食物的地方。线路的终点是利比亚的苏尔特南端。

这条陆上贸易线路所通过的地方往往是遍布沙丘、人烟稀少、人迹罕至的沙漠。但是，在这条线路的沿途有少许的沙漠绿洲，如锡瓦和奥古拉等绿洲。锡瓦是著名的阿蒙神（埃及人信仰的神祇）的起源地，它和奥古拉绿洲一样被盐碱山包围。但是，奥古拉有一股清澈的泉水，进而使该地的土地较其他地区肥沃一些。[1] 从一个绿洲到下一个绿洲的平均时间是

---

[1] 阿里安：《亚历山大远征记》，李活译，商务印书馆1985年版，第85页。

10天左右，途经很多沙丘，而且不时会遇到沙尘暴。在沙漠里旅行，人们经常迷路，并在沙尘暴形成时被埋葬。历史上途经这些沙漠遇险的实例不胜枚举，著名的如波斯帝国的国王冈比希斯在率军远征埃及时就曾在去往锡瓦的路上迷失了方向，折损了他率领的多数军队，使亚历山大城侥幸避免了兵火的屠戮。

距离利比亚境内的列波提斯马格那（希腊语为"大都市"）不远处的苏尔特是迦太基—埃及陆上商路的终点。苏尔特属于瓜拉马人（北非柏柏尔人的一支）统治。在公元前7世纪末，这个城市非常繁荣，它的繁荣与希腊殖民地古利奈的建立在时间上是一致的。

现代考古发现，在希墨拉战争之后，迦太基墓葬群中的埃及饰品和器皿突然消失了。可能是由于希墨拉战争的影响，加之波斯对埃及的侵袭用兵，地中海东部国家、地区与埃及之间的海上商路被波及而阻断，进而影响到了埃及与地中海西部国家、地区的商贸，尤其是与迦太基的贸易，随之这条陆上商路也逐渐被废置。

虽然埃及与迦太基陆上商路存在的历史短暂，但它却加强了迦太基与东方文明的交流，同时也丰富了迦太基人的物质生活，满足了埃及人对于贵金属的需求。

## 四、迦太基形成中介贸易的原因和条件

### （一）历史原因

在公元前2000年至公元前1000年间，腓尼基的商人们频繁航行于地中

海，形成商贸网络。他们几乎垄断了整个地中海的贸易，而且还活跃于红海，甚至在以色列南部的埃特拉港拥有商站。在腓尼基人的数条贸易航路中，有一条格外引人注目，那就是金属航线。金属航线是上古时期地中海贸易网络中非常重要的一条航线，它为西亚的国家或地区带来了大量的贵金属，也为本国那些技术精湛的青铜器手工业者带来了充足的原料，成批的奴隶被水手和商人们通过此航线以高额的价格售出。航线沿路布设商站、补给站，这些商站或补给站有一些后来发展成了腓尼基人在地中海重要的殖民地，迦太基就是其中之一。在迦太基建城后的相当长一段时期内，腓尼基商人仍然控制着地中海的过境贸易，传统的金属航线并没有衰落，反而在公元前9世纪更加活跃了。公元前8世纪推罗被亚述征服后，迦太基迅速崛起，并成为西地中海腓尼基诸邦的领导者。在麦戈尼德王朝时期，迦太基顺理成章地承袭了金属航线，并在金属航线的基础上构建新金属航线，形成西地中海贸易网。

1.腓尼基的金属航线与迦太基

（1）腓尼基航海的条件

腓尼基人的航海业发达，尤其是推罗和西顿两个城邦。其海上贸易的发达是有着诸多原因的。首先是腓尼基人造船技术发达。在公元前2000年至公元前1000年，腓尼基的造船技术在希腊之上，而且更适合远洋航行。"与相对轻而快的希腊船相比，推罗有吨位较重的船，而希腊船只不适于长途远洋航行，更不适应大西洋的涨潮"[1]。其次是其有丰富的造船材料。"腓尼基的自然财富中最有价值的东西就是黎巴嫩的雪松和橡树，这里自古就是地中海的木材出口地，木材的质量上优，适合造船。尤其是毕布勒，它是贩卖建筑木材的中心"[2]。第三是腓尼基人有优良的港口。腓尼基各邦的港口往往有两个，一个朝南、一个朝北，以利于对外航行贸易，如推罗和西顿。第四是此时的外部环境也有利于推罗的远航。克里特和迈锡尼文明已被多利亚人摧垮，埃及也被"海上民族"——腓力斯丁人频繁骚扰，以至于不能有效地统治它的西亚属地。在这种情况下，客观上有利于腓尼基人在东地中海的航行。

（2）开辟金属航线的时间

随着考古发现的新材料不断出现，金属航线开通的时间已经逐步地清晰。修昔底德的《伯罗奔尼撒战争史》第六卷提到在希腊人定居之前，腓尼基人就沿着西西里岛沿海附近的岛屿居住。[3]据此我们可以推断出，公元前8世纪的腓尼基已经为远航西地中海创立了一些基地。再有就是一个渔民在西西里岛南端的阿格里根图姆发现了一尊公元前11世纪宗教用的腓尼基青铜像，仅38厘米高。至此，我们可以推断出金属航线开辟的时间大约在公元前11世纪。

---

　　[1]　Gilbert Charles Picard and Colette Picard, *Carthage-a survey of punic history and culture from its birth to the final tragedy*, Sidgwick and Jackson Limited, 1987, P42.

　　[2]　乌特琴科主编：《世界史》，文远、王灌等译，生活·读书·新知三联书店1960年版，第530页。

　　[3]　修昔底德：《伯罗奔尼撒战争史》，谢德枫译，商务印书馆1960年版，第425页。

（3）金属航线的线路

在公元前11世纪左右，由推罗商人组成的海上探险队开辟了金属航线。这条金属航线也叫做南部路线。走这条航线的船队或商旅由推罗启程沿着地中海的海岸向南，经过尼罗河三角洲，到达非洲的利比亚海岸。然后，到达东、西地中海的分界线——西西里岛，该岛也是推罗人重要的西进战略基地。在西西里进行休整后，船队继续向西抵达撒丁岛，而后由撒丁岛向西越过狮子湾（法国南部的利兹湾），最终到达伊比利亚半岛。

金属航线的第一站是埃及。推罗与埃及的关系很微妙，它在埃及新王国时期被埃及统治。埃及新王国衰落后，推罗和西顿等腓尼基城邦相继独立，并且在一段时期内，逐渐控制了埃及的海上贸易。"腓尼基的海上贸易早在埃及统治时期即很发达，到埃及新王国灭亡之后则更扩大了其贸易规模。这时，埃及的全部贸易都落入了腓尼基人的手中，而他们为数极多的船只经常来到尼罗河沿岸各个城市码头上"[1]。在公元前11世纪左右，推罗人的船队能顺利地通过金属航线的第一个关节点——埃及海岸。

沿着埃及海岸一直向西就到达了利比亚海岸。驶过利比亚海岸后的下一关节点是西西里岛。西西里岛由于地理位置优越，是推罗金属航线西延的重要补给基地。受推罗的影响，至今西西里岛的一些地名，如萨普瑟斯等仍然保留着闪米特语系的成分，这很有可能是沿用推罗人对当地的称呼。

西西里岛以西便是西地中海，金属航线通过西西里之后的第一个关节

---

[1] 乌特琴科主编：《世界史》，文远、王灌译，生活·读书·新知三联书店1960年版，第689页。

点是地中海的撒丁岛。由于撒丁岛地理位置优越，推罗人和日后的迦太基人在此建有殖民地，同时，这里也成了重要的金属铜的供应地之一。

撒丁岛和伊比利亚半岛之间是狮子湾，凭借着腓尼基水手们积累的经验和大型的商船，船队很容易通过狮子湾到达金属航线的终点——西班牙南部的他施。《圣经》中《以西结书》提到的他施是一个古国，"他施人因你有各类的财物，就做你的商客，拿银、铁、锡、铅兑换你的货物"[1]。在《旧约·列王记》中，他施又被称作"他施之舟"，一种专门从事海上远洋贸易的船只，而且这种船只能运载大量的货物。因此"他施之舟将去俄斐（产金地），在红海去携带黄金"[2]。由此可见，《圣经》中对他施的描述有两层含义，一层是伊比利亚半岛南部的古国，另一层意思是垄断他施矿物出口的腓尼基商船。

（4）开辟金属航线的目的

腓尼基人开辟金属航线的根本目的是获取黄金、白银、铜、锡等贵金属，以满足本国手工业者对原料的需求。在希腊勃兴之前，腓尼基的手工业制品几乎垄断了整个地中海地区，尤其是金、银、铜等贵金属制品和玻璃器皿等。有些腓尼基的手工业制品更是以高度的艺术性著称。法老图特摩斯三世年代记里提到，"他的战利品中有饰以兽角的金瓶和银瓶，这些

---

[1]　《圣经》，中国基督教三自爱国运动委员会，南京爱德印刷有限公司，2003年，第838页。

[2]　《圣经》，中国基督教三自爱国运动委员会，南京爱德印刷有限公司，2003年，第348页。

是嘉喜制作的，嘉喜即是腓尼基的意思"[1]。法国巴黎大学的吉尔伯特也曾赞扬腓尼基精湛的工艺技术，"在公元前2000年至公元前1000年，腓尼基金制和银制盘子是用一个内雕和凸纹面的主题装饰的，曾畅销整个地中海，体现了腓尼基的工艺之高超"[2]。所以，在铁器普及之前，铜是腓尼基人制作工艺品的主要材料。铜不仅用于制作手工艺品和随葬祭祀品，它还是当时重要的战略资源。在公元前2000年至公元前1000年间，铜制武器是当时世界上先进的装备，只有王室、贵族才有资格佩戴青铜剑，公民兵才有能力使用反复磨制的青铜武器。铜也是王室威严和高贵的象征，亚述国王在巴拉瓦特的宫殿大门上钉有13条铜片，以显示他的财富。铸造青铜器时，锡是一种必需的稀有金属。但是，锡在东地中海地区储藏和产量是有限的，这毫无疑问地使它变得尤为珍贵，其价值也在某一时期内超过了金、银和铜等贵金属。

铜、锡、金、银、铁、铅、木材是当时最重要的战略物资。铜与锡的价值更是不言而喻。不论是军事用途，还是常用的奢侈手工业用品，都离不开它们。为了获得这些贵金属，在公元前10世纪左右，腓尼基人就开始在塞浦路斯设置殖民点。"腓尼基的各城邦当中，乌迦里特最早与塞浦路斯发生了密切的交往，塞浦路斯是当时铜的主要供应地。拉丁语

---

[1] 乌特琴科主编：《世界史》，文远、王灌译，生活·读书·新知三联书店1960年版，第530页。

[2] Gilbert Charles Picard and Colette Picard, *Carthage-a survey of punic history and culture from its birth to the final tragedy*, Sidgwick and Jackson Limited, 1987, P37.

'cuprum'（铜）的起源，也许就和该岛的名称有联系"[1]。黄铜在塞浦路斯和安纳托利亚半岛就可以得到。而作为合金的青铜器还需要另一种金属锡，但锡是很不常见的，就是为了搜寻这种金属，腓尼基的探险家才会前往西地中海。[2]

（5）金属航线对迦太基的影响

推罗的金属航线横贯地中海，而且紧连亚洲、欧洲和非洲大陆。迦太基的四条商路就是在它的基础上建立和发展起来的。迦太基的第一条商路新金属航线直接承继了推罗金属航线的地中海西部线路，并在此基础上利用文化同源和商贸优势逐渐控制了伊比利亚半岛南部和摩洛哥沿岸，同时也为大西洋航线的开辟奠定了基础。另外，伊特鲁利亚—高卢航线的开辟与金属航线也有着密切的联系。早在公元前11世纪，腓尼基人便在西西里岛和撒丁岛建立临时定居点，但由于两岛的战略地位突出，临时定居点发展为殖民城邦，它们也逐渐成为迦太基和尤提卡等北非腓尼基城邦联系欧洲大陆文明（伊特鲁里亚、高卢等）的纽带。公元前6世纪，推罗的金属航线衰落，迦太基人则通过金属航线中的西西里岛和撒丁岛北上与伊特鲁里亚和高卢等欧洲文明直接进行大宗贸易，进而开辟了伊特鲁里亚—高卢航线。迦太基与埃及的陆上商路是在金属航线东段关闭以后，为了恢复与

---

[1]　乌特琴科主编：《世界史》，文远、王灌译，生活·读书·新知三联书店1960年版，第531页。

[2]　Gilbert Charles Picard and Colette Picard, *Carthage-a survey of punic history and culture from its birth to the final tragedy*, Sidgwick and Jackson Limited, 1987, P17.

东方的贸易，沿原金属航线东段北非沿岸开辟的一条陆上商路。

总之，腓尼基的金属航线为迦太基四条商路的开辟奠定了基础，并促进了迦太基中介贸易的繁荣，增强了迦太基与欧洲文明和东方文明的联系。

### （二）直接原因

迦太基发展中介贸易有它的直接原因。首先，迦太基自身商品生产能力、技术水平相对较低，从而限制了它的经济发展。迦太基人生产的陶器非常粗糙，作为贸易商品是没有价值的。例如：考古发现的迦太基赤陶土人偶看起来极端原始，它们身体的形状像口钟一样缺乏美感。[1]其次，迦太基的商品生产规模不能适应商业贸易的需要。在迦太基的经济中，虽然中介贸易大有发展，但是迦太基本身的商品生产水平却比较低，远远不能适应贸易的规模。因此，迦太基贸易的主要项目不是迦太基人自己供应的那些物品，而是"野蛮"民族供应的那些物品。[2]

生活用品的缺乏和贸易规模的局限越来越阻碍着迦太基的发展，进口制成品逐渐成为迦太基人主要的生活用品。但是，此时迦太基的进口商品主要来自母邦推罗。在公元前6世纪，推罗遭到埃及和波斯人的侵扰，逐渐衰落，推罗的东方市场也就此关闭。而此时的迦太基进口商品开始出现多元化的趋势，来自孟菲斯的琥珀、科林斯的长颈瓶、伊特鲁利亚的黑色

---

[1]  Gilbert Charles Picard and Colette Picard, *Carthage-a survey of punic history and culture from its birth to the final tragedy*, Sidgwick and Jackson Limited, 1987, P63.

[2]  乌特琴科主编：《世界史》，文远、王灌译，生活·读书·新知三联书店1960年版，第401页。

雕刻器皿等在迦太基相继出现。与此同时，迦太基人也利用自己的地理和文化同源的优势，继承和开拓了母邦推罗的金属航线，并构建了一个广阔的贸易网。初期的自给自足经济也过渡到以中介贸易为主的经济特点。

### （三）迦太基中介贸易的条件

任何文明的繁荣发展都基于它们得天独厚的条件，如埃及、巴比伦和中国发达的农业都得益于大河和广袤的平原；希腊蜚声海外的陶器艺术得益于它特有的黏土；腓尼基人精湛的航海技术得益于他们自身所具有的航海冒险精神。迦太基人繁荣的中介贸易也不例外，它源于其自身所具备的三个有利条件：首先是迦太基人的勇于探索、不畏艰难的卓越精神；其次是迦太基所拥有的得天独厚的地理位置；第三是迦太基领先的造船技术；第四是迦太基的贸易保护政策。考虑到"迦太基人的航海精神"已在前文中提过，所以笔者不再赘述，本部分只阐述迦太基优越的地理位置、先进的造船技术及其贸易保护政策。

1.优越的地理位置

迦太基兴起的地方大致是今天的突尼斯一带，在史前是靠近海岸的汪洋中的一座孤岛，迈杰尔达河冲击的淤泥在数千年后把小岛和陆地连接起来，形成了迦太基半岛。大自然的鬼斧神工造就了迦太基优越的地理环境。

首先，迦太基有优良的港湾。在尤提卡以南6公里处，有一砂岩半岛。这座砂岩半岛把迈杰达尔河和现在的突尼斯湾分隔开来，砂岩半岛上的海岬延伸至广阔的海域，这个海岬的南岸遮挡住了强烈的北风和西风。罗马诗人维吉尔曾对此有过描述："这里是个深邃的海湾，一座岛屿形成大门，大门两侧把海湾掩护起来，海上来的一切浪潮碰着它就破裂成越来越弱的微波。港湾两侧有巨大的岩石，形成一对险恶的峰峦，耸入天空，在峰峦的遮蔽之下，宽阔的水域显得安全而宁静。"[1]海岬南边有两个环礁湖，一个呈圆形，另一个呈长方形。它们是相连的，而且只有一个狭长的出口，有修建军港和商港的优越自然条件。与环礁湖遥相呼应的是北边的卫城山，从这里可以像灯塔一样瞭望整个港口。

其次，这里为日后的迦太基提供了充足的水、粮食等必需生活物资。迈杰达尔河的淤泥形成的两个沙道把突尼斯湖围了起来，湖中有丰富的鱼类和其他海产品。半岛上有着丰富的淡水资源。城市周围有足够的可耕种的土地去支持增加的人口。由于阳光充足，小麦、大麦和葡萄都可以在这里生长。

第三，迦太基的地理位置易守难攻。北边是令人畏惧的峭壁和现在的希迪布赛海角，南边是12.6公里的地峡。迦太基的两个天然良港只有一个11.3公里宽的狭长通道，这个唯一的通道以后也被迦太基人用大铁链封住了。

第四，迦太基位于地中海的非洲沿岸中心，从这里可以通过陆路到达埃及和摩洛哥。而且它是东、西地中海及欧洲、非洲多条海上航路的交会点。北上可行驶至亚平宁半岛和高卢；向西至伊比利亚半岛；朝东可达埃及、小亚细亚半岛和叙利亚等，而且驶往这些目的地的直线距离几乎相等。

---

[1] 维吉尔：《埃涅阿斯纪》，杨周翰译，译林出版社1999年版，第49页。

2.先进的造船技术

迦太基中介贸易能够正常运行的基础是对航路的垄断，它主要体现在其领先于其他地中海国家或地区的造船技术。在迦太基建立后的几百年间，迦太基的商船遍布于地中海，就像盲诗人荷马在《奥德赛》里写的那样，布匿人的船只似乎已经成为海上贸易的象征。他们造出的商船和战船适合地中海地区独特的环境，保障了迦太基中介贸易的顺利进行。迦太基的商业船只分为两种：一种被希腊人称为瓜勒斯船，另一种被希腊人称为河马船。

瓜勒斯船是皇家和大商人使用的大型商船。意大利塔尔奎尼亚的一处伊特鲁利亚人坟墓中有一幅公元前6世纪的壁画，壁画展示的就是体积很大的迦太基黑色瓜勒斯运输船。

瓜勒斯船具有三点优越性。第一是载重量大。亚述王辛纳赫里布在尼尼微宫殿的浮雕中描绘的就是这种类型的船只。该船的船体呈现椭圆形而且有两层甲板，船身体积庞大且很高，须有梯子才可以爬上船。这样的结构造型可以载重大重量的货物，降低载运成本，提高迦太基商船的竞争力。第二个优点是在没有指南针的时代里，该船不容易迷失方向。该船有两层甲板，每层都有桨和橹，且船上也没有桅杆和帆。这种桨、橹驱动的商船很适合地中海的航行，尤其是夏季多风时，因为强力的风会使其偏离前进的方向。第三是具有防卫性，就像亚述王辛纳赫里布浮雕中的瓜勒斯船船头加装了冲压器。这种改装的船不仅可以运送货物，还能充当护航战舰。

另一种小商人普遍使用的小载重船只被希腊人称为河马船，因为其船头用了一个"马头"作装饰。河马船有两个特点，首先，它的体积很小，且很狭长，船身两头十分对称。船首马头的设计使其更趋流线型，且减少了阻力，这样的造型使其在航行途中更趋灵活、轻巧。其次，它也由桨、橹操作，但却多了一个桅杆，这样的船型结构适合于远航。这种带有马头装饰的船只穿梭于非洲的摩洛哥海岸和非洲东海岸（索马里海岸）。从公元前7世纪到公元前2世纪迦太基灭亡的500年里，河马船逐渐缩小了它的尺寸，并最终由迦太基人的商船演变成了地中海渔船。[1]

迦太基船队能够驰骋于地中海，并维持着迦太基商队的基本安全和地区贸易的平衡，其最重要的因素是迦太基拥有一支强大的战舰舰队。

迦太基的战舰被称为"五帆船"。它是古代地中海上标准的"战列舰"，其性能超过了同时期的西西里、罗马和坎佩尼亚的战舰。同时，它也是包括罗马在内的很多地中海国家海军战舰的鼻祖。"罗马人最初是没有海上力量的，在第一次布匿战争初期，一艘迦太基的五帆船在试图穿越墨西拿海峡时被罗马人擒获，罗马人便以这艘五帆船为样板建造了自己的舰队"[2]。

五帆船有两个显著的特点。首先是五帆船的速度快。该船由三层甲板构成，这样就可以尽可能多地容纳桨、橹手，以使五帆船行驶速度更快和更持久。它的第二个特点是攻击性特别强。哈思鲁巴（迦太基的将

---

[1] Serge Lancel, *Cathage: a history*, Blackwell Oxford and Cambridge Press, 1995, P126.

[2] Serge Lancel, *Cathage: a history*, Blackwell Oxford and Cambridge Press, 1995, P126.

军）在西班牙铸造的货币上有迦太基五帆船的图案，该船的船头下方加装了一个冲撞装置，这种冲撞装置像象牙一样呈曲线弯绕。当五帆船撞击到对方时，对方的船体将剧烈晃动，而此时甲板上的士兵完全可以冲上去进行徒手搏斗。而且，五帆船体积庞大，它能撞翻或撞断任何较脆弱的船只。[1]

通过对瓜勒斯船和河马船这两种商船特点的分析论述，我们了解到迦太基高超的造船技术，同时也反映出造船技术在迦太基中介贸易发展和商业优势地位逐步确立过程中所起的重要作用。

### 3.迦太基的贸易保护政策

迦太基是一个商业城市，维持其经济正常运行的基础是贸易，控制商业循环和关税的征收是迦太基的经济基础。[2]为了达到此目的，迦太基采用了"贸易保护主义"政策。非洲的历史学家基瑟尔用几句话总结了迦太基的贸易保护政策：

"共和国从那时（中介贸易发端时期，大约在公元前5世纪中期）有了一个商业政策，这项政策的主要内容是：为了拓展迦太基市场，必须通过武力，然后通过订立条约或是建立殖民地，在这一区域内避免任何竞争，以便保持对他们的一种剥削；在这里，垄断不会直接建立的，为了管理这里的交易，规定一个有利于双方的条约；为了确保该地区航行的自由

---

[1]　韦尔斯：《世界史纲》，吴文藻、谢冰心、费孝通译，广西师范大学出版社2002年版，第375页。

[2]　Serge Lancel, *Cathage: a history*, Blackwell Oxford and Cambridge Press, 1995, P121.

和继续该地区海上城市的存在，消灭海盗据点是必要的。"[1]

由此可知，迦太基"贸易保护主义"政策的首要任务是建立殖民地，以构建和维护它的中介贸易。笔者将在本书第三章详细论述迦太基的殖民，这里不再赘述。第二步是通过与他国的条约来实施。例如，在公元前509年，迦太基与罗马缔结条约。公元前6世纪初，伊特鲁利亚和罗马结成同盟。意大利的伊特鲁利亚学者保罗蒂诺在撒丁岛的卡西里港口挖掘出了三张刻写该条约的黄金薄片，前两张是用伊特鲁利亚文刻写的，而最后一张是用腓尼基文字刻写的，条约划分了他们彼此之间的势力范围。第三是为了保证条约被尊重，更重要的是为了击退海湾中的海盗，以保证迦太基商船队的安全和地区贸易的平衡。迦太基建立了一支强大的战舰舰队，以剿灭在西地中海上经常袭击过往迦太基船队的海盗。这些海盗原来是生活在安纳托利亚半岛上的福西亚人，他们被波斯人驱赶到了科西嘉岛的阿勒里亚东海岸，后以劫掠过往的船只为生。他们活动的这一海域是迦太基人在通过墨西拿海峡后，向西进入狮子湾，向东与伊特鲁利亚联系的"三岔口"，这一海域的战略意义和经济意义十分重要。福西亚人的海盗行为严重影响到了迦太基人和伊特鲁利亚人的贸易。为了确保这一地区的贸易自由，维持海上航线的正常运行，迦太基人和伊特鲁利亚人联合剿灭了海盗。

---

[1] Serge Lancel, *Cathage: a history*, Blackwell Oxford and Cambridge Press, 1995,P121.

## 五、中介贸易对迦太基的影响

迦太基在麦戈尼德王朝统治时期，依靠其强大的海上力量不断扩大势力范围，相继征服了北非地中海沿岸地区及地中海上的西西里岛、撒丁岛和科西嘉岛。并以此为基础，开辟了多条海上和陆上商路，进而建立了一个四通八达的商业网络。但是，繁荣的商业贸易使迦太基获得巨大利润的同时，也给迦太基的经济结构、政治体制和民族性格等带来了巨大而深远的影响。

### （一）迦太基商业文化特征的形成

迦太基的中介贸易以贩运东、西地中海地区不同国家和地区的原料和手工业制品为主要特点，它不仅构成了迦太基商业的主体，而且也逐渐影响着迦太基的商业文化，最终塑造出了迦太基人"重商主义""保守主义"和"个人主义"的商业文化特征。

首先，迦太基商业文化中的"重商主义"。

迦太基商业文化中的"重商主义"主要体现在以下两个方面。一方面，整个迦太基的社会弥漫着一股"金钱至上"的风气。他们追求利润的最大化，关心物质利益，一切是非标准都是以财富来衡量。在这样一种价值观体系熏陶下的迦太基人对金钱和财富的贪婪远远超过了同时代的其他地中海地区民族。很多古典史学家都对此有深刻的论述。亚里士多德就曾批评迦太基人为获得高官位以便自己行商方便而公开贿赂。波利比阿也曾提到过迦太基人对金钱的获得从来都不会感到羞耻。公元前3世纪末，迦太基著名的将领汉尼拔决定率军远征意大利时,迦太基的多数公民是犹豫的,而社会的"中坚力量"商人明确地拒绝支持汉尼拔,并诬告和攻击汉尼拔。他们认为如果战争爆发,海上商路会被阻断,而且在战争过程中,商人们还要提供大量军费给汉尼拔,这将会影响到他们的对外贸易和经济利益。但是,汉尼拔并不需要政府给予财力和物力,相反地,西班牙的大量财富和夺取萨贡图姆城后的大量战利品源源不断地运回了迦太基,唯利是图的迦太基商人们马上改变了态度,因为财富满足了布匿人的贪婪,"任何存在的反对都因为金钱和战利品开始从西班牙流入迦太基而销声匿迹了"[1]。另一方面,在迦太基,商人的社会地位非常高,很多国家名流和栋梁之材都是商人或是有商业背景,如独眼将军汉尼拔就是富商名门巴卡家族的后裔。迦太基的大多数公民从事商业贸易,商业俨然成为国民的"民族职业"和国家的"立国之策"。甚至他们的国王汉诺和王族黑米尔卡亲率船队开辟商路,俨然成了推动迦太基商业发展的急先锋。在这样一种大背景下,商人尤其是大工商业者对整个迦太基社会价值观的取向自然会有一种潜移默化的影响力。

其次,迦太基商业文化中的"保守主义"特征。

公元前3世纪中期,迦太基人构建了商业网络,并积累了巨额财富。但是,在处理与外邦关系时,却显得越来越谨慎、保守。在迦太基早期(希墨拉战争之前),迦太基人主要从事农业生产和简单的手工业生产,

---

[1] 《剑桥古代史》,剑桥大学出版社1989年版,第22页。

那时他们有着朴素的尚武精神，通过一系列的战争开疆拓土，构建了商业网络。当迦太基的商业贸易逐渐趋向成熟时，他们在对外关系方面也出现了变化。他们开始尽量避免战争，仅有的战争也只是出于维护商路的目的，没有开疆拓土的野心。即使被迫发动战争，其结果也只是用条约来维护其商业利益。他们逐渐把战争作为保护城市和商业的手段，如果战争影响到了商业的发展，那就宁愿不要战争。就如卡瑞在其《罗马史》中提到的，"迦太基政府只能顺应民意，采取谨慎的政策来保护自己的商业利益，但如果和平手段能达到目的，他们是避免战争的，而且没有绝对的眼前利益，他们也不会主动与他国处于敌对状态"[1]。

再次，迦太基人缺乏公民的集体意识，更注重"个人主义"。

在迦太基，从统治者上层到一般的民众，对国家普遍存在着保守和漠然的心态。这种心态的塑造和它的商业发展息息相关。

公元前3世纪早期，地中海上的希腊人开始衰落，亚历山大帝国也已分裂，而罗马正忙于统一意大利的战争，无暇顾及地中海地区的海上争夺，迦太基周边没有与之相抗衡的势力。宽松的国际局势造就了迦太基的繁荣，使迦太基垄断了几乎整个地中海的商业贸易。商人的地位一跃而起，并逐渐掌握了国家权力，成为社会的"中流砥柱"。"在古代的任何国家里，商人对政治的控制都没有达到像在迦太基这样的程度"[2]。迦太

[1]　刘红影：《汉尼拔在意大利战争期间得不到迦太基政府支持的原因》，《华中师范大学研究生报》2005年第1期，第19页。

[2]　夏尔-安德烈·朱利安：《北非史》，上海市新闻出版系统五七干校翻译组译，上海人民出版社1973年版，第148页。

基的商人们依托强大的国家实力和经济优势，建立起了商业寡头统治。这种寡头统治和罗马的贵族元老院有些相似，但是迦太基的公民们却忙于追求个人的商业利润，没有像罗马公民那样为自己的权利而奋斗的经历和体验；迦太基人有着和希腊人相同的航海经商的丰富经验和爱好，但是迦太基的商人在本国拥有着绝对的优势和威信，而希腊的商人们为了对抗氏族贵族，只能向农民和小手工业者妥协，因而迦太基没有形成希腊式的民主；迦太基和罗马一样拥有着一支强悍的军队，但迦太基实行雇佣兵制，多数迦太基公民不会固守在土地上，他们大多数是商人，追求的是商业利润，而罗马实行的是公民兵制度，罗马人大多数从事农业，土地的得失对他们很重要，所以国家的荣辱与罗马公民息息相关。综上所述，在国内的政治生活中，迦太基的公民们"满足于对政治保持漠不关心的态度"[1]。

### （二）迦太基经济结构的转变

多条商路的开辟和中介贸易规模的不断扩大使迦太基经济结构发生了根本性的变化，即由早期的"低级手工业品的生产"和"农业自给生产"为主要特点的经济模式转变为具有商品性质的奴隶主大农庄经济和大规模、大范围的商品经济。

早期，迦太基是以农业为主导自给自足的小农经济，农业产品单一，主要是以农作物为主，几乎没有经济作物的种植，甚至有时还需从其他地区进口粮食。所以，迦太基从建城伊始就存在着"农业发展滞

---

[1] 阿庇安：《罗马史》，谢德风译，商务印书馆1985年版，第179页。

后"和"商业贸易快速发展"之间的矛盾。随着迦太基中介贸易的不断发展，这种矛盾越来越突出。首先，脱离农业生产去从事商业贸易的非农业人口越来越多。其次是来自东地中海地区的移民和希腊的商人也越来越多，农业人口的减少和总人口的增多直接导致了粮食供应出现问题，并且严重地阻碍了迦太基经济的进一步发展。在这种情况下，迦太基的小农经济模式已经完全不适应迦太基商业发展的需要,迦太基逐渐向大规模的农庄经济和集约化的管理模式转变。但是，在农业转型的过程中也出现了诸多问题。首先是土地问题。虽然迦太基人驰骋于地中海，并且拥有撒丁岛、科西嘉和西西里岛作为据点，但是，迦太基本土耕地面积却很狭小，在广大的北非只占据着海岸一隅。耕作土地的狭小严重制约着迦太基商业和农庄经济的发展。其次是安全问题。迦太基的农庄经济和海外贸易的发展前提就是本土的安全。迦太基人是推罗人的移民，他们与北非的土著人在语言、文化和宗教上有着很大的差异。迦太基城邦从建城伊始，附近的努米底亚部落就不断地侵扰人数处于劣势的迦太基人。迦太基人为了获得一个安全的周边环境，被迫向努米底亚人缴纳贡赋，一直持续到麦戈尼德王朝的汉诺时期。第三是劳动力短缺的问题。迦太基在其鼎盛时期的人口大约20万，其中包括奴隶和侨民，[1]这样一个数字相当于公元前5世纪雅典人口的一半，而具有纯正腓尼基血统的人口约10万，从事农业的人口估计不足5万。另外，从迦太基的雇佣兵

---

[1]　B.H.Warmington, *Carthage*, London Robert Hale Limited, 1960, P124.

制度也可见一斑。地中海国家的兵制主要是公民兵制度（罗马、雅典和斯巴达等），而迦太基却独树一帜，采用雇佣兵制度，这在地中海地区是不常见的。笔者认为这说明了迦太基的大部分人口是非农业人口，而且随着迦太基商业贸易的快速发展，农业人口的逐年减少和大农庄经济所需劳动力增多的矛盾会越来越深。

"广袤的土地""安全的本土环境"和"充裕的劳动力"是迦太基农庄经济发展的三个必要前提条件。在希墨拉战役（公元前480年）之后，迦太基人就开始了在北非的领土拓展。庞培·托格斯曾经描述过此事："战争在旷野中展开了，他们与努米底亚人进行战斗，非洲人被迫放弃了迦太基建城伊始就有的贡品。"[1]演说家迪奥·科瑞斯特姆也曾用简短的词语描述过此事："汉诺彻底把迦太基人从推罗人改变为了非洲人，他们开始变得富裕，获得了许多的市场、港口和船，统治着陆地和海洋。"迦太基人把获得的土地分为七块区域，法国巴黎大学索崩学院的吉尔伯特在其《迦太基》一书中精确地描述过这七块区域："1.庞格斯·莫科斯（尤提卡迈杰达尔河谷）；2.大平原；3.庞格斯·泽克；4.庞格斯·迦尤；5.提卡；6.拜赞色利亚；7.庞格斯。" 这七块区域分为自治、直辖和同盟三种管理模式。庞格斯·莫科斯、提卡、拜赞色利亚区域内的很多城市如尤提卡和黑珀特斯都是腓尼基人建立的殖民地，迦太基人对这些城邦采取自治模式，并用条约来维持隶属关系，这些城邦要向迦太基缴纳大

---

[1] Gilbert Charles Picard and Colette Picard, *Carthage-a survey of punic history and culture from its birth to the final tragedy*, Sidgwick and Jackson Limited, 1987, P88—89.

量的贡赋。庞格斯·莫科斯的内陆地区和大平原、庞格斯·迦尤区域内的主要居民是努米底亚人。迦太基人是用武力来征服这片区域的。努米底亚部落不断地袭扰迦太基人，他们之间的冲突一直持续到迦太基灭亡。"努米底亚的缪色拉姆斯部落顽强地反抗着迦太基，直至迦太基灭亡，甚至罗马帝国皇帝提比略时期仍然给统治者带来麻烦"。西西里的史学家狄奥多罗斯也曾经叙述过努米底亚人的反抗："公元前4世纪，迦太基在麦戈尼德王朝统治者迈戈时期，利比亚人暴动，他们如洪流般地从山脉涌向平原，他们大部分是农奴，人数在20万左右，他们包围了迦太基城，最终是迈戈收买了其中一些领导人才化险为夷。"所以，在这些区域内迦太基人通常采取直辖模式，但有时使用与部落首领结盟的方式进行统治。迦太基人直辖的区域是拜赞塔到尤提卡、斯法科的狭长海滨地区。该区域是突尼斯最为肥沃的地区，迦太基人在这里建立了农庄经济，种植葡萄、办养牛场、榨油并酿酒。考古学家在该处挖掘出了储藏酒和油的坛子，这些坛子上面刻有大农庄主的名字，大约产于公元前5世纪。迈杰达尔谷地和庞格斯·泽克的瓦迪、米利亚、拜赞色利亚的大片区域是小麦种植区，这些区域是由利比亚土著人耕种的，"他们必须交出至少三分之一的谷物，甚至更多，他们肯定是处于农奴的地位"[1]。

迦太基的大农庄经济在古代世界经济史上起过重要作用。它采取了集约化管理，运用奴隶进行集体劳作，种植的粮食有很大一部分用于出口。

---

[1] Gilbert Charles Picard and Colette Picard, *Carthage—a survey of punic history and culture from its birth to the final tragedy*, Sidgwick and Jackson Limited, 1987, P130.

罗马帝国就曾借鉴了迦太基奴隶主庄园的集约化生产和管理经验，在西西里岛建立了大规模的奴隶主农庄经济。迦太基大农庄经济理论家马贡的著作在罗马人攻入迦太基时被特别保护了下来，并且根据元老院的决议翻译成了拉丁文，成为罗马农业发展的借鉴。

综上所述，迦太基的大农庄经济与早期的商业贸易发展有着密切的联系。迦太基的商业繁荣，农业人口减少，而总人口却增加了，小农经济模式也逐渐向大农庄经济模式转变。但是，在转变的过程中又出现了土地狭小、劳动力短缺的问题。迦太基人通过在北非拓展土地、奴役努米底亚人来补充劳动力，甚至贩卖人口以补充劳动力。迦太基农业经济发展的同时，又为其商贸远航保障了供给，提供了大后方，甚至活跃了整个地中海地区的商业贸易发展。

迦太基商业贸易的发展不仅影响到了农业生产领域，而且也使迦太基手工业产品的质量、艺术风格等都相应地发生了变化。

就像前文提到的那样，迦太基早期的手工业产品质量极低，造型粗糙，艺术价值不高。但是，在公元前4世纪的贵族统治时期，地中海地区的奢侈品大量进入迦太基。与此同时，本土手工作坊生产的手工业品也有了长足的进步。就如吉尔伯特所说的，"迦太基人的生活标准上升了，奢侈品工业和对外关系同时发展了起来"。这一时期，安得奥科赫瑞拉的墓葬里出土了大量来自意大利的奢侈器皿，它们当中有卡西里（亚平宁半岛）手工作坊生产的装饰有女性头部图案的盘子和雕刻有棕榈叶的坎佩尼亚器皿、阿提卡的托盘灯、西西里的赤土小雕像。小雕像形态各异，有吹长笛者，有牵着一头公羊的赫尔墨斯等。同时，迦太基本地的手工业生产也有了一定的进步。由于此时制铜业的进步（合金比例的恰当运用），迦太基生产出了铜壶（罐）、短斧形的剃刀等奢侈品。但是，迦太基本土的手工产品还是处于简单的模仿阶段，如剃刀就采用了伊特鲁利亚的半月形等艺术形式。

商业贸易影响迦太基的其他方面是迦太基的宗教和艺术等领域出现了一股希腊化的趋势，它也构成了亚历山大帝国时期整个地中海地区希腊化运动的一部分。宗教上，在公元前4世纪初，德墨特尔女神（希腊主管生产、社会和治安的女神）崇拜开始流行于迦太基，并与本地文化融合形成了一个新的宗派。毫无疑问的是这种变革对于迦太基的希腊化有着决定性的一步。经济上，迦太基的经济中心提卜半岛（东部海滨）地区涌入了大量的希腊商人，这里也是希腊商品的重要出口地，其甚至还有自己的希腊名字尼亚波利、阿斯皮斯等。吉尔伯特对此提到，"肯定的是来自于西西里岛的希腊人定居于此……这里成为了寡头们和希腊化主义者的据点和要塞" [1]。

### （三）迦太基政治体制的变化

迦太基的经济基础是奴隶主占有制的大农庄经济和中介贸易。这两种经济基础决定了迦太基的阶级结构，即全部政权实际掌握在富有的大农庄主和商业奴隶主手中，这两个阶级交替执掌迦太基的政权。

迦太基政体的发展分为三个阶段，即麦戈尼德家族专制统治（公元前8世纪至公元前396年）、寡头统治（公元前396年至公元前263年）、贵族

---

[1] Gilbert Charles Picard and Colette Picard, *Carthage-a survey of punic history and culture from its birth to the final tragedy*, Sidgwick and Jackson Limited, 1987, P130.

共和制（公元前263年至公元前146年）。在迦太基建城初期，它是以小农经济和简单的手工业生产为主的经济结构，此时的麦戈尼德家族利用其对军队的控制开始统治迦太基，并且建立了政权。经过数个世纪的发展，迦太基的奴隶主占有制大农庄经济确立，一个新的阶级出现，即农业贵族，同时，迦太基的政权组织也更趋完善了，公民大会、元老院等机构相继出现。但是，此时的公民大会没有任何实际权力，元老院的权力也很有限。相反，麦戈尼德家族的统治却是非常牢固的，国王控制着军队，而且他拥有绝对的权威。"麦戈尼德的国王麦戈和他的前辈一样拥有着相同的权力，他首先是一名国王，然后是一名将军，而且他是终身制的，他死后的葬礼非常隆重和盛大"[1]。然而到公元前5世纪至公元前4世纪时，迦太基变成了一个以奴隶劳动为基础的大农庄经济的典型国家。农业贵族逐渐掌握了国家的绝对财富，他们不满麦戈尼德家族的专政，因为麦戈尼德家族经常干涉西西里岛的事务，而且他们经常以整个西地中海腓尼基人的盟主自居，而农业贵族则更加关注非洲的事务。农业贵族和麦戈尼德家族的冲突实际上反映了新兴的大农庄经济的繁荣和小农经济的衰败。公元前4世纪初，麦戈尼德王朝垮台，迦太基进入了寡头统治的时代。但是，麦戈尼德王朝的垮台不是突发的，而是一个漫长的过程。首先，国王麦戈在与叙拉古的战争后死去，他的继承人更加地依赖元老院。其次，在公元前396年，贵族们组成了104人法庭，以此作为反对个人权威的安全保障。最终，在公元前373年，麦戈尼德家族的末代

---

[1] Gilbert Charles Picard and Colette Picard, *Carthage-a survey of punic history and culture from its birth to the final tragedy*, Sidgwick and Jackson Limited, 1987, P127、P128、P130 、P131.

国王死于一场瘟疫，麦戈尼德王朝的统治就此结束。

麦戈尼德王朝垮台以后，农业贵族在迦太基建立了寡头统治。但是，农业贵族内部又分为两派。一派是汉诺大帝领导的内陆农业贵族，他们信仰闪米特宗教，主张回归本土文化，反对迦太基的希腊化。他们控制了迦太基内陆的广大土地，根据贾斯汀的描述，"他们非常的富裕，几乎与国家的富裕对等"。他们主张在北非扩张领土，以此来满足农业贵族的利益。另一派是温和的东部农业贵族，他们的土地在迈杰达尔东部海滨。其土地肥沃，规模也超过了内陆农庄。这一派农业贵族希腊化的程度很深，他们主张与希腊世界开放贸易。这个阶层利用自己的经济优势和文化优势，不但成为元老院的多数派，并且控制了迦太基的实权。就如亚里士多德说的那样："这个派别已经构建了一个政府机构，在这里，权威由一系列的委员来实施。"他们的领导艾斯母尼亚什成为了"在迦太基最受尊敬的人"。虽然这两个派别是敌对的，但他们的根本利益是相同的，即为农业贵族服务。最后，不管是艾斯母尼亚什被104人法庭处以死刑，还是汉诺政变失败后被肢解，他们其实都是农业贵族内部的争斗。

公元前4世纪至公元前3世纪，迦太基的商业奴隶主阶层崛起，他们构建了庞大的商业网络，其积累的财富超过了农业贵族。商业奴隶主阶层也逐渐开始把持迦太基的政权，他们控制了300人元老院和104人法庭、5人议事会等要职。迦太基的政府高级官吏全部由商人担任，例如元老院的议事会成员和执政官等，全是富商巨贾。30人内阁是元老院的内部议事会，由30名商业巨头组成。这些人控制了选举，操纵政府的其他下属部门。元老院的其余270名成员，似乎只有在特殊的情况下才被召集议事。[1]迦太基政体中的104人法庭以及5人议事机构后来职权越来越重，而这两个机构也主要是代表着商业奴隶主的利益，104人法庭不像斯巴达监察官和罗马的保民官那样由公民大会选举产生，而是由5人议事会选任。因此，104人法庭和5人议事会具有独立性，这就造成了他们的地位不断上升，后来实际操控了迦太基的政权。[2]而104人法庭和5人议事会则更是代表了商业贵族的利益。商业贵族的外交政策是扩大和保护海外贸易；加强海军以对个别地区实施海上禁运以防止走私。他们的政策与农业贵族发生了冲突，"公元前309年或308年，商业贵族彻底废除了农业贵族支持的虚位君主。至此，在迦太基的军队前列不再有国王了，仅有将军，虚位君主的头衔没有彻底消失，但它仅仅是一个空头衔，一个名义上尊敬的称呼"[3]。

迦太基的经济结构决定了其政治制度的特点，即富商和大农庄主组成的贵族统治。但是，迦太基政府的组成人员来自两个不同的经济集团，其切身利益的差异导致双方在国家大政方针的制定上存在着明显的分歧。大农庄主土地所有者集团主张维护和巩固在非洲的既得利益；富商则代表商业集团，目光专注于海外，主张扩大迦太基的海外利益。

迦太基统治集团的内部矛盾直接导致了布匿战争的失败。商业奴隶主

[1] 麦克诺儿伯恩斯和拉尔夫：《世界文明史》，赵丰译，商务印书馆1995版，第145页.

[2] 施治生、郭方：《古代民主和共和制度》，中国社会科学出版社1998年版。

[3] Gilbert Charles Picard and Colette Picard, *Carthage-a survey of punic history and culture from its birth to the final tragedy*, Sidgwick and Jackson Limited, 1987, P132.

和农业贵族之间的相互倾轧，制约了整个战争局势的发展。第一次布匿战争中，农业贵族在迦太基内部的争斗中处于上风，"他们对海上的征服并不感兴趣，而是把自己的注意力放在了非洲的领土上"[1]。因此，在战争的初期，迦太基的农业贵族忙于非洲领土的扩张，把驻守西西里岛的部分驻军撤回，也没有给予西西里岛的守军以及时的补给，从而削弱了留守西西里岛的迦太基人的战斗力，这构成了第一次布匿战争失败的主要原因。

第二次布匿战争的失败是由于农业贵族和商业奴隶主之间的矛盾致使汉尼拔的军队处于孤立无援的境地。此时掌权的商业奴隶主认为战争影响到了他们与地中海国家的海上贸易。所以，"迦太基商人急于结束战争，政府命令哈米尔卡在现有的有利条件下与罗马缔结条约"[2]。

汉尼拔战争结束之后，迦太基国内统治集团内部的矛盾还在继续演化，并最终导致了迦太基的亡国。第二次布匿战争结束之后，迦太基的海外贸易几乎中断，商业贵族的利益遭受打击。为了对抗农业贵族，同时也为了医治战争的创伤，担任苏菲特（执政官）的商业贵族巴卡家族的汉尼拔"通过征收重税，不仅筹集了条约规定的赔款，而且还有了存入国库的盈余资金"[3]。但是，他的税收政策损害了农业贵族的利益，引起了迦太基内部新的争斗。贵族们鼓动罗马人驱赶了汉尼拔。迦太基重新回到了寡

---

[1]　科瓦略夫：《古代罗马史》，王以铸译，生活·读书·新知三联书店1957年版，第269页。

[2]　刘红影：《汉尼拔在意大利战争期间得不到迦太基政府支持的原因》，《华中师范大学研究生报》2005年第1期，第19页。

[3]　王乃新：《汉尼拔战争》，大连海事大学出版社1994年版，第175页。

头统治。迦太基统治集团内部倾轧削弱了其自身的力量，他们没有能力抗衡罗马人，而是一味地妥协、退让，这必然导致了迦太基的最终灭亡。

## 六、结语

通过本章的分析论述，可以得出以下几个基本结论。

第一， 在公元前1000年，腓尼基人建立的推罗凭借其开辟的"金属航线"垄断了地中海的海上贸易，并在西地中海地区广建殖民地。在此背景下，迦太基建城，并开始勃兴。

迦太基与其母邦推罗有着紧密的联系，它们同源于腓尼基文化，而且迦太基继承和延续了擅于航海、经商、殖民的腓尼基文化。

第二，迦太基的经济基础是中介贸易，四条商路的开辟支撑了其中介贸易的正常运行，也使迦太基垄断了地中海近2个世纪的海上货运贸易。

迦太基中介贸易的发达不是一蹴而就的，而是源于其深厚的历史背景和复杂的现实原因，并依靠其所具备的诸多必要条件来实现。

第三，迦太基商业立国政策的确立，影响其商业文化、经济制度和政治体制的转变，导致了迦太基在三次布匿战争中的败北，并最终亡国。

当然，由于所获迦太基资料的局限，笔者对迦太基中介贸易只是做了初步的研究，还有很多问题需要进一步探讨。首先，迦太基中介贸易的局限和其四条商路的开辟对地中海地区的影响两大问题有待于进一步深入探讨。其次，迦太基中介贸易的发展对其文化（公元前4世纪至公元前3世纪的迦太基希腊化）的影响还需要进一步研究。

第三章

迦太基的海外殖民

迦太基地处非洲北部、地中海南岸，大致位于现在北非的突尼斯一带，是连接东、西地中海的重要商业、交通枢纽。大约公元前814年推罗人建立迦太基城，到公元前149年罗马发动第三次布匿战争将其毁灭。短短的600多年中迦太基崛起，以商业立国，不断对外殖民扩张，成为当时地中海地区重要的政治、经济、商业和农业中心之一。迦太基早期扩张方向主要是北非沿岸，之后殖民范围逐渐扩展到地中海上的西西里岛、撒丁岛、科西嘉岛和伊比利亚半岛的大部分地区。公元前6世纪到公元前4世纪，迦太基人和希腊人为争夺西地中海的殖民地，特别是争夺西西里岛，进行了近3个世纪的斗争，最终迦太基控制了西西里岛的大部分地区。到公元前3世纪，迦太基堪称西地中海世界的商贸殖民强国，开始和新兴的罗马帝国发生激烈冲突，经过著名的三次布匿战争，最终迦太基城被罗马摧毁，这个曾经称霸地中海世界的商贸殖民大国不复存在。

## 一、史料与史学

早期西方学者对古代迦太基的研究可追溯至公元前4世纪。古希腊历史学家菲里斯托斯和提麦奥斯、罗马历史学家阿庇安和弗拉维·约瑟夫等都曾论述过迦太基早期的建城问题；希腊哲学家亚里士多德曾在其著作中论述了迦太基的政治制度；英国历史学家乔治·罗林森于1880年出版的《古代历史手册：从早期到衰落的萨珊帝国》[1]一书开创了迦太基

---

[1] George Rawlinson, *A Manual of Ancient History from the Earliest Times to the Fall of the Sassanian Empire*, General Books, 2009.

城市史的专题研究，系统地论述了迦太基城市兴衰的历史；英国专注于古罗马研究的历史学家阿尔弗雷德·约翰·彻于1887年和1899年相继出版了《迦太基史》和《非洲帝国之迦太基》两本专著。其中《迦太基史》[1]较全面地叙述了有关迦太基的历史，包括与地中海其他国家之间的关系等；而《非洲帝国之迦太基》[2]则着重论述了迦太基发展成为非洲帝国的全过程。

　　20世纪以来，越来越多的学者关注腓尼基城市特别是迦太基的研究。英国历史学家雷金纳德·博斯沃特·斯密斯于1916年出版的《迦太基和迦太基人》[3]一书主要论述了迦太基以及迦太基人在古代世界的发展历程，以及对古代世界产生的重要影响；英国历史学家沃明顿于1960年出版的《迦太基》[4]一书以汉诺的非洲航行为线索追溯迦太基历史；意大利考古学家和语言学家萨巴蒂诺·莫斯卡蒂于1983年编著的《迦太基艺术与文明》[5]一书着重介绍了迦太基的文化；法国历史学家吉尔伯特·皮卡德于1987年出版的《迦太基：从产生到灭亡的布匿历史与文化通论》[6]是一本综合性的迦太基历史著作，主要论述了从迦太基建城到灭亡的全过程，其

---

[1]　Alfre John Church, *The story of Carthage*, Kessinger Publishing, 2007.

[2]　Alfre John Church, *Carthage or the Empire of Africa*, Kessinger Publishing, 2007.

[3]　Reginald Boswort, *Carthage and the Carthaginians*, Kessinger Publishing, 2009.

[4]　B.H.Warmington, *Carthage*, London Robert Hale Limited, 1960.

[5]　Sabatino Moscati, *Carthage Art et Civilisation*, Cambridge University Press, 1983.

[6]　Gilbert Charles Picard and Colette Picard, *Carthage-a survey of punic history and culture from its birth to the final tragedy*, Sidgwick and Jackson Limited, 1987.

中包括政治、经济、文化和外交等方面的内容。

进入21世纪以来，对迦太基的研究还在继续深入。其中玛利亚·尤金妮娅·奥贝特于2001年出版《腓尼基人与西方世界的政治、殖民和贸易》[1]，在总结前人研究的基础之上对腓尼基城市进行了较为全面的介绍，尤其重点阐述了迦太基的政治、经济、殖民、贸易等方面的内容；迈克尔·迪特乐在2009年出版的论文集《古代腓尼基人、希腊人及土著在伊比利亚的殖民冲突》[2]中主要论述了腓尼基城市（如推罗、迦太基）在伊比利亚半岛的殖民活动，以及与本土居民产生的殖民关系；德克斯特·霍约斯在2010年出版的《迦太基人》[3]一书中简要概括了迦太基崛起的历史过程，以及迦太基商业帝国的建立。

目前国内关于迦太基的研究，鲜有相关专门著作，但不乏一些相关论文，其普遍侧重于迦太基与罗马、希腊的外交关系和迦太基建城问题以及迦太基商业贸易等方面的研究。

李荣建的论文《历史名城迦太基》[4]，简要论述了迦太基在古代世界所取得的成就以及其重要的历史地位；陈恒的论文《迦太基建城日期小考》[5]主要通过一系列考古资料和历史文献来考证迦太基的建城时间；杜

---

[1] Maria Eugenia Aubet, *The Phoenicians and The West*, the second edition, Cambridge University Press, 2001.

[2] Michael Dietler Carolina Lopez-Ruiz, *Colonial Encounters in Ancient Iberia Phoenician, Greek, Indigenous Relations*, 2009.

[3] Dexter Hoyos, *The Carthaginians*, Routledge Taylor and Francis Group Press, 2010.

[4] 李荣建：《历史名城迦太基》，《阿拉伯世界》1999年第2期。

[5] 陈恒：《迦太基建城日期小考》，《常熟高专学报》2001年第6期。

建军、刘自强发表论文《论布匿战争爆发的原因》[1]，作者认为罗马发动布匿战争是政治、经济、文化等方面综合作用的结果；刘红影的毕业论文《罗马与迦太基关系研究》[2]，主要通过罗马与迦太基签订的四个条约和三次布匿战争分析两国之间的外交关系，以及影响两国外交关系的因素；刘红影还发表了论文《汉尼拔在意大利战争期间得不到迦太基政府支持的原因》[3]，文章立足于第二次布匿战争的失败，深入剖析了汉尼拔在战争期间未能得到迦太基政府支持的诸多原因；时殷弘、惠黎文的论文《战略、制度和文化的较量——第二次布匿战争中的罗马和迦太基》[4]中将第二次布匿战争中的罗马和迦太基在战略、制度和文化方面进行比较，探究布匿战争中罗马获胜的原因；杨可尧的毕业论文《迦太基中介贸易研究》[5]主要论述了迦太基在地中海世界的中介贸易活动，以及开辟的诸条贸易航线。

总之，目前学界关于迦太基的研究已有丰硕的研究成果，但在国内学界，学者们的研究成果普遍侧重于迦太基建城史、与罗马和希腊的外交关系以及迦太基商业贸易的研究。对于迦太基海外殖民方面的研究内容涉及较少。因此，通过此方面的研究有利于完善国内外有关迦太基研究的不

---

[1]　杜建军、刘自强：《论布匿战争爆发的原因》，《枣庄学院学报》2002年第6期。

[2]　刘红影：《罗马与迦太基关系研究》，华中师范大学硕士学位论文，2003年。

[3]　刘红影：《汉尼拔在意大利战争期间得不到迦太基政府支持的原因》，《华中师范大学研究生报》2005年第1期。

[4]　时殷弘、惠黎文：《战略、制度和文化的较量——第二次布匿战争中的罗马和迦太基》，《世界经济与政治》2007年第4期。

[5]　杨可尧：《迦太基中介贸易研究》，山西师范大学硕士学位论文，2011年。

足，具有一定的学术意义和实际意义。

首先，通过对迦太基海外殖民的研究，有助于更加全面、系统地了解迦太基文明，以及迦太基的殖民活动在地中海文明中的重要地位。众所周知，迦太基是地中海世界的商业帝国，但其商贸发展与海外殖民扩张密不可分。因此要全面地研究迦太基，就必须要研究其海外殖民活动。

其次，通过研究迦太基海外殖民活动，有助于从殖民的角度分析迦太基与希腊、罗马的外交关系。迦太基曾为争夺西西里岛与希腊发生战争，也曾为争夺地中海世界霸主地位与罗马发生布匿战争，所以对此方面的研究可以为其他研究迦太基、希腊和罗马海外殖民的学者提供借鉴。

最后，迦太基海外殖民研究对于当今有海权的国家具有一定的借鉴意义。当今世界呈现出多极化的发展趋势，具有海洋利益的国家都非常关注对本国海权的掌控，特别是近些年因海权而发生的争端屡见不鲜。所以此方面的研究对当今各国尤其是日益重视海权的我国具有一定的现实意义。

## 二、迦太基的兴起

### （一）古代迦太基概览

迦太基城位于今天突尼斯首都突尼斯城东北17公里处，濒临地中海，扼守突尼斯海峡，据东、西地中海要冲，占地300多公顷，是古代腓尼基殖民城邦推罗在北非建立的著名殖民城市。随着推罗的衰落，迦太基成为一个独立城邦。之后凭借其得天独厚的地理位置和强大的海军力量迅速发展壮大，并成为古代地中海世界重要的政治、经济、商业和农业中心。

探究迦太基的建城史，首先要提到 "一张牛皮" 的古老传说。传说公元前9世纪腓尼基城市推罗国王的临终遗言是让儿子皮革马利翁和女儿伊莉莎同为王位继承人。但是皮革马利翁却想独占王位，杀死了担任大祭司的姐夫，并要进一步加害姐姐伊莉莎。无奈之下伊莉莎因权力斗争而出走。她带领亲信离开推罗，船队一路向西于公元前814年来到非洲沿岸的一个港口，当地土著人以为他们短暂滞留便会离开，所以很想与他们做生意。但是伊莉莎发现这里地理位置极佳，特别是拥有一个优良的港湾，非常适合避难。于是伊莉莎向当地土著请求卖给他们牛皮大的一块土地，经允许后聪明的伊莉莎用剪刀把牛皮剪成一条条细带，围了足以让他们栖息的地皮，并给了当地土著许多金钱，答应每年向他们缴纳贡赋。就这样伊莉莎用牛皮割条圈地的方法建立了迦太基城，即后来的迦太基卫城山。[1]

迦太基卫城山位于一个延伸至突尼斯湾的半岛的东南边，由山丘和海滨平原组成，同时在它北部的高地形成海角，现在称为西迪布赛德和哥马斯。卫城山与海滨之间有狭长的平原，东北部是现在的莫米斯、朱诺、柏治-詹迪德，北方是桑-摩尼克。滨海平原毗邻突尼斯海峡（现被埃塞俄比亚的村庄覆盖），通过海峡与大陆相望，海峡最狭窄的区域宽度为3—5公里。在柏治-詹迪德山下曾有一处山泉，且其地下水位高，容易找到水源。半岛以北，在古代是一个广阔海湾，现在被长堤隔断形成桑柏凯特·阿瑞纳盐水湖。半岛以南是椭圆形的突尼斯湖，也是外部进入海湾的

---

[1] 陈恒：《迦太基建城日期小考》，《常熟高专学报》2001年第6期。

一个入口。在海角和湖泊之间是一个地峡，连接半岛和大陆。迦太基与其他推罗殖民地不同的是面积较大，建城后的两个世纪，占地面积达55—60公顷，规模是推罗在伊比利亚半岛的殖民地托斯卡诺斯的四倍。[1]

迦太基城有坚固的防御体系，自里向外修筑了三道城墙。外墙高达16米，每隔60米有一座塔楼。外墙分上下两层，上层是兵营和马棚，可容纳上万名步兵、数以千计的骑兵和战马，下层用于圈养战象。迦太基为了适应商业的发展筑有巨大的海港，一个是军港，一个是商港。港口均设在城墙之内，船只从海上进入商港需要经过一条狭长的船道，同样从商港进入军港也必须经由此船道，这样的设计有利于出现敌情时迅速用锁链将船道封闭，[2]可以较好地保护迦太基城不受侵扰。

迦太基在古代地中海世界是非常富裕的国度，推罗人建立迦太基之前，当地的土著居民是柏柏尔人的一支，大多数仍处于半游牧半农耕生活。后来，在殖民者先进文明的推动下区域部落联合，这时他们已经可以种植大麦、小麦等谷类作物，栽培葡萄、石榴、橄榄等果树，饲养牛、羊、马等家畜。[3]此外靠近河谷的地区人口众多并且粮食多产，北方有巴格拉达斯、南方有卡特达斯，适宜的土壤和气候使这里的种植业、家禽饲养和畜牧业都得到发展。此外沿海的捕鱼业也相当发达，捕鱼船只可以在

---

[1] Dexter Hoyos, *The Carthaginians*, Routledge Taylor and Francis Group Press, 2010, P12.

[2] Dexter Hoyos, *The Carthaginians*, Routledge Taylor and Francis Group Press, 2010, P14.

[3] 杜丹：《古代世界经济生活》，商务印书馆1963年版，第80页。

海上长时间作业，并且船上还设有储存各种鱼类的舱室。这些有利条件为迦太基日后农业、商业和手工业的繁荣发展奠定了坚实的基础。

迦太基实行奴隶制贵族寡头统治，统治阶级主要包括商业奴隶主与农业奴隶主。随着时间的推移，迦太基的统治阶级主要是大商人、船主和经营农业的奴隶主。国王由统治阶级选举产生，掌有政治、军事、宗教和司法权力。迦太基的最高行政官员有两名，称为"苏菲特"。大约公元前5世纪，苏菲特的地位不断上升，与之相比国王的地位大大削弱。苏菲特成为统治地方的行政长官和法官，每年经市民选举产生，但选民限于富有的迦太基人。[1]事实上迦太基要比罗马专制得多，与罗马政治构架相同的是迦太基也设有元老院，拥有立法权和决策权，成员终身任职，并设有公民大会，但权力有限。此外，还设有百人会议，负责监察和司法审判。这样的政治架构使权力集中在商业奴隶主和农业奴隶主手中，利益集团中商人贵族要求海外扩张，农业贵族主张开发非洲本土。两派间斗争激烈，严重影响了统治集团的决策。

## （二）迦太基建立的原因及条件

### 1.推罗殖民奠定迦太基建立的基础

推罗位于地中海东岸，北连小亚细亚，南部毗邻埃及，是古代世界西亚海陆交通枢纽。推罗的商业贸易非常发达，他们广泛经营海陆贸易，海上贸易尤其独步地中海，在希腊城邦工商业兴起之前，鲜有竞争对手。推

---

[1]　Dexter Hoyos, *The Carthaginians*, Routledge Taylor and Francis Group Press, 2010, P59.

罗商人大多从事葡萄酒、陶器、玻璃制品和紫红颜料等产品的商贸活动，他们为了获得更多的商品和创造更多的利润，在长期海上贸易中不断地开辟新航线，拓展贸易的内容和范围。[1]

推罗在地中海世界开辟的诸多航线与商路中，特别值得关注的是金属航线。推罗商人为了满足西亚贵族对贵金属的需求和获得本土稀缺的金属资源一路西进，越过尼罗河到达北非的利比亚海岸，并在沿岸建立了许多商站。这些商站日后发展为地中海地区重要的殖民地，并对地中海文明产生了深远的影响。金属航线首先向南经埃及到达北非沿岸利比亚地区，然后经西西里岛到达西部地中海的撒丁岛，最终到达伊比利亚半岛。推罗的早期殖民活动是伴随其金属航线的建立而不断拓展的。

公元前9世纪到公元前7世纪推罗人掀进雄心勃勃的殖民浪潮。他们的足迹遍布地中海南部、中部和西部沿岸，不仅建立了大批商站，而且还建立了许多著名的城市与殖民地。在伊比利亚半岛主要有马拉加、赛西和阿布德拉；在撒丁岛主要有比提亚、卡拉莱斯、诺拉、奥尔比亚、塞尔瓦斯和赛罗斯；在西西里岛建立了摩提亚；在北非有尤提卡、迦太基、赫帕克瑞、哈德鲁麦图姆；东部有现在的黎波里附近的勒赛斯·麦格纳；等等。这些推罗建立的殖民城市，在推罗衰落后逐渐被迦太基承袭，并得到繁荣发展，成为战略要地。[2]

---

[1] 王锐：《古代腓尼基和迦太基商业帝国兴衰的历史概说》，《天津商业大学学报》2011年第3期。

[2] Dexter Hoyos, *The Carthaginians*, Routledge Taylor and Francis Group Press, 2010, P3.

2.推罗与亚述斗争的失败

"一张牛皮"的传说揭示了迦太基的建立是推罗皇室皮革马利翁和伊莉莎为了争夺王位展开政治斗争的结果。事实上在西地中海沿岸的考古发现并未证实这一说法，公主伊莉莎的建城传说是否存在还有待于进一步考证。但从考古发现的希腊进口陶器的材料来看，迦太基相对可确定的最早建立时间在公元前9世纪到公元前8世纪。

考古材料证明迦太基城于公元前9世纪末建立在现在的突尼斯一带，取代早期在其附近建立的尤提卡殖民地，大约同时在更远的西部阿尔及利亚和摩洛哥建立了数个较小的殖民地。主要是因为在亚述国王萨尔贡·阿卡德二世、西拿基立、以撒哈顿先后统治时期，亚述与推罗争夺西亚地区商业利益的斗争取得诸多胜利，推罗遭到失败，被迫向亚述称臣纳贡。推罗失去西亚的大部分殖民地和商站，甚至推罗的本土都受到侵袭和威胁。为了摆脱经济上的困境和安全受到的威胁，推罗人不得不大规模地移民非洲。[1]

3.发达的造船业、强大的海军和熟练的航海技术

迦太基人的故乡盛产木材，特别是雪松和橡树等造船用的优质木材，同时他们向埃及学习先进的造船技术并加以改进，其造船业发展迅速。他们的商船在当时堪称一流，所造之船不仅适合在地中海世界航行，而且能够承载较多的货物，有利于降低运输成本，直接提高商贸的竞争力。

迦太基的造船业非常发达，其造船地点起初选在东部沿海，不久便迁

---

[1] Gilbert Charles Picard and Colette Picard, *Carthage-a survey of punic history and culture from its birth to the final tragedy*, Sidgwick and Jackson Limited, 1987, P41.

移到旧城南部的造船厂。他们利用突尼斯湖的地理条件修建船坞，据推断在汉尼拔时代这里也许是海军总部。公元前149年迦太基人在城市被围困的情况下，利用此港口迅速建造了50只轻便的战船。[1]

迦太基人较早地使用双层桨战船，后来又发展成三层桨战船，这种战船不仅速度快，而且船尾用青铜制作非常坚硬，攻击性强，成为迦太基海军舰队的主力。一艘三层桨战船可能需要170个桨手，一支舰队有100艘三层桨战船，大约需要17000个桨手，同时舰队还配有指挥官和士兵。[2]强大的海军舰队无疑是迦太基商船队驰骋地中海世界的重要保障。

承袭腓尼基人善于航海的传统，迦太基人的航海技术先进。在长期的航海中，他们掌握了熟练的航海技术，在航行中依靠太阳和星辰的位置、熟悉的海岸地形和地貌来辨别航行的方向，即使在没有指南针的时代也不容易迷失方向。[3]

正是拥有发达的造船业、强大的海军和熟练的航海技术，迦太基在地中海世界的商贸和殖民活动才得以顺利进行。

4.迦太基得天独厚的地理位置

航海在古代是极具冒险性的活动，需要船只随时与陆地保持联系。最初推罗商人到达北非，是为了选择商站和为船只补给食物与水。他们在选

[1] Dexter Hoyos, *The Carthaginians*, Routledge Taylor and Francis Group Press, 2010, P152.

[2] Dexter Hoyos, *The Carthaginians*, Routledge Taylor and Francis Group Press, 2010, P49.

[3] Dexter Hoyos, *The Carthaginians*, Routledge Taylor and Francis Group Press, 2010, P50.

择商站时一般会遵循两个原则：首先，选择最容易接近海洋的地方，例如可以停泊船只的近海岛屿或者有沙滩的岩石半岛；然后，选择地处海岸并且容易向肥沃的内陆扩张的区域。[1]

迦太基拥有陡峭的悬崖、丰富的木材、大量的淡水、柔软的沙丘和条件优良的深水港，非常适合过往商船的补给和躲避海上风暴。[2]鉴于迦太基得天独厚的地理位置，推罗商人选择在这里设立商站,这就是后来人们熟知的迦太基卫城山。

迦太基地处北非沿岸的中间地带，占据陆路和海路的双重优势。陆路方面：向东可达埃及，向西经由摩洛哥可达西非，向南直通非洲内陆。迦太基海路方面的优势尤为凸显，这里位于地中海多条贸易航线的交会点，向东航行可达西西里岛、小亚细亚半岛，向西至伊比利亚半岛、直布罗陀海峡，向北可航行至撒丁岛、科西嘉岛和意大利半岛。

## 三、迦太基的海外殖民

### （一）迦太基在伊比利亚半岛的殖民

1.推罗在伊比利亚半岛的早期殖民

"伊比利亚"在希腊人的概念中通常指伊比利亚半岛的地中海沿岸，并且延伸到比利牛斯山北部的卡塔赫纳甚至更广的区域。公元前2世纪，

---

[1]　Gilbert Charles Picard and Colette Picard, *Carthage-a survey of punic history and culture from its birth to the final tragedy*, Sidgwick and Jackson limited, 1987, P172.

[2]　Serge Lancel, *Cathage a history*, Blackwell Oxford and Cambridge Press, 1995, P26.

该区域地位日显重要，人们开始用"伊比利亚"一词代表整个半岛。其后它频繁出现在波利比乌斯的历史著作中，代指西班牙，同时在罗马通常指伊比利亚半岛。伊比利亚半岛东临地中海，西濒大西洋，南隔直布罗陀海峡与非洲的摩洛哥相望，扼大西洋和地中海航路的咽喉，在地中海世界具有重要的战略意义。

伊比利亚半岛也是地中海世界重要的金属产地，有色金属矿藏较为丰富，例如铁、钨、锡、银、铅、锌等矿藏。尤其是丰富的锡矿和银矿吸引推罗商人前往寻找财富。但是，当地的金属资源并非推罗人在伊比利亚半岛殖民的唯一原因，岛上丰富的农业资源，如木材、橄榄、葡萄等同样是推罗人追求的资源。伊比利亚半岛丰富的资源不仅吸引推罗人，同样也吸引希腊人、伊特鲁里亚人及其后的迦太基人。在伊比利亚半岛考古发现的诸多风格的土罐、餐具、厨房用具等，表明古代伊比利亚半岛的历史，是希腊人、伊特鲁利亚人、推罗人、迦太基人以及本土居民共同作用的历史。到公元前3世纪，不仅这些多元文化现象在沿海地区成为普遍，并且其影响扩展到内陆其他地区，特别是沿河谷储藏金属资源的地区。

目前，学界关于推罗人来到伊比利亚半岛的时间尚存争议。一部分考古学家认为，推罗人大约于公元前1100年在伊比利亚半岛登陆；另一部分人认为，推罗人于公元前500年至公元前400年才来到伊比利亚半岛和大西洋。[1]从考古学家在摩洛哥北部地区发现的形状属于"巴勒斯坦型"的陶器

---

[1] 许昌财：《西班牙通史》，世界知识出版社2009年版，第33页。

来看，似乎可以推断它们的制作时间在公元前11世纪至公元前9世纪。此后西班牙的考古学家在加的斯、阿德拉和阿尔穆捏卡尔等地发现了大量推罗人铸造的钱币，这些钱币使用的时间可以推断为公元前8世纪至公元前7世纪。特别是在安娜阿鲁达的考古发现，清晰地证明在公元前8世纪初推罗人曾在伊比利亚南部的大西洋沿岸和伊比沙岛建立数个商站。[1]由此，一般来说大约在公元前8世纪推罗人已经在伊比利亚半岛进行早期殖民活动。

从考古证据来看，推罗人在伊比利亚半岛早期建立的殖民地通常位于河口。典型的有伊比利亚半岛西南部的加的斯、维尔瓦；葡萄牙的阿布尔和萨特奥利尔；安达卢西亚沿海地区的托斯卡诺斯、阿尔穆捏卡尔等。随后，推罗人的活动范围扩大到伊比利亚半岛南部的瓜达基维尔河、塔霍河和蒙德古河等金属资源丰富的地区。推罗人在伊比利亚半岛还建立了许多城市，如马拉加、阿德拉、阿尔赫西拉斯、伊比沙岛、直布罗陀等。[2]与之后的希腊和罗马不同的是，推罗人起初建立这些殖民城市并不以征服统治为目的，而是主要进行矿产开采和商品贸易。

推罗控制伊比利亚半岛南部后，势力逐步地渗透到西地中海的其他地域。在西地中海发现若干推罗于公元前8世纪建立的殖民地，其中许多位于"直布罗陀海峡文化圈"（指摩洛哥北部海岸和安达卢西亚）地区。由此可以看出，这时推罗的贸易已经延展至大西洋、迦太基、伊斯基亚等地

---

[1] Michael Dietler Carolina Lopez-Ruiz, *Colonial Encounters in Ancient Iberia Phoenician, Greek, Indigenous Relations*, 2009, P5.

[2] Michael Dietler Carolina Lopez-Ruiz, *Colonial Encounters in Ancient Iberia Phoenician, Greek, Indigenous Relations*, 2009, P7.

区，尽管我们还不清楚贸易的具体规模，但可以推断，当时推罗已有较大规模的商贸活动，并且大规模的商贸活动对推罗本土经济也非常重要。同时这也对伊比利亚地区人口的流动产生了巨大的影响，殖民地社会之间的重要关系也因此建立。[1]

推罗人在伊比利亚半岛的殖民活动对之后崛起的迦太基在此建立殖民地产生深远的影响。迦太基是推罗在西地中海地区的重要殖民地，公元前7世纪随着推罗的衰落，迦太基逐渐崛起，成为西地中海腓尼基殖民城邦的翘楚，承袭和发展了推罗的"金属航线"。迦太基的"新金属航线"不仅扩大了转运规模而且加深了对地中海地区的影响。此外，公元前6世纪中期，迦太基同伊特鲁利亚人结盟，同推罗人争夺海上霸权，结果推罗人被打败。迦太基人占领了科西嘉岛、撒丁岛，接着又占领了伊比沙岛，并通过签订条约保证了矿产的出口。公元前6世纪，迦太基人打败了伊特鲁利亚人，从而控制了伊比利亚半岛南部矿山的开发，至公元前4世纪，迦太基完全垄断了伊比利亚的矿产出口贸易。

2.迦太基在伊比利亚半岛的殖民

自公元前6世纪起，随着迦太基军事力量的增强，把推罗的殖民地作为其发展商贸和殖民扩张的根据地，并陆续在伊比利亚半岛、西西里岛和撒丁岛等地寻求新的殖民地（其中最主要的有新迦太基，建立于公元前229年伊比利亚半岛东南沿岸）。同时，在伊比利亚半岛的势力范围迅速

---

[1] Michael Dietler Carolina Lopez-Ruiz, *Colonial Encounters in Ancient Iberia Phoenician, Greek, Indigenous Relations*, 2009, P57.

扩张到加的斯、马拉加和伊比沙岛，并且与推罗在伊比利亚的原殖民地相比，无论在规模和影响方面都略胜一筹。

迦太基人为了寻求锡矿和银矿来到西地中海，越过直布罗陀海峡一直到达伊比利亚半岛西北部的加利西亚。起初他们来到加的斯（腓尼基语，意为"被墙围绕的城市"），在这里转运并提炼来自塔尔提索斯的白银，随后迦太基人利用这里稠密的人口和丰富的矿产资源发展冶炼业。为了提高加的斯的贸易与冶炼能力，迦太基建设了大量的基础设施，改善了交通运输能力，还设置了商贸机构，负责管理各地金属原料的运输与冶炼。迦太基把冶炼出的金属运往希腊、小亚细亚等地获取大量的利润。之后加的斯很快繁荣起来，人口迅速增加，成为一个初具规模的城市和重要的商埠，特别是对加的斯银矿的开采和运输，使迦太基垄断了地中海地区的银矿贸易。之后加的斯与丹吉尔一起成为地中海通往大西洋的重要贸易通道。[1]

伊比利亚半岛南部的维尔瓦蕴藏着丰富的黄金、白银、铜、铅、铁矿等金属矿藏。从考古发现的许多矿井和金属冶炼的遗址可以看出，迦太基当时在此地已经拥有非常先进的冶炼技术，并且雇用大量当地土著居民为其冶炼金属，进一步加速了该地区冶炼业的发展。在维尔瓦地区迦太基同样也设立了管理金属冶炼与运输机构，与加的斯不同的是，他们并不直接参与金属矿藏的开采，而是在沿岸地区建立商贸港口，用于控制金属商品

---

[1] Dexter Hoyos, *The Carthaginians*, Routledge Taylor and Francis Group Press, 2010, P49.

的贸易和输出。[1]

位于瓜达基维尔河上游的塔尔提索斯地区蕴藏着大量的黄金、白银、铜、锡、菱铁矿。从迦太基在该地区金属加工遗址的规模可以看出，这里的冶炼活动分工明确，据推测应该拥有专业的采矿工人、运输工人以及冶炼工人。金属贸易的同时还伴随着其他商品（如陶器）的交换。在塔尔提索斯附近曾发现大量腓尼基特征的双耳瓶和手工业品，可以看出迦太基的金属贸易活动带动了伊比利亚本土及周边地区的金属开采业与运输业的兴起和发展。[2]

迦太基在伊比利亚半岛的殖民活动为该地区注入了新的技术元素。首先，陶器制作方面，伊比利亚半岛发掘的轮陶技术大多是模仿迦太基人的形式，制陶材料同样来自伊比利亚半岛南部迦太基的殖民地。从出土的陶器、瓦罐的碎片可以看出，其最典型的特征是用一种深红色的彩釉，[3]这种技术显然是迦太基人从东方引进的。其次，葡萄酒酿造方面，在安达卢西亚海岸迦太基人的定居点内发现许多腓尼基特征的装有葡萄酒和葡萄种子的双耳瓶。但是公元前6世纪以前当地不生产酒类，而这一时期只有迦太基人到达过这一地区。这表明通过与迦太基人的交流，本地居民掌握了酿酒技术，并可以生产酒类。最后，建筑风格方面，据考古材料显示伊比

---

[1] Michael Dietler Carolina Lopez-Ruiz, *Colonial Encounters in Ancient Iberia Phoenician, Greek, Indigenous Relations*, 2009, P113.

[2] Michael Dietler Carolina Lopez-Ruiz, *Colonial Encounters in Ancient Iberia Phoenician, Greek, Indigenous Relations*, 2009, P115.

[3] 许昌财：《西班牙通史》，世界知识出版社2009年版，第34页。

利亚半岛迦太基殖民地附近的建筑采用了一些新的元素，例如矩形建筑设计，以及新的建筑材料（如石灰）、建筑技术（如砖墙结构）和建筑功能（如采矿、农业）等，这些建筑一般具有仓储和商品交易的双重功能。[1]

3.迦太基在伊比利亚半岛殖民的终结

迦太基在经历第一次布匿战争之后失去西西里岛、撒丁岛和科西嘉岛等重要海外殖民地，迦太基在军事和经济等方面遭受重创。为了恢复国力，重整军备，弥补经济上的损失，进而向伊比利亚半岛扩充殖民势力。一方面其利用沿海地区丰富的自然资源，大规模地开发矿藏，增加经济收入，弥补失去西西里岛等地所造成的损失；另一方面利用伊比利亚半岛的战略优势，建成迦太基的海外政治军事基地，在伊比利亚本土招募雇佣军，组建一支庞大的军队，积蓄必要的力量之后向罗马复仇。公元前237年，满怀仇恨的迦太基将军哈密尔卡带着女婿哈斯杜鲁巴和他9岁的儿子汉尼拔以及为数不多的一支军队，踏上进军伊比利亚半岛的征途。他们渡过直布罗陀海峡，在伊比利亚半岛的重要港口城市加的斯登陆，开始了历尽三代人心血全面征服伊比利亚半岛的历史进程。

首先是哈米尔卡时期的殖民征服。哈米尔卡充分发挥自己的军事才能，用武力和外交相结合的手段征服了塔尔提索斯和安达卢西亚地区，扩展了迦太基在伊比利亚半岛的殖民势力范围，迦太基的殖民范围越过

---

[1] Michael Dietler Carolina Lopez-Ruiz, *Colonial Encounters in Ancient Iberia Phoenician, Greek, Indigenous Relations*, 2009, P95.

了帕洛斯海角。[1]同时哈米尔卡组建了一支5万人的军队，不久便控制了伊比利亚半岛大部分地区。公元前229年，哈米尔卡在攻打埃尔切时遇难，但迦太基重振伊比利亚半岛的计划并未就此终结，而是由哈米尔卡的儿子哈斯杜鲁巴继承他的衣钵，进一步巩固和加强对伊比利亚半岛的统治。

其次是哈斯杜鲁巴时期的巩固。哈斯杜鲁巴统治时期最大的功绩是公元前225年在伊比利亚东南沿海建立新迦太基城，这座城市的建立具有重要的战略意义。首先，新迦太基城占据优越的地理位置，这里地处沿海地区，拥有优良的港口，便于伊比利亚半岛与迦太基本土联系；其次，这一区域有丰富的矿产资源，开采矿山所获的财富不仅可用来偿还战争赔款，而且还用于军队建设，增强军队实力。最后，新迦太基城不仅是迦太基统治伊比利亚半岛的政治、经济、军事中心，同时也是迦太基实现对罗马复仇计划的大本营。[2]

罗马统治者对哈斯杜鲁巴大规模兴建新迦太基城心存戒备，担心迦太基的实力就此复兴，于是开始干涉伊比利亚半岛的事务。公元前226年，罗马派代表与哈斯杜鲁巴签订条约：双方以埃布罗河为界，迦太基在伊比利亚半岛的势力不得越过埃布罗河以北，并且迦太基人也不得携带武器越过该河；同时罗马军队不得对埃布罗河以南的迦太基属民发动战争。[3]事实上，这一条约的签订使罗马承认了哈斯杜鲁巴时期迦太基在伊比利亚半岛埃布罗河以南

---

[1] 科瓦略夫：《古代罗马史》，生活·读书·新知三联书店1957年版，第283页。

[2] 赵书山：《汉尼拔家族兴衰史研究》，中央民族大学硕士学位论文，2001年。

[3] 阿庇安：《罗马史》，谢德风译，商务印书馆1979年版，第78页。

的统治，哈斯杜鲁巴进一步巩固了迦太基在伊比利亚半岛的统治。

最后是汉尼拔时期的辉煌与终结。公元前221年哈斯杜鲁巴遇刺身亡，于是年轻的汉尼拔登上了历史的舞台。汉尼拔此时认识到同罗马的战争已不可避免，因此他全面调动在伊比利亚殖民地的有利因素，积极进行战争准备。此时汉尼拔的军队已经极具规模，拥有近15万名步兵、2万名骑兵、200多头战象和50多艘战船。[1]第二次布匿战争爆发的导火线是"萨贡托姆事件"。公元前219年，汉尼拔一举攻占萨贡托姆，这时罗马出面干涉，并且以战争相要挟，双方均无意退让，第二次布匿战争（公元前218—前201年）由此爆发。

战争爆发初期汉尼拔果断采取先发制人的策略，于公元前218年率领大约7万名步兵和1万名骑兵及数十头战象从新迦太基城出发，翻越比利牛斯山，穿过高卢南部地带进入意大利半岛。汉尼拔军队在意大利征战的15年中所向披靡，尤其是公元前217年的特拉西美诺湖战役和公前216年坎尼战役的胜利，汉尼拔运用其过人的智慧和军事谋略使罗马帝国一度处于崩溃的边缘。[2]

罗马在此危急时刻及时调整战略战术，公元前210年派西庇阿率军进攻汉尼拔的后方基地——伊比利亚半岛。这里不仅是汉尼拔家族苦心经营的基地，也是迦太基重要的海外殖民地。公元前211年罗马军队占领新迦太基城，切断后路的汉尼拔在意大利南部孤军奋战，迦太基本土的支援也遥

---

[1]　杨俊明、张齐政：《汉尼拔与布匿战争》，吉林人民出版社2001年版，第75页。
[2]　王乃新：《汉尼拔战争》，大连海事大学出版社1994年版，第152页。

不可及，再加上从伊比利亚半岛前来支援的大部队被罗马歼灭，各种不利形势置汉尼拔于绝境。这时罗马又"围魏救赵"，将战火烧到了迦太基本土，汉尼拔被迫回师援救。公元前203年汉尼拔率军从意大利撤军回援，最后于公元前202年在扎马战役中被西庇阿击败。

迦太基被迫于公元前201年与罗马签订极为苛刻的条约，条约规定：迦太基放弃非洲以外的全部殖民地，除保留10艘战船外其余一律交给罗马；50年内向罗马赔款1万塔兰特；非经罗马准许不得与任何国家交战。为保证履行上述条件，迦太基被迫向罗马交出100名人质。至此，迦太基失去所有伊比利亚半岛的殖民地，结束称雄地中海的历史。

### （二）迦太基在西西里岛的殖民

1.推罗在西西里岛的早期殖民

西西里岛位于亚平宁半岛的西南部，现属于意大利，是地中海面积较大和人口较稠密的岛屿。这里地处西部地中海和爱琴海之间的贸易通道，是地中海的心脏。尤其是西西里岛战略地位非常重要，西部末端的摩提亚岛与非洲大陆隔海相望，东部的墨西拿海峡则是连接亚平宁半岛和西西里岛的桥梁。得天独厚的地理位置成为古代地中海世界兵家必争之地，也是不同国度的冒险者和商人趋之若鹜的地方。

推罗商人来到该岛前，有三个部族占据着西西里：东部为西库尔人；杰拉斯河以西为西坎人；最西部是主要分布在塞杰斯塔和埃里切的伊利米人。[1]

---

[1] Dexter Hoyos, *The Carthaginians*, Routledge Taylor and Francis Group Press, 2010, P50.

推罗人在西西里岛起初是扮演商人角色，但是后来为了打通东地中海和西地中海的贸易通道，推罗人在西西里岛建立了三个主要的殖民地：摩提亚、帕诺莫和索伦托，推罗在西西里岛建立的殖民地可连接成一条线。

2.迦太基在西西里岛的殖民

在麦戈尼德第一王朝时期迦太基建立对西西里岛西部的统治。公元前8世纪末到公元前6世纪初在西西里岛建立了系列殖民地，许多殖民地的规模和财富迅速壮大。摩提亚是已知的迦太基在西西里岛的核心殖民地，它不仅靠近迦太基，而且扼守西西里海峡，是连接东、西地中海的要地。[1]

迦太基人在摩提亚的殖民发展明显分为三个不同的阶段。初始阶段为公元前8世纪末，迦太基的冒险者和商人来到摩提亚，初建殖民地。第二阶段为公元前7世纪，随着殖民经验的显著增长，逐渐建立从事工业和商业活动的设施，开辟举行礼拜和仪式活动的区域。考古材料显示，公元前7世纪南方港口地区存在大量货物仓库以及生产铁和紫色颜料的设备。同时还发现两个主要的宗教区域：一处位于该岛东北部，是一个仅有纪念碑的不完整的寺庙；另一处在北部的托菲特，这里发现大量骨灰瓮，里面存有骨灰。[2]第三阶段为公元前6世纪，伴随主要公共基础设施的大范围建造，摩提亚开始发展为真正的城市中心，并且经济的发展逐渐依赖于迦太基。

---

[1] Maria Eugenia Aubet, *The Phoenicians and The West Politics*, the second edition, Cambridge University Press, 2001, P234.

[2] Dexter Hoyos, *The Carthaginians*, Routledge Taylor and Francis Group Press, 2010, P52.

　　迦太基在西西里岛的殖民地除摩提亚之外，还有帕诺莫。据帕诺莫大墓葬群的考古材料显示，公元前7世纪，帕诺莫在迦太基的统治下是一个肥沃和富裕的城市，同时出现了人口增长和建筑发展的浪潮。[1]

　　3.迦太基与希腊争夺西西里岛

　　古希腊在公元前8世纪至公元前6世纪的殖民运动中开始在西西里岛西部的塞利努斯西南海岸和帕诺莫的东部建立殖民地。由于这一时期西西里岛东北的迦太基人撤退到岛的西部，使得希腊人在西西里岛的殖民范围进一步扩大。希腊人于公元前757年建立纳克索斯，于公元前735年建立叙拉古。自公元前6世纪，迦太基开始与希腊为争夺地中海的殖民地发生冲突。

　　公元前535年，迦太基人联合伊特鲁利亚人，在科西嘉岛附近海岸打败了希腊人的舰队。公元前490年至公元前480年，迦太基反对希腊的两个强大城市阿克拉加斯和叙拉古，于是公元前480年迦太基发起第一支远征军与希腊进行对抗。[2]此后百年间，迦太基与希腊为了争夺地中海的殖民地而纷争不断。直到公元前4世纪初，希腊在经历伯罗奔尼撒战争后元气大伤，希腊世界在西西里的殖民逐渐消弭，迦太基与希腊的殖民争斗大致告一段落。但争夺西西里的斗争并未停止，取代希腊世界与迦太基争夺西西里的是更强劲的对手——罗马。

---

　　[1]　Maria Eugenia Aubet, *The Phoenicians and the West*, the second edition, Cambridge University Press, 2001, P235.

　　[2]　Dexter Hoyos, *The Carthaginians*, Routledge Taylor and Francis Group Press, 2010, P50.

4.迦太基与罗马争夺西西里岛

在迦太基与希腊世界为争夺西西里岛的殖民地展开激烈角逐时，罗马则忙于意大利半岛的统一，无暇参与这场争夺战争。公元前3世纪初，罗马征服了意大利半岛以后积极寻求海外殖民扩张，这时的罗马非常担心迦太基在西西里岛的殖民扩张会损害自身利益。一方面，如果迦太基征服了西西里岛，势必会对意大利半岛造成威胁；另一方面，西西里岛在地中海地区具有极为重要的战略地位，而且岛上土地肥沃、物产丰富，也是罗马进行海外殖民扩张的首选之地。所以无论从经济还是战略地位来看，西西里岛都成为罗马扩张的下一个步骤，两大奴隶制国家争夺西部地中海霸权的战争也是不可避免的。[1]

公元前264年的"墨西拿事件"成为第一次布匿战争的导火线。公元前288年，一群来自意大利的雇佣军（自称"马麦丁"，意为"战神之子"）在西西里流窜，他们用欺诈手段强占了墨西拿城，并杀光男人，瓜分女人和财产。之后他们把墨西拿变成一个海盗城，以抢劫杀人闻名西西里。公元前264年叙拉古决定派兵征服墨西拿，这时马麦丁面对装备精良的叙拉古军队束手无策，于是决定把墨西拿献给能击退叙拉古军队的强国。此时马麦丁分成两派，分别主张求援于迦太基和罗马。[2]就迦太基而言，迦太基不愿意墨西拿被叙拉古控制，再加上迦太基在西西里早有驻

---

[1] Dexter Hoyos, *The Carthaginians*, Routledge Taylor and Francis Group Press, 2010. P47.

[2] Dexter Hoyos, *The Carthaginians*, Routledge Taylor and Francis Group Press, 2010, P48.

军，所以第一时间向墨西拿派兵。但叙拉古军队被迫撤离后，不久罗马军队也应邀赶到墨西拿。双方都清楚占领墨西拿的重要性，都不肯让步。罗马统治者担心迦太基人占领叙拉古从而独吞西西里岛，会对它造成更大威胁。罗马元老院最终决定出兵，公元前264年罗马军队进入西西里岛，第一次布匿战争爆发（公元前264—前241年）。

第一次布匿战争之初，战场主要局限在西西里岛，罗马人在岛上步步为营，包围了迦太基的一个重镇阿格里琴托。围城持续了很长时间。最终，罗马人以惨重代价夺下了阿格里琴托，迦太基撤向岛屿的西部。此后，西西里战争进入了僵持局面。但迦太基牢牢控制着海洋，切断意大利半岛与西西里岛的联系，导致罗马军队后勤保障受阻，物资匮乏，无法发起有力攻击。迫于形势危急，罗马元老院下令建造海军舰队以对抗迦太基的海上力量。[1]

公元前261年，罗马展开了全民造船运动。当时正巧有一艘迦太基的五层桨战船搁浅了，罗马人模仿迦太基的战船开始建造自己的战船。同时罗马人一边造船，一边训练水手，经过一年的努力，罗马组建了第一支舰队，包括100艘五层桨战船、20艘三层桨战船和4万名海军。罗马人还根据自身擅长陆地作战的特点，对战船进行改造，在船头安装了一种称为"乌鸦吊"的海战装置。这种装置既简单又实用，当两船相遇时，罗马战舰不急于发起进攻，而是待迦太基战船驶入攻击范围时，突然伸出一个带有钩

---

[1] 徐生忠：《第一次布匿战争的经验教训及其历史启示》，《福建论坛》（人文社会科学版）2011年专刊。

子的长吊桥，直接勾住迦太基的战船，使迦太基的战船无法自由移动，只能任凭罗马战船摆布。接着罗马士兵通过吊桥登上迦太基战船，把战船的甲板当作陆战战场，发挥罗马陆军作战的优势击败迦太基军队，致使迦太基海军全线溃败。[1]

迦太基面对罗马战船的"乌鸦吊"装置束手无策，而罗马对此战术却屡试不爽，第一次布匿战争以迦太基的一系列失败而告终。最终迦太基政府希望早日结束无休止的战争，同意与罗马谈判。此时的罗马也被长期战争拖得筋疲力尽，所以双方于公元前241年签订条约。条约规定：迦太基必须撤出西西里岛，包括西西里和意大利半岛之间的所有岛屿；不能对罗马及其盟邦发起战事；不得招募意大利居民为雇佣兵，必须无条件地交出战俘，支付3200塔兰特赔款，分10年付清。[2]迦太基政府最终接受了这个苛刻的条约，至此迦太基失去了地中海地区的一个重要殖民地——西西里岛。不久，罗马占领了西西里，设立了第一个海外行省。

**（三）迦太基在地中海其他地区的殖民**

迦太基的海外殖民扩张范围不仅包括伊比利亚半岛和西西里岛，还包括撒丁岛、科西嘉岛和北非等地。由于笔者搜集资料有限，以下简要论述迦太基在撒丁岛和北非的殖民活动。

---

[1]  Gilbert Charles Picard and Colette Picard, *Carthage-a survey of punic history and culture from its birth to the final tragedy*, Sidgwick and Jackson limited, 1987, P102.

[2]  杜建军、刘自强：《论布匿战争爆发的原因》，《枣庄学院学报》2002年第6期。

1.迦太基在撒丁岛的殖民

撒丁岛（又称撒丁尼亚岛）地处西地中海的十字路口，北部与科西嘉岛隔海相望，是通往伊比利亚半岛、北非、西西里岛和意大利半岛的交通要道。这里汇聚了大量来自四面八方的商品，成为不同民族交融的场所。撒丁岛不仅是西部地中海地区的重要交通枢纽，而且岛上矿产资源丰富，尤其盛产铜和铁。

大约公元前9世纪推罗人沿撒丁岛沿岸定居，他们最早的殖民地是南部海岸距非洲较近的诺拉。之后迦太基商人为了打通商贸航线，逐渐开始在撒丁岛进行大规模的殖民侵略，经过两次军事入侵之后基本控制该岛。迦太基在撒丁岛的殖民地一部分位于该岛西南部，那里地势宽阔并且土壤肥沃，另一部分在东北部的奥尔比亚海湾。

和北非一样，撒丁岛上的殖民城市大多实行自治，但是他们需要缴纳不同形式的贡物，例如岛上征收部分粮食作为贡物。在诺拉、奥尔比亚、苏克斯、蒙特、西瑞等地的考古材料显示，公元前6世纪迦太基人与当地居民融合和通婚，并且殖民地区不同程度都受到迦太基文明的影响。[1]

公元前6世纪开始，迦太基和希腊世界为争夺西部地中海地区的殖民地而战争频发，双方争夺殖民地的战争，起初主要发生在西西里。公元前550年，迦太基与希腊开始争夺撒丁岛，半个世纪后迦太基最终完全占领该岛。迦太基通过对撒丁岛的控制得以与意大利半岛上的伊特鲁利亚人进

---

[1] Dexter Hoyos, *The Carthaginians*, Routledge Taylor and Francis Group Press, 2010,P45.

行商业贸易，他们为了保障双方正常的贸易活动结成同盟，并且通过条约维护他们在西地中海的势力，他们的联军称霸于亚德里亚海以及西西里岛和撒丁岛以西海域。[1]

公元前238年撒丁岛上的迦太基雇佣军武装暴动，利益驱使下的罗马依据第一次布匿战争签订的条约（西西里岛与意大利之间的所有岛屿归罗马所有）认为撒丁岛应属于罗马，于是派兵援助暴动军，并且抢占了撒丁岛以及附近的科西嘉岛。此时的迦太基忙于雇佣军战争已经疲惫不堪，无奈之下被迫放弃撒丁岛和科西嘉岛，并支付罗马1200塔兰特的赔款。至此，迦太基失去了在意大利半岛附近海域的所有殖民地。不久罗马将这两个岛屿合并，设立第二个海外行省。

2.迦太基在北非的殖民

北非在古代以其拥有大量的野生动物而闻名，其中包括大象、狮子、黑豹、鬣狗和熊等。北非内陆仅有几条河流穿过，加之绵延不断的山脉，所以只有沿海的少量地区适宜农耕。迦太基位于今天北非的突尼斯一带，古代这片区域的气候与现在差异很大，事实上现在许多贫瘠的地区在罗马时代都适宜农耕。沿海地区的降雨量充足，夏季炎热干燥，冬季气候温和伴随偶尔的降雨，较适宜各种果树生长，同时迈杰尔达和密列尔纳的河谷内种植着茂密的谷物。[2]

当迦太基人初到北非时，当地居民尚处于生产力较落后阶段，这里比

---

[1]　刘红影：《罗马与迦太基关系研究》，华中师范大学硕士学位论文，2003年。

[2]　B.H.Warmington, *Carthage*, London Robert Hale Limited, 1960, P5.

迦太基在地中海其他地区的殖民地都要落后，大多数还是半游牧半农耕的氏族部落，矿产资源也十分匮乏。撒哈拉沙漠以北的土著居民早期与外界隔绝，后来先进的技术从东方和西地中海传入。撒哈拉沙漠是通往非洲南部的屏障，成片的沙漠减少了北非和尼罗河谷之间的联系。北非大陆被横亘的山脉和少量的河流分割，这加大了彼此沟通联系的难度，所以当时北非沿岸对殖民者的吸引力很小。

公元前6世纪，迦太基人开始在北非沿岸的突尼斯、阿尔及利亚、摩洛哥和利比亚西部沿海地区拓展殖民势力范围，他们把获得的土地主要分为自治和直接管理两种管理模式。事实上迦太基对殖民地的管理具有开放性和灵活性，能适应不同地区的特点。对于早期推罗建立的殖民地，迦太基对其采取自治管理模式，可以保有军队和政治机构，但每年要向迦太基缴纳大量的贡赋；对于迦太基用武力征服的努米底亚部落地区，通常采取直接管理模式，迦太基利用这里肥沃的土地大力种植经济作物，发展农业经济，例如种植葡萄、饲养奶牛、榨油和酿酒等。[1]第一次布匿战争和第二次布匿战争之后迦太基虽然遭受重创，但却能迅速恢复经济，充分说明迦太基在北非农业经济的发达。

公元前7世纪，希腊人也在地中海积极扩张势力范围，他们在埃及和北非东部的一些地区建立殖民地，其中最著名的是今天利比亚的昔兰尼加。迦太基对撒哈拉以南的非洲区域实行垄断贸易，严禁希腊人进入该地

---

[1] Gilbert Charles Picard and Colette Picard, *Carthage-a survey of punic history and culture from its birth to the final tragedy*, Sidgwick and Jackson Limited, 1987, P88.

区。从公元前7世纪到公元前4世纪，迦太基与希腊为争夺地中海的殖民霸权进行了长达300年的斗争。最后，双方以东经15度为界线划分各自在地中海的势力范围，界限以东属希腊管辖，界限以西为迦太基的势力范围。

## 四、迦太基海外殖民的原因

### （一）迦太基海外殖民的客观条件

一个民族能否产生高度发达的海洋文明，其濒海的自然地理条件是十分重要的因素，还有其他不可忽视的因素，如濒海地区的文明发达程度、主要生产方式、物产情况、相邻国家的情况、较适于航海的海域以及所濒临的陆地提供的条件等，这些都影响着人类航海活动的发展和一个民族海洋文明的发达程度。[1]正因为地中海地区发展航海事业的自然地理环境比较优越，加之迦太基自身具有的诸多客观因素，所以迦太基人选择以海上中介贸易、殖民掠夺为主的经济发展方式，形成了地中海地区特殊的海洋文明。

*1.推罗海上贸易航线的影响*

迦太基海外殖民地的建立，很大程度是在推罗早期建立的金属航线基础上发展而来的。这条航线由推罗本土出发，沿海岸向南，经由埃及，到达北非的利比亚海岸，接着穿过西西里岛、撒丁岛，一路向西到达伊比利亚半岛。推罗商人沿途设立了许多商站，这些商站为迦太基海外殖民扩张奠定了基础，成为迦太基海外殖民体系的一部分。

迦太基不仅在推罗金属航线的基础上发展了新金属航线，而且又开辟

---

[1]　倪乐雄：《海权与文明的兴衰》，《中国国防报》，2007年7月10日。

了三条主要的贸易航线。第一条是通往伊特鲁利亚的海上航线。这条航线主要经由西西里岛、撒丁岛和科西嘉岛，最终到达伊特鲁利亚。第二条是到达埃及的陆上航线。大体沿着北非沿岸行进，从巴拉托纽姆到达尼罗河西岸的马特鲁港，终点是格兰德希尔特（今利比亚境内）。第三条是大西洋航线。现在我们了解这条航线的资料大多源于汉诺的非洲航行，资料记载汉诺沿北非一路向西，到达利比亚、阿尔及利亚，绕过直布罗陀海峡到达西非。[1]总之，迦太基人的贸易航线在欧洲、非洲的大西洋沿岸和西地中海地区形成了一个庞大的贸易网络。

从迦太基开辟的贸易航线不难看出，每条航线上的贸易活动都伴随着海外殖民地的建立。例如迦太基商人前往伊比利亚半岛寻求金属矿藏，沿途设立了诸多商站，这些商站逐渐发展为迦太基在西地中海地区的重要殖民地。此外，迦太基在西西里岛、撒丁岛、北非沿岸等地区建立殖民地同样适应拓展贸易航线的需要。而推罗时期的贸易航线为迦太基的海外殖民扩张奠定了重要基础。

2.迦太基强大的海军力量

（1）先进的海军装备

第一，迦太基先进的造船技术。

在马尔萨拉海边沙滩考古发现的搁浅的两艘古代迦太基战船遗骸，能够揭示迦太基先进的造船技术。这两艘战船或许是因年久失修漏水下沉，

---

[1] Gilbert Charles Picard and Colette Picard, *Carthage-a survey of punic history and culture from its birth to the final tragedy*, Sidgwick and Jackson Limited, 1987, P44.

或许是在第一次布匿战争中被击沉，或许是在风暴中沉没，都不得而知。并且，考古发现的这两艘战船是三层桨战船还是五层桨战船，在学界还存有争议。但通过分析这两艘古代战船的建造结构，可以了解到当时迦太基先进的造船技术。

其中一艘保存较完整的战船是木质外壳，采用标准的古代造船方法，即以平底船的框架，船尾的桅杆和船首的舵用厚木板水平地连接固定在一起，形成精巧的外壳。内部是用木材排列固定的，外形结构使用卯榫连接，甲板最终在这种完全木质的基础上搭建而成。这种船体不仅牢固而且需要精湛的建造技巧，是在经验丰富的造船师的监督下建造的，造船工可以通过图案精确地识别木料组合的位置。[1]

第二，迦太基先进的战船。

迦太基先进的造船术给海军提供了先进的战船。譬如，公元前480年迦太基远征西西里岛的200艘战船大部分都是三层桨战船，该战船沿船体两侧垂直设有三层划桨平台，平台上的桨手按顺序排列相互不受影响，这种战船具有很强的攻击性。但为了减轻战船重量、提高行驶速度和战斗力，船体只存有较小的淡水储存空间，所以不能长时间在海面上行驶，必须夜间靠岸进行后勤补给。[2]

后来迦太基发明了五层桨战船，该船的设计和结构由船体两侧竖排的

---

[1]　Dexter Hoyos, *The Carthaginians*, Routledge Taylor and Francis Group Press, 2010, P152.

[2]　Dexter Hoyos, *The Carthaginians*, Routledge Taylor and Francis Group Press, 2010, P150.

五列桨手按一定规律排列划桨。当时这显然是非常先进的海战武器，之后成为地中海其他国家海军战船的原型。波利比乌斯曾记录，"罗马人最初是没有海上力量的，在第一次布匿战争初期，一艘迦太基的五层桨战船被罗马人擒获，罗马人便以此为原型组建了第一支海上舰队"[1]。

（2）庞大的海军舰队

迦太基依靠先进的造船术及造船能力组建起庞大的海军舰队。公元前390年哈米尔卡时期已有100艘三层桨战船和300艘其他战船组成的舰队；公元前340年在与希腊提木良的战争中有200艘战船参战；公元前256年罗马威胁利比亚时，迦太基有300艘或者更多的五层桨战船的舰队。一艘三层桨战船可能需要170名桨手，一艘五层桨战船多达300名桨手，由此可见如果不计指挥官和士兵的数量，一支舰队就需要几万名桨手。[2]另外，迦太基人还组建了一支由400艘"大划船"组成的舰队，这种战船每侧都有四层划桨平台，桨手分为四组。但这种"大划船"在战争中起到的作用远不及三层桨战船和五层桨战船。[3]

在布匿战争之前，迦太基的海军一直是西地中海较强大的海上势力。因此法国历史学家杜丹曾说："迦太基人在地中海西部、欧洲及北非的大

---

[1] Serge Lancel, *Cathage: a history*, Blackwell Oxford and Cambridge Press, 1995, P126.

[2] Dexter Hoyos, *The Carthaginians*, Routledge Taylor and Francis Group Press, 2010, P49.

[3] Dexter Hoyos, *The Carthaginians*, Routledge Taylor and Francis Group Press, 2010, P153.

西洋沿岸的海上贸易中所起的作用很像17世纪的荷兰人。"[1]如果荷兰舰队被誉为"海上马车夫"，那么迦太基舰队在当时西地中海堪称"海上霸主"。迦太基拥有如此强大的海军力量，足以保障其商贸和殖民活动的顺利进行，使其得以在地中海世界建立殖民霸权，成为古代世界著名的殖民强国。

**（二）迦太基国内经济发展的需要**

1.迦太基大规模发展奴隶主庄园经济的需要

迦太基建城初期除商贸活动外，在农业上是典型的小农经济，种植的农作物品种单一且产量不高，但随着人口的增加，粮食供给成为首要问题。迦太基商业贸易的发展，使越来越多的农民参与到经商的行列中，这使迦太基的经济结构发生变化。自给自足的小农经济转变为奴隶主庄园经济，这种庄园经济实行集中生产和管理，奴隶集体在田间劳作，提高了耕作效率和粮食产量。迦太基的奴隶主庄园经济非常发达，其有关农业、畜牧业方面的著作曾被希腊和罗马借鉴，并且在迦太基灭亡后，原迦太基及其在北非的属地成为罗马著名的粮食供应地。[2]

大规模的庄园经济的发展需要大量的劳动力，与此同时迦太基商业贸易发展迅速，大批农业人口脱离生产投入到商贸活动中，使得本土劳动力严重不足。迦太基通过在北非的殖民奴役努米底亚人补充所缺劳动力，同时他们还通过贩卖人口来填补劳动力缺口。所以迦太基海外殖民

[1]　杜丹：《古代世界经济生活》，商务印书馆1963年版，第56页。

[2]　B.H.Warmington, *Carthage*, London Robert Hale Limited, 1960, P98.

扩张适应其庄园经济发展的需要，是大规模奴隶主庄园经济繁荣发展的前提条件。

2.迦太基手工业及商业发展的需要

迦太基建城后，虽然也有部分手工业生产，但从考古出土的迦太基早期手工制品可以看出其制作工艺非常粗糙，几乎不具备商品交换价值。这一时期迦太基商品生产水平低下，仅有一些规模较小的手工作坊，手工行业主要是制陶业和纺织业。[1]其商品出口受到限制，而进口则主要依赖于母邦推罗。较低的生产力水平无法满足本国居民对手工制品的需求，严重阻碍了迦太基贸易的发展规模。公元前6世纪，随着母邦推罗的逐渐衰落，迦太基利用自身优越的地理环境，承袭和发展了推罗的贸易航线，同时不断进行海外殖民扩张。这不仅满足了迦太基本土对所需商品的需求，还给迦太基带来了巨大财富，财富的积累又进一步促进了海外商贸和殖民的拓展，形成了一种良性互动的发展模式。

（三）迦太基统治阶级斗争的产物

迦太基统治阶级内部因经济、政治利益的不同分为两大派别：一是重视经营奴隶主庄园经济的重农派；另一个是重视发展商业贸易的重商派。农业奴隶主要求向北非内陆扩张领土，掠夺更多的土地和劳动力；商业奴隶主则主张海外殖民，扩大其商业贸易范围，赚取更多的商业利润。两大派别势力此消彼长、权柄更迭，利益集团间的斗争严重影响统治阶级的决

---

[1] Dexter Hoyos, *The Carthaginians*, Routledge Taylor and Francis Group Press, 2010, P67.

策，使政府在危机时刻难以保持足够的凝聚力。正如孟德斯鸠在《罗马盛衰原因论》中所论述的那样："在迦太基得势的有两派，一派总是希望和平，另一派总是希望战争，结果迦太基把自己弄得既不能享有和平，又不能很好地进行战争。"[1]

公元前4世纪，迦太基的商业奴隶主阶层逐渐崛起，他们积累了大量的财富，在地中海世界形成巨大的商业贸易网络，并且要求和农业奴隶主一样享有政治上的权利。他们不仅控制了元老院和法庭，而且还担任议事会的高级官员。迦太基政体的重要机构是百人法庭和五人议事会，这两个机构的职权很大而且具有相对独立性，其主要由商业奴隶主组成。[2]随着迦太基海外贸易殖民活动的拓展，百人法庭和五人议事会的职权不断扩大，地位不断上升，逐渐掌控了迦太基的政权。商业奴隶主不断要求扩大海外贸易殖民活动，加强海军建设，保护贸易航线，这与农业奴隶主的利益形成鲜明对立。两大利益集团各自代表的利益不同，最终导致迦太基在制定国家政策时存在严重分歧。

迦太基与罗马为争夺西地中海的殖民霸权展开了三次布匿战争，均以失败告终。第一次布匿战争初期，农业奴隶主并不支持海上殖民扩张，而是忙于非洲领土的拓展。因此，农业奴隶主急于撤回驻守西西里岛的部分军队，并且没有给西西里岛的守军充足的后勤补给，使西西里岛的迦太基

---

[1] 孟德斯鸠：《罗马盛衰原因论》，商务印书馆2011年版，第72页。

[2] Gilbert Charles Picard and Colette Picard, *Carthage—a survey of punic history and culture from its birth to the final tragedy*, Sidgwick and Jackson Limited, 1987, P132.

军队战斗力下降，无力与罗马对抗，最终导致第一次布匿战争中迦太基失败。毫无疑问，迦太基农业奴隶主和商业奴隶主之间的斗争影响了战争的决策，成为第一次布匿战争失败的主要原因。[1]

第二次布匿战争中农业奴隶主和商业奴隶主之间的斗争依然存在，致使汉尼拔的军队在意大利半岛处于孤军奋战的境地。这时的农业奴隶主依然不支持海外的战争，而商业奴隶主则急于与罗马签订条约，希望早日结束战争，因为他们认为长期的战争威胁到他们在地中海的商贸利益。因此迦太基统治阶级内部的斗争再次导致第二次布匿战争的失败。[2]

迦太基统治阶级内部的矛盾并没有因为战争失败而得到缓和，而是进一步加深，最终导致这个商贸殖民帝国走向灭亡。第二次布匿战争后，罗马几乎控制了迦太基的所有海外殖民地，致使其海外商贸活动被迫中断，这严重损害了商业奴隶主的利益。为了弥补战争的损失商业奴隶主增收重税，这触犯了农业奴隶主的利益，引起他们的不满，从而展开了迦太基内部新一轮斗争。面对共同的敌人罗马，迦太基统治阶级没有达成一致对抗强敌，而是只顾眼前利益想尽早结束战争，恢复其商贸活动。迦太基对罗马的妥协退让并没有换来预期的和平，而是导致最终民族灭亡。

---

[1] 徐生忠：《第一次布匿战争的经验教训及其历史启示》，《福建论坛》（人文社会科学版）2011年专刊。

[2] 时殷弘、惠黎文：《战略、制度和文化的较量——第二次布匿战争中的罗马和迦太基》，《世界经济与政治》2007年第4期。

## 五、迦太基海外殖民的历史作用

纵观迦太基海外殖民的历史不难看出，迦太基海外殖民扩张运动伴随着帝国的兴衰。迦太基的海外殖民运动不仅为殖民地注入了新鲜血液，加速了殖民地文明化的进程，而且不同程度地对迦太基政治、经济、社会文化以及外交的发展产生了广泛而深远的影响。

### 1.促进迦太基商业贸易发展

迦太基的海外殖民扩张确立了其商贸的主体地位。迦太基是古代地中海世界的商业殖民强国，其强大的殖民霸权保证了商业贸易的顺利开展，而繁荣的商业贸易又促进了其殖民霸权的强大。多条贸易航线的建立使迦太基获得了大量的财富，一度垄断西地中海的商贸。古代罗马人曾经用"贪婪""奸诈""唯利是图"等词语评价迦太基人，虽然充满敌意，但从中确实可以看出迦太基民族重视商业贸易的程度，不仅视其为一种信仰，甚至作为立国之本。迦太基是古代世界以商贸立国的范例，即借商业贸易来达到发展政治权力的目的，包括商贸规定、市场开辟、排除竞争等皆为商业服务。对于迦太基而言，商业是他们生存的唯一目的和判断所有事物的标准。[1]

掠夺战利品、土地、奴隶等是所有古代民族对外殖民扩张的重要原因，对迦太基来说也不例外。巨大的物质利益推动着迦太基不断向外殖民扩张，从中获得了大量财富、土地及奴隶，大大提高了商业贸易的发展水

---

[1]　王锐：《古代腓尼基和迦太基商业帝国兴衰的历史概说》，《天津商业大学学报》2011年第3期。

平。主要表现在：

第一，迦太基商业贸易范围和规模的扩大。迦太基为了获得更多的商贸利益，不断地拓展海外殖民范围，其势力不仅囊括非洲本土和推罗早期建立的殖民地，还开辟了诸多贸易航线，包括经由西西里岛、撒丁岛和科西嘉岛，最终到达伊特鲁利亚的海上航线，以及与埃及的陆上航线和西部的大西洋航线。伴随着新航线的开辟，迦太基的贸易范围和规模也不断扩大，巨大的商贸网络几乎覆盖整个地中海世界。

第二，迦太基商业贸易产品种类增多。起初迦太基人的贸易品种较单一，主要与母邦推罗进行一些生活必需品的贸易往来，随后的海外殖民扩张运动不断为其商贸产品种类注入新的元素。在迦太基的商船上不仅可以看到来自伊比利亚半岛的金、银、铜、锡等重要的矿产资源，还可以看到来自非洲本土的木材、象牙和奴隶以及东地中海地区精美的手工艺品等贸易产品。[1]此景象生动地反映出当时迦太基商业贸易的繁荣，这里显然已经成为地中海世界各种货物的集散地。

第三，迦太基商业贸易垄断制度的形成。迦太基在其控制的势力范围内实行贸易垄断制度，通过这一制度达到控制商贸航线和征收关税的目的。[2]在西地中海地区的贸易中，迦太基人严格禁止外国商船进入地中海以西的地区进行贸易，否则予以打击。例如波利比乌斯曾提到公元前508

---

[1]　乌特琴科主编：《世界史》，生活·读书·新知三联书店1960年版，第695页。

[2]　Serge Lancel, *Carthage: a history*, Blackwell Oxford and Cambridge Press, 1995, P121.

年迦太基与罗马签订的条约中规定：罗马及其盟邦不能航行至布列塔尼（位于迦太基北部）以外的区域，如果有人被迫来此，除了修船工具和祭祀用品外，不能买也不能带走任何东西；在利比亚和撒丁岛，只有在使节或者城市官员在的情况下才能进行贸易，并且商品价格由迦太基确定。[1]由此可见，迦太基在其控制的势力范围内严格限制他国的贸易活动，极力维护其贸易垄断，并从中获取高额利润。[2]显然迦太基商业贸易垄断制度的重要保障是建立稳固的殖民地，以构建和维护其商业贸易网络，同样迦太基的海外殖民扩张带动其商业贸易的繁荣发展，最终形成了一个完整的商贸殖民体系。

2.带动迦太基本土经济发展

伴随着迦太基殖民霸权的建立，大量的财富源源不断地流入迦太基本土，本国贵族和商人极其富有。迦太基通过海外殖民扩张，不仅促进了其商业贸易的繁荣，也带动了本土经济的快速发展，主要表现在：

第一，促进了迦太基农业经济的繁荣。

迦太基的奴隶主庄园经济非常发达，这与其不断地海外殖民扩张密切相关。一方面海外殖民扩张为发展大规模奴隶主庄园经济提供所需的劳动力。由于迦太基大部分人口从事商业贸易活动，导致从事农业的人口数量逐渐减少，出现劳动力短缺现象。迦太基曾进行大规模的奴隶贸

---

[1] Polybius, *The Histories*, London and Cambridge, Harvard University Press and William Heinemann LTD., 1921—1927. Ⅲ.22.4-13.

[2] Serge Lancel, *Carthage: a history*, Blackwell Oxford and Cambridge Press, 1995, P121.

易活动，他们奴役努米底亚人充当本国劳动力，用于发展奴隶主庄园经济。[1]另一方面海外殖民扩张引进了其他地区先进的生产技术和优良的农作物品种，不仅提高了生产效率，而且增加了作物产量，形成了一整套集约化生产模式。迦太基农学家马贡总结了他们长期从事农业生产的经验，著有20卷农书。书中主要介绍了许多农业生产的方法，还详细地叙述了迦太基奴隶主庄园的集约化生产和管理经验。他的著作被罗马人翻译成拉丁文，成为罗马农业发展的理论著作。之后罗马借鉴迦太基的庄园经济生产模式，在西西里岛发展大规模奴隶主庄园经济。[2]

第二，带动迦太基手工业的发展。

迦太基最初从事商品中介贸易，到公元前6世纪，随着母邦推罗的逐渐衰落，迦太基继承并拓展其商贸殖民活动。此时迦太基的贸易商品呈现多样化的发展趋势，相继出现埃及的宝石、科林斯的长颈瓶、伊特鲁利亚的黑色雕刻器皿等精美的手工制品。迦太基从事手工制品贸易过程中不断吸纳先进的手工工艺，其手工制品工艺高超，具有高度的艺术性，尤其一些奢侈品，如贵金属和玻璃器皿、珠宝、象牙等的加工贸易，满足了古代地中海地区皇家贵族对手工制品的需求。[3]

---

[1] Gilbert Charles Picard and Colette Picard, *Carthage-a survey of punic history and culture from its birth to the final tragedy*, Sidgwick and Jackson Limited, 1987, P88.

[2] Dexter Hoyos, *The Carthaginians*, Routledge Taylor and Francis Group Press, 2010, P60.

[3] Gilbert Charles Picard and Colette Picard, *Carthage-a survey of punic history and culture from its birth to the final tragedy*, Sidgwick and Jackson Limited, 1987, P38.

3.促使迦太基政治体制的转变

迦太基的政治体制是由其经济基础决定的，随着迦太基不断地海外殖民扩张，形成了以奴隶主庄园经济和商业贸易为基础的经济发展模式。这种经济发展模式最终决定其政治体制的特点为农业奴隶主和商业奴隶主轮流统治。

迦太基政治体制的转变主要经历了两个阶段：

第一阶段：公元前8世纪至公元前4世纪末的麦戈尼德王朝专制统治阶段。公元前8世纪至公元前5世纪，麦戈尼德王朝的统治有以下特征：经济上，以奴隶主大庄园经济为基础；政治上，出现公民大会和元老院等政权组织机构，实际上两者的权力都非常有限，权力主要集中在国王手中；军事上，国王掌有军事大权，"麦戈尼德的国王拥有绝对的权威，国王不仅是最高首领，而且实行终身制，他死后的葬礼非常隆重和盛大"[1]。到公元前4世纪，随着迦太基庄园经济的繁荣发展，农业奴隶主拥有大量财富，并开始与麦戈尼德王朝的专制统治展开较量。最终，"公元前373年，麦戈尼德家族的最后一个国王去世，麦戈尼德王朝的专制统治就此结束"[2]。

第二阶段：公元前4世纪末至公元前2世纪中期的贵族寡头统治阶段。

---

[1] Gilbert Charles Picard and Colette Picard, *Carthage-a survey of punic history and culture from its birth to the final tragedy*, Sidgwick and Jackson Limited, 1987, P128.

[2] Gilbert Charles Picard and Colette Picard, *Carthage-a survey of punic history and culture from its birth to the final tragedy*, Sidgwick and Jackson Limited, 1987, P130.

麦戈尼德王朝垮台后，迦太基的农业奴隶主实力不断增强。一方面，他们要求向非洲内陆扩张，发展大规模的奴隶主庄园经济；另一方面，迦太基的农业奴隶主成为元老院的多数派，并逐渐建立了寡头统治。与此同时，迦太基开始大范围的海外殖民扩张，商业贸易范围不断扩大，商人积累了大量的财富，形成迦太基的另一股势力——商业奴隶主阶层。商业奴隶主积累的财富逐渐超过农业奴隶主之后，便在政治上与农业奴隶主争夺统治权。迦太基商业奴隶主开始担任元老院、百人法庭、五人议事会等要职，他们掌握的权力越来越大，最终迦太基的政治体制转变为以农业奴隶主和商业奴隶主轮流统治。

4.对外冲突加剧与战争爆发

世界古代文明交往的过程，往往有和平和战争两种形式。迦太基海外殖民扩张初期与其他民族基本保持和平的外交关系，但随着其商贸殖民范围的不断扩大，与其他民族不可避免地产生利益冲突，并由此引发激烈的战争。

第一，迦太基的海外殖民扩张加剧了与希腊世界的冲突。

迦太基与希腊在公元前8世纪开始贸易往来，迦太基控制北非地区之后，其殖民范围逐渐渗透到西地中海世界，在入侵西西里岛时与岛上的希腊人发生冲突。公元前6世纪开始，迦太基人与希腊人围绕撒丁岛、科西嘉岛和西西里岛展开了近三个世纪的海上争霸战争，双方为争夺地中海上的殖民地互不相让，最终迦太基人联合伊特鲁利亚人把希腊人从撒丁岛和科西嘉岛上赶走，并且占领了西西里岛的大部分地区。

第二，迦太基的海外殖民扩张加速了布匿战争的爆发。

公元前3世纪，迦太基已经成为地中海世界的商贸殖民帝国，他们不仅征服了伊比利亚半岛的大部分地区，其殖民势力范围还扩展到撒丁岛、科西嘉岛和西西里岛等地。西西里岛对于迦太基至关重要：首先，"迦太基所需要的任何其他物品通常都可以从附近的西西里岛获得"[1]，完全占领该岛成为迦太基实现称霸地中海世界梦想的关键一步。再者，当时执掌迦太基政权的工商业贵族为了获取更多的经济利益，极力主张对外殖民扩张，拓展其海外市场，因此在西西里岛问题上迦太基绝不会向任何势力妥协。

与此同时地中海上崛起的另一个强国——罗马对迦太基的殖民扩张非常担忧：一方面，西西里岛具有重要的战略地位。西西里岛与意大利仅隔一条狭窄的墨西拿海峡，罗马害怕迦太基完全占领西西里岛之后威胁到自身安全；另一方面，西西里岛拥有重要的经济价值。西西里岛土地肥沃，其谷物可供给意大利所需粮食的一半。西西里岛一经获得，则撒丁岛和科西嘉岛也将自动归降罗马，显然西西里岛成为罗马扩张的下一步骤。[2]

迦太基与罗马为争夺西西里岛引发了一场旷日持久的布匿战争，战争实际上是双方在地中海世界殖民和军事扩张的必然结果，迦太基的海外殖民扩张进一步加速了布匿战争的爆发。从迦太基与希腊和罗马的争夺战可

---

[1] Dexter Hoyos, *The Carthaginians*, Routledge Taylor and Francis Group Press, 2010, P48.

[2] 威尔·杜兰：《世界文明史》，东方出版社1990年版，第57页。

以看出，无论是西西里岛的"墨西拿事件"还是伊比利亚半岛的"萨贡托姆事件"，都是双方为争夺殖民地而引发的军事冲突。迦太基的海外殖民扩张触犯到希腊和罗马的利益，战争是不可避免的。最终罗马打败迦太基成为地中海世界的霸主，而迦太基这个曾经强大的海上帝国走上了亡国的道路。

## 六、结语

地中海文明是古代世界独具特色的海洋文明，希腊罗马文明更是奠定了现代西方文明的基石，因此有"光荣属于希腊，伟大属于罗马"的美誉。纵观古代地中海世界，迦太基文明是其散落的一颗明珠，它为我们树立了商贸立国的范式。迦太基从北非一个弱小的殖民城市，逐渐发展成为西部地中海世界的霸主，与其不断地开拓海外殖民地、建立殖民霸权是密切相关的。迦太基在地中海世界建立的殖民地构成了一个完整的海外殖民体系，在这个体系的支撑下其商业贸易这条"海上生命线"得以顺利进行，同时也为各殖民地之间的政治、经济、社会文化方面的交流做出了重要贡献。

迦太基民族承袭了腓尼基人航海和经商的传统，依托自身优越的地理环境开始了海外殖民扩张的步伐。他们的足迹遍布整个地中海世界，其以西部的伊比利亚半岛和东部的西西里岛、撒丁岛及中部的北非沿岸为基点，形成了一个辐射地中海地区的商贸殖民网络。庞大的商贸殖民网络把众多殖民地连接为一个整体，所创造出的财富源源不断地流入迦太基本土，不仅促进了迦太基商业贸易的进一步繁荣，而且带动其本国经济快速发展，形成了一种良性互动的模式。与此同时，随着迦太基海外殖民和商业贸易的扩展，促使其政治体制转变，也在一定程度上加速了其对外冲突和战争的步伐，导致与希腊、罗马强权争夺殖民霸权的斗争。昔日繁荣的商贸殖民帝国在面对民族危机时暴露出其致命弱点，迦太基政府无法齐心协力同仇敌忾，屡次出现分歧，严重影响了军队的战斗力，最终在与罗马的布匿战争中惨败，遭受毁灭性的灾难。

　　无论历史对于这个结局不幸的民族是怎样评价的，我们都应该用历史唯物主义的眼光去看待它。迦太基民族形成了一种特殊的重商风气，正是这种风气驱使他们不断在地中海世界冒险，事实证明他们在商贸和殖民方面是成功的。虽然在与罗马的争霸中失败，但若迦太基是布匿战争的赢家，相信我们看到的将是完全不同的历史。不过历史就是历史，是不能假设的。亡国的迦太基在历史上铸就的辉煌，尤其是它留下的"重商主义""海权意识"等精神遗产在当今世界是值得我们思考和借鉴的。

第四章

早期罗马帝国与古印度的商贸

在罗马历史上，公元1至2世纪被称为"罗马和平"，该时期是罗马帝国政治相对稳定、经济繁荣、文化取得辉煌成就的重要时期。在奥古斯都以及随后诸元首的统治下，这一时期的罗马经济得到了迅速恢复与发展。罗马帝国版图辽阔，图拉真时期，帝国版图西起西班牙、高卢与不列颠，东到幼发拉底河上游，南至非洲北部，北达莱茵河与多瑙河，地中海也成为了帝国的内海。经济的发展以及地理位置的便利为罗马与印度次大陆[1]之间的商贸往来提供了有利条件；印度洋季风的发现更是打开了罗马同印度直接交往的海上通道，从此罗马通向印度的道路更加便捷。

早在罗马帝国建立之前，地中海沿岸的一些国家和地区就与印度建立起了贸易联系。最早在公元前3000年，埃及法老为了获得阿拉伯和索马里地区的香料，就在红海沿岸修筑港口。到了公元前6世纪，埃及成为波斯帝国的一部分。在大流士一世统治时期，波斯帝国的疆域一度扩展到了印度河流域，出于帝国军事和商业上的需要，他修建了一条连接尼罗河和红海的运河，[2]之后又派人去探索环绕阿拉伯半岛进入波斯湾的航线，这为后来罗马与印度的海上贸易奠定了基础。到希腊化时期，罗马与印度的商业贸易进一步发展，尤其是在托勒密二世时期，他对尼罗河–红海运河

---

[1]　古代的印度不同于当今的印度，是指喜马拉雅山以南的整个印度次大陆。这是一个明确的地理范围。北面以喜马拉雅山为界，东濒孟加拉湾，西有阿拉伯海，南临印度洋。（参见刘欣如：《印度古代社会史》，中国社会科学出版社1990年版，第1页。）文中"印度"指的是整个印度次大陆地区。

[2]　在大流士、托勒密以及之后的罗马帝国时期，不同的统治者对其进行了不同程度的疏浚，因此该运河也有不同的名称，见下文的"图拉真运河"。[参考王士清、田明：《埃及法老时期的尼罗河—红海运河》，《内蒙古民族大学学报》（社会科学版）2011年第3期。]

的疏浚以及在红海沿岸港口的建设进一步促进了罗马和印度贸易的增长。尽管这一时期双方有了直接的贸易往来，但贸易规模不大且多是间接性贸易。罗马帝国初期，在奥古斯都的统治下，罗马与印度之间的商贸关系取得重大进展，到印度去的旅行家以及商人不断增多，公元2世纪罗马的商贸网络已经扩展至远东地区。古代地理学家斯特拉波曾说："每年从米奥斯·荷尔莫斯港出发到达印度的船只多达120艘。"[1]可见当时罗马帝国与印度之间的商贸规模。

印度次大陆作为丝路上罗马与东方商业贸易的重要一环，不仅与罗马帝国有着直接的商贸往来，同时又是罗马与远东商贸的中转站，可以说是借由印度与罗马帝国的海上贸易线，来自东方国家和地区的商贸物品源源不断地到达罗马，对罗马帝国的经济以及社会产生了重要的影响。尤其近些年来，随着纸草文献的出版以及在印度次大陆钱币、陶器等考古实物的陆续出土，为我们提供了有价值的参考资料，在一定程度上有助于我们构建罗马帝国和印度次大陆商贸的图景，同时也使我们的研究成为可能。在帝国早期，由于罗马生产力的提高，罗马与印度次大陆之间的商业贸易充满了生机与活力；到了帝国后期，伴随着罗马帝国政治经济的衰落，罗马与印度次大陆之间的商贸规模也大幅度下降。

随着国家"一带一路"倡议的提出，丝路贸易上的历史与文化也成为学者们竞相研讨的课题，早期罗马帝国与印度次大陆的商业贸易不仅是东

---

[1]　Strabo, *The Geography of Strabo*, 15.1.4.

西方贸易交流的友好表现，同时作为古代印度洋贸易的一部分也为我们实现"一带一路"的倡议构想提供了有益的借鉴。

## 一、史料与史学

### （一）史料

关于早期罗马帝国和印度次大陆的商贸专题研究，出于同时期印度历史背景的考察，可用到的印度史料很少，而由于文章的重点在于早期罗马帝国对印商贸状况的考察以及对印贸易在罗马帝国经济及社会生活中的影响，因此，本章以西方古典史料为主，同时借鉴考古学家在印度次大陆的考古发现，以此相互佐证来分析早期罗马帝国与印度次大陆商贸的繁荣情况，并在此基础上对贸易在罗马帝国经济及社会中的影响作一定的分析与论述。文章所用文献史料简要综述如下：

1.文献史料

（1）旅行家或商人的游记

《厄立特里亚航海记》是一位佚名商人所写的关于罗马帝国早期印度洋贸易的航海手册。[1]作者本身是一位希腊裔埃及人，由于自己曾多次参与印度洋贸易，作为亲历者，作者对红海、波斯湾地区的海上贸易，包括贸易路线、贸易港口及贸易物品都做了详细的介绍，其中涉及的有关东方

---

[1] "The Periplus Maris Erythraei"可译为《厄立特里亚航海记》或《红海漫游记》，古代厄立特里亚海的范围包括了今天的红海、波斯湾以及阿拉伯海一带，该书主要描述了从埃及出发经红海、阿拉伯海到达印度的海上航程、沿途的商贸活动以及各地物产和风土人情，堪称古代印度洋海上贸易指南。学术界目前基本认定其成书时间约为公元1世纪中期。

国家的区域地理知识也常为后代作家所引用，可以说为我们研究这一时期罗马帝国与印度次大陆的商贸发展提供了极具价值的文献资料。最初该文本用希腊文写成，后来经过国外学者的努力，又有了英译本。20世纪的英译本有肖夫译本、亨廷福德译本和卡森译本。[1]笔者所参考的版本是由学者卡森所写的《厄立特里亚航海记：文本、翻译和评论》文本。该版本的优点在于作者采取原文与译文对照的形式，对《厄立特里亚航海记》中所描述的贸易路线以及贸易概况进行了重点梳理，并对其中涉及的专有名词和政治地理状况也进行了专章论述与分析，尽最大努力为我们还原了这一时期罗马和印度的商贸状况，从而为我们研究这一时期的罗马和印度贸易提供了极大的便利。

（2）古代地理学家及作家的著作

除了《厄立特里亚航海记》以外，在古代地理学家斯特拉波以及作家普林尼的作品中也间接涉及了关于罗马和印度商贸的一些信息。罗马和印度商贸发展真正开始于奥古斯都时期。斯特拉波作为见证罗马共和末期和帝国初期的为数不多的作家之一，其所著《地理学》一书共17卷，其中前两卷是绪论，从第3卷至17卷是对当时已知世界的地理介绍。虽然其为一部地理学著作，但作者并没有完全地局限于对自然地理的论证与描述，

---

[1] 肖夫本：Wilfred H. Schoff, The Periplus of the Erythraen *Sea, Travel and Trade in the Indian Ocean by a Merchant of the First Century*, New York: Longmans, Green,and Co.,1912;亨廷福德本：G.Huntingford, The Periplus of the Erythraean Sea, London: Hakluyt Society,1980;卡森本：Lionel Casson, Periplus Maris Erythraei: *Text with Introduction, Translation and Commentary*, New Jersey: Princeton University Press,1989。

并在广泛吸收前人成果的基础上，将亚历山大东征之后的有关印度的见闻也补充到其著作中。尤其是在第7卷中对印度、波斯以及阿拉伯等地区地理、城市以及贸易港口状况的描述，对我们了解这一时期罗马人眼中的东方以及罗马商人在东方的商贸活动具有重要的参考价值。关于斯特拉波的《地理学》已经有了诸多版本，由于语言的限制，目前笔者所采用的是在英语学界采用较为广泛的由学者琼斯所译的洛布丛书版本。[1]"洛布丛书于1932年出版，是至今在英语学界众多古典译本中较好的一个，其最大的特点是兼具学术性和可读性"[2]，因而受到了学者的广泛推崇。

在斯特拉波之后，古代作家普林尼所著的《自然史》对本章写作也具有重要的参考价值。《自然史》一共37卷，写于公元77年。该著作内容丰富，搜罗广泛，可以说是极大程度地展现了当时的人们所能了解到的一切自然人文地理知识，其中第6至7卷中有关东方产品的论述，对我们了解这一时期罗马和印度贸易的主要商品有很大的指导意义。[3]

2.考古成果

除了依据传统的文献记载外，文中所参考的资料部分来源于考古学家在印度洋地区的考古发现，如在印度次大陆考古发现的罗马钱币、陶器等实物资料以及有关埃及-红海贸易的纸草文献等。这些大都包含在近现代

---

[1] Strabo, *The Geography of Strabo*,7vols, edited and translated by H.L.Jones, Loeb Classical Library, Cambridge: Harvard University Press,1923.

[2] 张绪强：《斯特拉波及其笔下的印度》，东北师范大学硕士学位论文，2015年，第12页。

[3] Pliny, *Natural History*,with an English translation by H.Rackham, Loeb Classical Library, London and Cambridge, Mass: Harvard University Press, 1979.

学者的研究专著中，从而为文章所用，有的已经被整理出版。[1]

### （二）国外研究动态

相较于国内研究而言，国外有关早期罗马帝国与印度次大陆的商贸研究起步早，研究成果较为丰富，研究范围也相对宽泛。在西方，较早关于罗马帝国与印度次大陆商贸研究的专题著作是沃明顿的《罗马帝国和印度的商业》[2]，作者在参考大量古典文献的基础上，对罗马与印度之间的贸易发展、贸易路线以及贸易物品做了细致的研究和论述，可以说是为我们了解这一时期的罗马与印度贸易构建了较完整的历史图景。唯一不足的就是作者在探讨贸易对罗马帝国产生的历史影响时多依据当时在印度次大陆发现的罗马硬币，而缺乏其他实证资料。近些年来，随着钱币、陶器及其他考古实物的陆续出土，基于考古证据来分析罗马帝国和印度次大陆商贸研究的著作逐渐增多，代表著作有维玛拉·贝格利主编的《罗马和印度之间的海洋贸易》[3]、罗伯特·汤伯所著的《罗马和印度之间的商业贸易——从罐到胡椒》[4]。前者是一本关于罗马帝国时期红海-印度洋贸易的

---

[1]　关于在印度次大陆考古发现的罗马硬币，参见Paula J.Turner, *Roman Coins from India*, New York: Routledge,2016；陶器及其他实物考古参见Vimala Begley and Richard Daniel De Puma,eds, *Rome and India:The Ancient Sea Trade*, The University of Wisconsin Press,1991;Roberta Tomber, *Indo-Roman Trade:From Pots to Pepper*, London: Duckworth, 2008。

[2]　E.H.Warmington, *The Commerce Between the Roman Empire and India*, New Delhi:Central Archaeological Library, 1974.

[3]　Vimala Begley, Richard Daniel,De Puma,eds., *Rome and India:The Ancient Sea Trade*, The University of Wisconsin Press,1991.

[4]　Roberta Tomber, *Indo-Roman Trade:From Pots to Pepper*, London: Duckworth, 2008.

论文集，该文集将在印度次大陆最新的考古发现引入到罗马和印度的贸易背景下考察，尤其侧重于在南亚及斯里兰卡地区的考古发现；后者则着重于整个印度洋地区的贸易考古，在参考大量考古学证据的基础上论述了罗印之间贸易物品的流动与交换，从而揭示了古代印度洋贸易的规模。

除了与罗马和印度商贸直接相关的专题著作外，也有学者从古代国际贸易或丝路研究的角度出发，着重探讨罗马帝国东部地区的商业贸易以及与东方国家和地区之间的商业交往，如加里·凯斯·扬所著的《罗马东部的贸易：公元前31年—公元305年罗马帝国的国际贸易与商业政策》[1]和《公元前31年—公元305年罗马帝国东部的国际贸易与政治影响》[2]，作者以罗马帝国统治下的东部地区为例，详述了罗马时期东西方之间的商贸往来，并重点论述了罗马与印度次大陆之间的商业贸易及其在罗马帝国经济生活中产生的重要影响。另外，拉乌尔·麦克劳林所著《罗马与远东：到阿拉伯、印度、中国的贸易路线》[3]与《罗马帝国和印度洋》[4]，更是将所论述的罗马帝国商贸网络范围扩展到印度洋和遥远的东方。前者着重梳理了罗马帝国与东方国家和地区的贸易交往以及贸易路线；后者则从古代整个印度洋贸易背景出发，详述了罗马帝国与东方国家和地区在印度洋贸易

---

[1] Gary K.Yong, *Rome's Eastern Trade:International Commerce and Imperial Policy 31B.C—A.D.305*, London: Routledge, 2001.

[2] Gary K.Yong, *The Long-Distance "International" Trade in the Roman East and Its Political Effects 31B.C.—A.D.305*, Tasmania: University of Tasmania,1998.

[3] Raoul Mclaughlin, *Rome and the Distant East: Trade Routes to the Ancient Lands of Arabia, India and China*, New York: Continuum, 2010.

[4] Raoul Mclaughlin, *The Roman Empire and Indian Ocean*, England: Pen and Sword Military, 2014.

中的积极参与，对罗马帝国在印度洋贸易中扮演的角色以及自身的经济状况也有重点论述。

在早期罗马帝国与印度次大陆的商贸研究中，商人也是一个值得研究的重要话题。凯勒·麦克莱斯特所著《罗马东部贸易中的商人》[1]，对罗马帝国商人在东方贸易中的商业活动做了具体的探讨与研究，包括商人的身份、商队组织以及商人所要缴纳的税收等，为我们提供了早期罗马帝国与印度次大陆商贸方面的很多细节。

### （三）国内研究动态

总体来看，国内有关早期罗马帝国商贸发展的研究成果很少，直接涉及罗马和印度商贸内容的专题著作和论文也是屈指可数。比较有代表性的论文有陈思伟的《埃及与印度次大陆的海上贸易》[2]，作者依据最新出土的"穆泽里斯纸草"文献，对罗马帝国早期埃及与印度的商贸规模以及贸易在罗马帝国经济结构中的比重做了细致的研究和论述；王坤霞、杨巨平的《流动的世界：〈厄立特里亚航海记〉中的海上贸易》[3]以《厄立特里亚航海记》中有关印度洋贸易的内容为出发点，对古代印度洋贸易圈的形成条件、贸易物品的流动与交换做了详细的考察与论述。除了直接有关罗马和印度商贸研究的论文外，国内关于这一方面的研究多是从丝路的角度

---

[1]　Kyle Mcleister, *The Traders in Rome's Eastern Commerce*, Ontario: McMaster University, 2011.

[2]　陈思伟：《埃及与印度次大陆的海上贸易及其在罗马帝国经济中的地位》，《历史研究》2018年第1期。

[3]　王坤霞、杨巨平：《流动的世界：〈厄立特里亚航海记〉中的海上贸易》，《西域研究》2017年第1期。

来探讨古罗马与东方的商贸联系。如张绪山的《罗马帝国沿海路向东方的探索》[1]论述了公元1至2世纪罗马帝国与印度、中国的海上交往；宋建良的《古罗马的海上贸易丝绸之路》[2]以及郝鹭捷的《罗马帝国时期印度洋的海上贸易》[3]从海路的角度出发，对罗马帝国和印度次大陆的海上贸易联系及发展状况做了简单的介绍与论述；袁德宗的《古罗马帝国前期商业发展述略》[4]对罗马帝国早期的商业发展略有论述；等等。这些都为我们了解这一时期罗马与印度之间的商贸关系提供了重要的思路与借鉴。

## 二、早期罗马帝国与印度次大陆开展贸易的条件

虽然在罗马帝国成立之前，地中海东部的一些国家和地区已经同印度有了直接或间接的商贸往来，但这样的贸易规模仅限于很小的范围内，罗马与印度的商贸接触既不广泛也不频繁。到罗马帝国早期，政治的相对稳定以及经济的快速发展，为罗马向印度的商贸扩展提供了有利条件，加之罗马统治者的大力支持和航海技术的提高，罗马和印度的贸易得以真正发展起来，尤其是海上贸易路线的发展更是开启了罗马和印度商贸发展的新纪元。

### （一）稳定的国内环境

#### 1.政治相对稳定

罗马帝国的建立基本结束了自共和国时期以来频繁的对外征服与战

---

[1] 张绪山：《罗马帝国沿海路向东方的探索》，《史学月刊》2001年第1期。

[2] 宋建良：《古罗马的海上贸易丝绸之路》，《陕西教育学院学报》2006年第3期。

[3] 郝鹭捷：《罗马帝国时期印度洋的海上贸易》，《航史天地》2013年第8期。

[4] 袁德宗：《古罗马帝国前期商业发展述略》，《赤峰教育学院学报》2003年第1期。

争，同时也标志着"罗马和平"时代的到来。早在罗马共和国时期，来自印度、阿拉伯半岛的产品就源源不断地到达了地中海，深受罗马上层人士的喜爱，不过这一时期频繁的战争限制了国家财富的增长，也阻碍了罗马贸易扩展的步伐。[1]自公元前31年开始，罗马帝国进入"和平时期"。奥古斯都上台后实行了一系列政治经济措施，使得各行省的经济得到了迅速的恢复与发展。在政治方面，他调整国家机器，实行元首制，明确帝国行省边界，改革行省治理的弊端，加强对行省总督的管控；在经济方面，他规范国家的财政税收，减免了行省人民的负担，同时改革币制，铸造优良的货币从而促进了货币的流通以及贸易的发展；在军事方面，他在确保帝国边界安全的基础上努力扩大帝国的版图，在他统治时期，除了干旱的阿拉伯半岛没有征服外，罗马帝国的边界已经向东扩展到幼发拉底河以及叙利亚和巴勒斯坦一带。尤其是伴随着对埃及和叙利亚地区的兼并和征服，罗马从地中海东部地区获得了巨大的财富，不仅极大地促进了行省内部贸易的发展，同时也获得了与阿拉伯、印度等东方国家和地区直接商贸的机会。斯特拉波提到，与托勒密王朝时期的贸易相比，仅仅在罗马吞并埃及后的几年时间里，从埃及开往印度船只的数量就大大地增加了。[2]在奥古斯都时期甚至有来自印度及东南亚国家的使节拜访，他们的主要目的是期

---

[1]　J.Thorley, *The Development of Trade to The End of the Second Century A.D.Between the Eastern Provinces of the Roman Empire and the Countries Lying Further East*, Durham: Durham University, 1965, P3.

[2]　Gary K.Young, *The Long-Distance "International" Trade in the Roman East and Its Political Effects 31B.C.—A.D.305*, Tasmania:University of Tasmania, 1998, P107.

望与罗马建立贸易联系。[1]

在弗拉维王朝及安敦尼王朝时期，罗马帝国继续繁荣稳定地发展。尤其是到图拉真时期，罗马帝国的版图达到最大，地中海成为帝国的内海。政治的相对稳定与经济的繁荣发展在一定程度上刺激了罗马人对东方奢侈品的需求。这一时期，罗马与印度之间的商贸规模臻于极盛。

2.经济繁荣发展

（1）农业的发展

与共和国时期相比，罗马帝国的农业生产得到进一步发展，其主要表现在农业种植面积大大增加了。在帝国早期，意大利本土的农业因各种原因开始趋于衰落，但各行省的农业生产却发展迅速。农业从森林、沼地和沙漠中得到了新的生产地。[2]帝国建立后，农业水利工程的建设以及谷物栽培技术的提高更是大大拓宽了农业的开垦面积，使得农业产量得到了极大的提高。有资料显示，在帝国初期，西班牙、高卢、小亚细亚以及北非地区的农业产量有了大幅度的增加，尤其是葡萄和橄榄树等经济作物的种植面积迅速地扩大。帝国初期耕作方法有所改进，"人们注意到了不同的情况，随着土壤的性质、气候与给水的不同，各地栽种了谷物、葡萄、橄榄和果木"[3]。"在帝国各地出现了诸多的农作物生产中心：如埃及、西西里、撒丁岛、北非，是帝国的主要粮食生产中心；高卢、西班牙、希

---

[1]　Strabo, *The Geography of Strabo*,15.1.73.
[2]　杜丹：《古代世界经济生活》，志扬译，商务印书馆1963年版，第255页。
[3]　杜丹：《古代世界经济生活》，志扬译，商务印书馆1963年版，第256—260页。

腊群岛、小亚细亚、巴勒斯坦是帝国的葡萄种植中心；西班牙、达尔马提亚、北非、小亚细亚、叙利亚是帝国的橄榄种植中心"[1]。帝国初期，埃及不仅是重要的军事战略要地，也是著名的"粮仓"。奥古斯都时期，埃及每年向罗马提供万吨的小麦，占罗马居民粮食年需求量的三分之一。普林尼说："如果没有埃及的粮食，我们不可能填饱肚子。"[2]总之，农业生产的进步不仅满足了帝国更多的人口需求，同时也为罗马帝国工商业的发展提供了有利的物质条件。

（2）工业的发展

伴随着农业生产的发展，各行省的工业生产也蓬勃发展起来。早在罗马共和末期就已发展起来的食品工业、纺织工业、金属工业、陶瓷工业、采石业及建筑等工业在罗马帝国早期继续繁荣地发展。帝国早期，在西方行省经济生活中占重要地位的工业有建筑业、家具制造业、金属工业、制陶业、纺织工业和奢侈品制造业。其中值得一提的是金属工业和制陶业。西部行省的金属工业之所以发达，主要源于其丰富的矿产资源。帝国西部矿产资源丰富，罗马帝国所需一半以上的金银矿产都依赖于西部行省的开采。尤其是西班牙、高卢、不列颠以及沿多瑙河、莱茵河一带的矿产不仅成为帝国银、铅、锡的主要来源，而且部分金属还出口到帝国之外的地区，包括印度。考古学家在印度发现的罗马金银币所用的大部分金属

---

[1]　梅雪妍：《罗马帝国时期的旅行与旅游活动研究》，山西师范大学硕士学位论文，2018年，第10页。

[2]　让-诺埃尔·罗伯特：《从罗马到中国——恺撒大帝时代的丝绸之路》，马军、宋敏生译，广西师范大学出版社2005年版，第200页。

材质就来源于帝国的西部矿产。制陶业也和金属工业一样，在西部行省的工业生产中占有重要地位。帝国初期，制陶业的中心主要是在意大利和高卢。[1]这些地区生产出来的精美陶器除了供国内消费以外，还远销印度、阿拉伯等地区。如考古学家在印度就发现了很多来自意大利半岛的陶器及碎片。[2]

在帝国的东部，埃及、叙利亚和小亚细亚的工业得以继续繁荣地发展，其中尤以玻璃制造业和棉纺织业最为发达。奥古斯都时期，埃及和叙利亚的玻璃制造业有了快速的发展，这主要是因为玻璃吹制技术的发明，用这种方法制造出来的高质量的玻璃很快畅销整个罗马帝国，甚至远销印度、阿拉伯等地区。此外，叙利亚、小亚细亚以及埃及的棉纺织业都很发达。在叙利亚，推罗和西顿很早就建立了自己的纺织工业。[3]在埃及，纺织业与玻璃制造业一样繁荣，亚历山大港有专门的纺织工厂与漂染工人，他们将从东方获得的原材料经过加工又重新出口到世界各地，包括印度与中国。罗马帝国早期，帝国内部手工业的繁荣促进了工厂数量的增加，在坎帕尼亚、罗马、北意大利，同时在西班牙、高卢及莱茵河沿岸，甚至在遥远的大不列颠都遍布工厂，帝国的工业有普遍复苏的迹象。"工业制造品从罗马帝国的一端到另一端川流不息地流通着；随着消费的愈益普及，

---

[1]　在公元1世纪意大利阿瑞蒂姆城市生产的红釉陶器闻名地中海，到公元2至3世纪时期，高卢行省的制陶业有了惊人的发展。

[2]　Vimala Begley, Richard Daniel, De Puma,eds., *Rome and India: The Ancient Sea Trade*, Wisconsin: The University of Wisconsin Press, 1991, P134—157.

[3]　M. P. Charlesworth, *Trade-Routes and Commerce of the Roman Empire*, London: Cambridge University Press, 1924, P29.

销路和市场的增多，生产也愈加增加了"[1]。工业的繁荣发展不仅满足了帝国内部人们的需求，同时很多工业产品以及金属原料销往世界各地，出口到遥远的印度以及远东地区。

（3）商业的繁荣

政治的相对稳定和工业的蓬勃发展为罗马帝国的商业贸易提供了良好的发展条件。罗马帝国对内贸易的商品种类纷繁多样。"食物包括西西里岛、非洲和埃及的谷物；西班牙和非洲的油；高卢、达尔马西亚、小亚细亚和叙利亚的酒；西班牙、黑海、博斯普鲁斯与埃及的腌制品；高卢和不列颠的猪肉；运往帝国各地的大批原料，是埃及和非洲的亚麻；小亚细亚和非洲的羊毛；西班牙、高卢和不列颠的皮革；希腊、小亚细亚和非洲的大理石；西班牙、不列颠、伊利里卡姆、塞浦路斯岛和小亚细亚东部的金属以及来自非洲和叙利亚的木材"[2]等，这些产品在地中海范围内得以有序地流动和交换。在行省之外，地中海东部地区很早就与东方国家建立了贸易往来。早在罗马共和国后期，来自印度、阿拉伯等东方国家和地区的产品就已经到达了罗马。帝国初期，社会的和平稳定进一步刺激了人们对东方奢侈品的寻求。"在喜欢奢侈品的罗马人特别青睐的所有商品中，印度产品最受欢迎。罗马对亚洲奢侈品的要求达到空前规模"[3]。"罗马及其附近主要城市大部分的居民，都不以日常生活的必需品为满足，奢侈品

---

[1] 杜丹：《古代世界经济生活》，志扬译，商务印书馆1963年版，第272页。

[2] 杜丹：《古代世界经济生活》，志扬译，商务印书馆1963年版，第293页。

[3] D.P.辛加尔：《印度与世界文明》（上卷），庄万友等译，商务印书馆2015年版，第97页。

已经变成了他们的必需品；对于远方物品的嗜好又极其普遍，不仅在元老院和骑士阶级中如此，甚至在靠商业或银行业发财的被解放的人中也是如此。所以，各地的各种贵贱不同的货物，就都涌到罗马和意大利的各港口来了"[1]。罗马成为了帝国最重要的消费市场以及贸易中心。

### （二）航海技术的提高

1.季风的发现和利用

（1）季风的发现

在罗马商人发现印度洋季风[2]之前，掌握季风规律的是印度人和阿拉伯人，他们成为罗马和印度海上贸易的中介者。在罗马帝国建立之前，虽然罗马和印度已经有了一定的商业贸易往来，但是这样的商业接触基本上是间接的，且规模很小。又因为海上风险率极高，同时容易受到海盗的威胁，使得商人在海上运输的成本大大增加，因此很少有罗马商人前往印度进行贸易；同样也很少有印度商船可以越过红海和埃及商人进行贸易，因而在很大程度上，罗马和印度之间的商业贸易是通过贸易中间人进行的，尤其是阿拉伯人。[3]阿拉伯人由于掌握了某些东方商品的货源，导致来自印度及东方国家和地区的产品在罗马帝国的售价很高，然而印度洋季风的

---

[1] 杜丹：《古代世界经济生活》，志扬译，商务印书馆1963年版，第292页。

[2] "印度洋季风"是指阿拉伯海和印度洋西海岸每年冬天盛行的东北季风和夏天盛行的西南季风。其中西南季风潮湿猛烈，常与狂风暴雨相伴；东北季风柔和干燥，常与晴朗天气相随。（参见陈思伟：《埃及与印度次大陆的海上贸易及其在罗马帝国经济中的地位》，《历史研究》2018年第1期，第115页。）

[3] M. P. Charlesworth, *Trade-Routes and Commerce of the Roman Empire*, London:Cambridge University Press, 1924,P59.

发现最终打破了阿拉伯商人在贸易中的垄断地位。

关于季风的发现有几种不同的说法。斯特拉波是第一位明确提到印度洋季风的地理学家。他提到在埃文特二世统治时期，希腊人欧多克索斯在一名印度水手的带领下利用季风航行到了印度，自此人们发现了从埃及到印度的最快航程；而《厄立特里亚航海记》记载印度洋季风是由一个叫"Hippolas"（希巴洛斯）的人发现的，他本人曾借助西南季风先后从非洲和阿拉伯沿岸航行到了印度河流域、印度西北部的巴里加扎港以及印度的马拉巴尔海岸，后人为了纪念这一重大发现，便用他的名字来命名西南季风。[1]古代作家普林尼提到，印度洋季风可能不是完全由希巴洛斯一个人发现的，而是先前航海家以及商人们长期探索的结果。他提到了在最开始的时候，人们只能沿阿拉伯海岸航行，而且航行的船只狭小；在公元前100年左右，季风的发现使得船舶可以顺利地从阿拉伯半岛的西亚格罗角一直航行到印度北部的巴巴里贡港；到罗马帝国时期，商人可以从阿拉伯半岛的南部或者索马里地区直接借助"Hippolas"季风横渡印度洋到达马拉巴尔海岸的穆泽里斯港，而这是普林尼提到的从阿拉伯的欧克利斯港到印度最快最直接的航程。[2]

虽然古代作家对印度洋季风的发现各执一词，我们也无法考证印度洋季风发现的具体时间，但可以肯定的是到公元1世纪时期，罗马人已经发

---

[1]  Lionel Casson, *The Periplus Maris Erythraei:Text with Introduction, Translation, and Commentary*, Princeton: Princeton University Press, 1989, P12.

[2]  E.H.Warmington, *The Commerce Between the Roman Empire and India*, New Delhi:Central Archaeological Library, 1974, P45—48.

现了在季风作用下横渡印度洋到达马拉巴尔海岸的最短航程。印度洋季风的发现开启了罗马和印度商贸发展的新纪元。现在来自埃及港口的商人已经发现了印度洋季风的秘密，他们开始直接航行到印度。同样对于印度商人来说，他们到达亚历山大港的次数也比以往更加频繁。

（2）季风规律提供航行便利

海上的季节性风暴以及强盗有可能掠夺商人和旅客的生命与财物。但是印度洋季风的发现减少了商人海上贸易的风险。[1]从意大利半岛到印度的海上路程要经过地中海、红海以及西印度洋地区，在这些海域盛行的季风是不同的，而且就风力来说，夏季的季风与冬季季风也有很大差别。因此，如果一名商人计划航海到印度，那么他绝不会盲目出海，而是会挑选合适的时间与路线，以便在最安全的情况下出行。

在罗马帝国时期，意大利半岛最常用的对外贸易港口是普泰俄利港与奥斯提亚港。奥斯提亚港由于有淤泥堵塞，可能会导致船只搁浅，而普泰俄利港由于邻近物产丰富的坎帕尼亚地区而受到商人的喜爱。在普泰俄利港、叙利亚及亚历山大港之间的商业贸易是比较活跃且稳固的，亚历山大港是埃及进出口贸易的主要港口，而普特利是意大利半岛到各行省的货物转运中心。由于文献资料的缺乏，我们无法精确地估算出商人从普泰俄利港航行到亚历山大港所用的时间，再加上季风的风向、天气的状况以及战争的影响都会导致商人选择不同的路线，因此对商人来说航行所花费的时

---

[1] Steven E.Sidebotham, *"Ports of the Red Sea and the Arabia-India Trade"*, in *Vimala Begley and Richard Daniel De Puma,eds., Rome and India:The Ancient Sea Trade*, Wisconsin: University of Wisconsin Press, 1991, P23.

间也会大不相同。不过根据其他资料记载，在夏季商人从罗马到埃及需要27天的时间，在冬季多达67天，春季到达埃及也要超过52天的时间。[1]普林尼说："从亚历山大港经过24天的航行可以到达贝雷尼塞港，然后在夏季中期的时候，游客可以从贝雷尼塞港出发。"[2]这就意味着一名想要从罗马航行到印度的游客，可以在5月份的时候从普泰俄利港直接航行到亚历山大港，如果船只日夜兼程的话，约用20天的时间就可到达埃及。

据《厄立特里亚航海记》记载，船只离开埃及出发到印度的时间是在7月。[3]就风向风力而言，6月份离开红海港口的情况可能和7月份一样好。但除了风向风力，还要考虑其他因素。首先，从埃及到印度的直接航行大约需要花费两个月的时间。如果一艘船从6月份出发，那么在8月的时候它就可以抵达印度的西海岸。而这时候由于印度西海岸的航行条件非常恶劣，不适合商人沿岸航行，这一点在西南部海岸尤其是普林尼提到的"40天"航程的终点——穆兹里斯港尤为明显。由于印度西海岸的东北季风直到11月底才开始，所以当9月份罗马商人和水手到达印度后，他们大约有两个月的时间来完成他们的贸易业务和维护他们的船只，然后再开始回程。[4]因此，往来于罗马、埃及和印度之间的船长们并不鲁莽出海，他们

[1]　E.H.Warmington, *The Commerce Between the Roman Empire and India*, New Delhi:Central Archaeological Library, 1974, P50.

[2]　E.H.Warmington, *The Commerce Between the Roman Empire and India*, New Delhi:Central Archaeological Library, 1974, P50.

[3]　Lionel Casson, *The Periplus Maris Erythraei:Text with Introduction, Translation ,and Commentary*, Princeton: Princeton University Press, 1989, P15.

[4]　Gary K.Yong, *Rome's Eastern Trade: International Commerce and Imperial Policy 31B.C—A.D.305*, London: Routledge, 2001, P25.

将出发时间推迟到7月，从而避开了同时期在印度西海岸盛行的西南季风。

从埃及的亚历山大港到阿拉伯半岛南岸的欧克利斯港，大约有1200公里，需要航行30天。船只离开红海进入亚丁湾是在8月，这个时候商人可以利用在亚丁湾盛行的西南季风穿越印度洋直接航行到印度西海岸的各个港口。在到达印度的旅途中，有些商船会选择在阿拉伯南部港口停留，有些最远航行到了东非的瓜达富尹角。商人可以在这些地区停留几周的时间，然后用帝国货物来交换当地的产品，其中有些产品将运往印度市场上出售。普林尼给我们提供了有关这趟航程的一些航海数据，列表如下：

红海港口路程[1]

| 起点 | 终点 | 需要天数 |
|------|------|----------|
| 普泰俄利港、奥斯提亚港 | 亚历山大港（平均风速） | 20天 |
| 亚历山大港 | 科普托斯港（沿尼罗河顺风而行） | 12天 |
| 科普托斯港 | 贝雷尼塞港（使用骆驼） | 12天 |
|  | 米奥斯·荷尔莫斯港（使用骆驼） | 7天 |
| 贝雷尼塞港 | 欧克利斯港、卡纳港（有停留） | 30天 |
| 欧克利斯港 | 穆泽里斯港（有停留） | 40天 |

按普林尼的测算，从意大利半岛前往印度至少需要半年的时间，相比较船只在地中海航行的速度来说，其在红海与印度洋航行的速度会更慢，这不仅取决于港口的深浅与船只的载货量，同时也与季风风力有关。

"据《厄立特里亚航海记》记载，在12月或者次年的1月，商人从穆

---

[1]　资料来源：Lionel Casson. *Rome's Trade with the East: The Sea Voyage to Africa and India*. American Philological Association. 1980.vol.110, P24.

泽里斯港出发，经过贝雷尼塞港和科普托斯港，历经三个多月的时间就可以到达埃及的亚历山大港"[1]。普林尼也说到了"从印度返航的船只在12月或第二年的1月初利用东北季风，最迟在3月或4月的时候就可以抵达埃及"[2]。从印度返程的商人在东北季风的作用下可以顺利地抵达亚丁湾海域，此时亚丁湾盛行东北风，而红海盛行南风，商人可以利用季风平安地返回埃及。到达埃及后，船只并不能马上返回罗马。尽管这一时期已经有船只在地中海航行了，但是来往于亚历山大港与罗马之间的谷物船直到5月份才开始航行。如果一个商人或旅客不能乘其他船只直接航行到罗马的话，那么他最好的选择就是在亚历山大港停留一个月，直到可以搭乘5月份从这里出发前往罗马的谷物船只；或者如作家卢西安所说，他也可以沿叙利亚和小亚细亚的海岸线缓慢航行至克里特岛，然后绕马里阿角（伯罗奔尼撒半岛东南部的一个海角）航行，这样就可以在70天之内到达罗马。但是这样的航线要比直接航行多花费6个星期的时间。由上所述，普林尼的记述应该是相对可靠的，即他认为在天气良好的状况下，商人往返印度大约需要一年的时间。[3]

2.造船技术的提高

由于从埃及红海沿岸港口到印度次大陆的海上航行耗时费力，加之船

---

[1]　Pliny, *Natural History*, 6.26.

[2]　E.H.Warmington, *The Commerce Between the Roman Empire and India*, New Delhi:Central Archaeological Library, 1974, P9.

[3]　M.P.Charlesworth, *Trade-Routes and Commerce of the Roman Empire*, London: Cambridge University Press, 1924, P60.

只规模小、载重量少，运输货品的成本奇高，而且也难以抵御强烈的海上季风风暴。"因此，即便阿拉伯人和印度人很早就发现了印度洋季风的规律，但因受限于船舶的制造技术，仍无法大规模开展跨越阿拉伯海的远洋直航贸易"[1]。罗马帝国时期，印度洋季风的发现推动了罗马与印度之间的海上贸易，繁荣的商业贸易刺激了人们对东方奢侈品的需求，为此商人不得不提高造船技术，建造适合于远洋航行的大型商船。

（1）船只结构的优化

"在希腊罗马人之前，地中海以及红海沿岸各民族主要使用'缝接式'船只（由椰子壳、竹片或任何可用的纤维制成的线将船板相互缝接在一起）"[2]，后来随着希腊罗马人在红海沿岸活动的频繁以及对印度远航贸易的需求，希腊罗马人使用了一种独特的船只构造方法，即"榫接法"[3]。所谓"榫接法"指的是利用成千上万紧密固定的榫头卯眼，将船板紧密地镶嵌连接在一起，最后再用铁钉加以固定。有关这一时期贸易船只的考古证据很少，然而考古学家在米奥斯·荷尔莫斯港和贝雷尼塞港的考古发现证实了古希腊罗马人的造船方法。在米奥斯·荷尔莫斯港，考古学家发现了带有闩孔的横梁木头、铁钉、沥青以及一些带有榫头和卯眼结构的板材，尤其是这些板材的发现，直接证实了罗马人造船的独特方

---

[1] 陈思伟：《埃及与印度次大陆的海上贸易及其在罗马帝国经济中的地位》，《历史研究》2018年第1期，第116页。

[2] 陈思伟：《埃及与印度次大陆的海上贸易及其在罗马帝国经济中的地位》，《历史研究》2018年第1期，第115页。

[3] Lionel Casson, *Ships and Seamanship in the Ancient World*, Princeton:Princeton University Press,1971, P208.

法。[1]用榫接法建造出来的船壳会非常坚固，而且也便于应对在远洋航行中所遭遇的恶劣天气状况。此外，根据考古发现，在罗马船身内部有一层专门的铅皮保护膜，其好处在于防止海洋生物的侵噬，保护船壳。[2] 为了能更好地顺风航行，罗马人在商船主帆上也做了独特的设计。商船主帆是方形帆，船尾与船首可能还各有一帆。按照公元3世纪作家菲洛的说法，这些参与东方远洋贸易的商船桅杆很高，大型方帆的优势在于可以使这些船只在红海获得更多的风力与驱动力，并使他们在印度洋上航行的速度加快。[3]

（2）船只规模的扩大

根据古代文献资料显示，罗马帝国时期在印度洋贸易中使用的船只规模还是比较大的。在菲洛的作品里提到了一名印度人对罗马商船的印象，他说道："埃及人利用他们的大型商船来印度交换东方的产品，这些船只的规模很大，甚至可以抵得上几条船只的大小。"[4]菲洛本人也说这些在印度洋上航行的罗马商船的船体很高，甲板很大，上面有更多的空间和舱室。考虑到远洋航行的人员组成复杂，包括了领航员、舵手、船主（来自不同地区的商业代理人）、乘客，甚至还有保护船只的弓箭手和卫队，因

---

[1] Lucy Blue, *"Boats, Routes and Sailing Conditions of Indo-Roman Trade"*, in Michael Willis,eds., *Migration, Trade and Peoples*, London:The British Academy, P9.

[2] Raoul Mclaughlin, *Rome and the Distant East:Trade Routes to the Ancient Lands of Arabia, India and China*, New York: Continuum, 2010, P37.

[3] 转引自Raoul Mclaughlin, *Rome and the Distant East:Trade Routes to the Ancient Lands of Arabia, India and China*, New York: Continuum, 2010, P36—39。

[4] Raoul Mclaughlin, *Rome and the Distant East:Trade Routes to the Ancient Lands of Arabia, India and China*, New York: Continuum, 2010, P38.

此，船只的规模是可想而知的。当然，由于现在考古证据的局限，我们无法得知罗马帝国时期有关商船规模的具体数据，但是根据考古学家在红海港口发现的沉船碎片以及船体构件来看，我们对这一时期罗马大型商船的尺寸与吨位可以有大致的了解。"在贝雷尼塞港部分码头的发掘证实，该码头泊位之间的间距很大，船只很容易停靠。这些泊位最长能够容纳193米长的船只，它们的载货量可能都超过了350吨，一些更大的船只可能是这个尺寸的两倍，载货量达到了500吨左右"[1]。

根据水下考古发现的沉船残骸来看，从公元前3世纪开始，适用于远洋航行的大型货船的平均载重量已达到130吨左右，虽然也有350—500吨的大型商船，但比较少见。[2]罗马帝国时期可能出现了载重量上千吨的船只，这类船只是在亚历山大港外作业的巨型商船，需要在开阔水域航行数周或者数月才能到达地中海西部港口。其中为我们所知的是一种叫"伊西斯"的巨型船只，这是公元2世纪时期往来于亚历山大港与罗马之间的谷物运输船之一。伊西斯是埃及女神。公元2世纪作家卢西安说道："这种船有290米长、72米宽、71米高，能乘下一支小的军队。"[3]有学者按照卢西安所描述的船只尺寸和比例，通过和近代船只类比分析，得出结论：这类谷物运输船只的载重量约在1228吨左右，虽然数字可能过于具体，但不

---

[1] Raoul Mclaughlin, *The Roman Empire and the Indian Ocean*, Great Britain: Pen& Sword Military, 2014, P95.

[2] Lionel Casson, *Ships and Seamanship in the Ancient World*, Princeton:Princeton University Press, 1971, P170—172、P183—190.

[3] Lionel Casson, *Ships and Seamanship in the Ancient World*, Princeton:Princeton University Press, 1971, P186.

难想见的是这一时期的大型商船载重量也在千吨左右。[1]事实上，派往印度马拉巴尔海岸进行贸易的西方船只都是大体积的货船，主要是为了运输大量的胡椒与肉桂。在泰米尔诗歌中提到了这些派往穆泽里斯港的西方船只："它们又大又好，能乘风破浪。"[2]

（3）造船材料及配饰

一般来说，古代地中海地区造船木材首选杉木、雪松，然而根据考古学家的发现，有些罗马商船所用木材是从印度进口的。考古学家对比在米奥斯·荷尔莫斯港发现的索具配件以及在贝雷尼塞港发现的带有榫卯结构的木板，得知罗马商船所用的木材除了少数来自东非以外，部分是用印度柚木制成的。[3]柚木由于其质地坚硬、耐风化，因而成为上好的造船材料。这种木材原产于南亚，根据《厄立特里亚航海记》记载，印度船只向波斯湾港口提供了各种各样的造船材料，包括柚木和铜，[4]而埃及由于本身缺乏建造大型商船的木材，因此其造船所用木材很有可能是由印度供应的。除了造船木材来自印度外，做船帆的棉布可能也来自印度。[5]一般

[1] Lionel Casson, *Ships and Seamanship in the Ancient World*, Princeton:Princeton University Press, 1971, P188.

[2] J.Thorley, *The Development of Trade to The End of the Second Century A.D.Between the Eastern Provinces of the Roman Empire and the Countries Lying Further East*, Durham: Durham University, 1965, P28.

[3] Lucy Blue, "*Boats,Routes and Sailing Conditions of Indo-Roman Trade*", *Michael Willis,eds., Migration, Trade and Peoples*, London:The British Academy, P9.

[4] Raoul Mclaughlin, *The Roman Empire and the Indian Ocean*, Great Britain: Pen& Sword Military, 2014, P96.

[5] Roberta Tomber, *Indo-Roman Trade: From Pots to Pepper*, London: Duckworth, 2008, P73.

来说，在地中海航行的船只船帆是用亚麻制作的，而根据贝雷尼塞港和米奥斯·荷尔莫斯港的考古发现，这类船帆是用棉布制成的，并且在编织方法上与埃及以及帝国其他地区传统的编织工艺有所不同，[1]结合《厄立特里亚航海记》记载，在这一时期从印度巴里加扎港出口到西方的产品中包括大量的棉花以及棉布等物品，因此罗马埃及造船商除了进口印度的木材外，可能在帆布制作上也使用了印度棉。这些从印度输送过来的原材料可能最终为埃及造船厂所用。

在地中海航行的很多大型商船都配有装饰，并有象征性的保护神。有些船只的船尾柱上雕刻着鹅颈图案，这是埃及伊西斯女神的象征，是水手们的保护神。罗马人似乎也遵循这一传统。罗马作家卢西安说："看那高耸的鹅颈船尾，它是逐渐弯曲的，它那镀金的喙，与船头相对称，船头两边都有伊西斯女神的雕像。"泰米尔人史诗中也提到了亚瓦那人船只上的雕像，诗中描绘道："亚瓦那人船上的天鹅灯，照亮了前行的罗马船只。"[2]另外，有些商船的船帆上绘有与希腊罗马神话有关的图案。在"穆泽里斯纸草"文献中记载了一艘在公元2世纪中期前往印度南部泰米尔人地区航行的船只，称为"Hermapollon"[3]。在希腊神话中，

---

[1] Lucy Blue, *"Boats, Routes and Sailing Conditions of Indo-Roman Trade"*, in *Michael Willis,eds., Migration, Trade and Peoples*, London:The British Academy, P9.

[2] 亚瓦那人实际上是古代印度文献对亚历山大东征之后移居到印度的希腊人的统称，参见杨巨平：《希腊化还是印度化——"Yavana"考》，《历史研究》2011年第六期；Raoul Mclaughlin,*Rome and the Distant East:Trade Routes to the Ancient Lands of Arabia, India and China*, New York: Continuum, 2010, P38.

[3] Raoul Mclaughlin, *Rome and the Distant East:Trade Routes to the Ancient Lands of Arabia, India and China*, New York: Continuum, 2010, P38.

"Hermes"（赫耳墨斯）是一位奔跑速度极快的信使神，因此说明了前往印度进行贸易的商人期望能在赫耳墨斯神的保佑下安全地到达印度。在古代远洋航行是比较危险的，海上的季节性风暴以及海盗有可能掠夺商人和旅客的生命和财物。因此，人们寄希望于不同的神祇，以期得到神的佑护。

### （三）罗马统治者的支持

在希腊化时代的托勒密王朝，虽然当时已与红海、阿拉伯海及印度洋地区有贸易，但它终归只是一个区域性的政权，加之基础设施不完善，令其贸易规模受限。然而，罗马征服托勒密埃及后，统治者的大力支持，加之完善的基础设施，为希腊、罗马、埃及商人到遥远的印度进行更具冒险精神的航行与商贸提供了便利。在奥古斯都统治结束时，一些冒险的罗马商人甚至已经到达了印度的恒河地区，而这里以前被希腊人认为是已知世界的边缘。可见，罗马帝国早期与印度商贸规模的扩大和帝国统治者的重视与支持密切相关。

1.尼罗河—红海之间水陆交通基础设施的建设

在罗马征服埃及之前，托勒密王朝的统治者就已在埃及红海沿岸建立港口，积极开展和印度、阿拉伯等地区的贸易。[1]托勒密时期，欧多克索斯的海洋探索证明了从埃及到印度有一条可行的海上航线，但在托勒密王朝统治下，每年只有为数不多的船只航行到印度并带回印度商

---

[1] D.P.辛加尔：《印度与世界文明》（上卷），庄万友等译，商务印书馆2015年版，第75页。

品。[1]帝国建立后，罗马和印度之间的商业贸易取得了很大进展。为使商人免受盗匪和沙漠游牧民族的侵扰，奥古斯都在沙漠沿线建立了新的军事要塞，称为"Phrouroi"，并设有罗马驻军，他们会定期地进行军事巡逻以保护和监视过往车辆。此外还建有一系列水井或驿站，叫"Hydreumata"[2]，为沙漠中过路的商人提供便利。[3]"Hydreumata"建立在从科普托斯港到米奥斯·荷尔莫斯港和贝雷尼塞港的沙漠路线附近。这是一种类似军事堡垒性质的建筑，四面建有高高的堡墙和望楼，里面配有水井，并且在堡墙和望楼上有军队驻守和巡逻以保护商旅免受盗匪劫掠。一般来说，在沙漠路线中可能建有多个"Hydreumata"，每两个之间的路程只用一天的时间就可以到达。过路商队白天行进，当夜幕降临时，他们可以到这里寻求保护和食宿。另外，根据考古发现，在从科普托斯港到贝雷尼塞港的路线中设置有多个瞭望塔。它们多建于高地，用来保证道路安全，可能也作为信号塔使用。当士兵发现不安全的情况时，会向山下的"Hydreumata"发出信号，提醒商人可能会遇到危险，或者通过发送信号来召集军队，以保护过路商旅以及贸易物品的安全。"在以前的时代，骆驼商人像水手一样，以星星为向导在夜间航行，他们在旅行时自带饮用水，但是现在罗马人建造了'Hydreumata'，

---

[1]　Raoul Mclaughlin, *The Roman Empire and the Indian Ocean*, Great Britain: Pen& Sword Military, 2014, P77.

[2]　Gary K.Yong, *Rome's Eastern Trade:International Commerce and Imperial Policy 31B.C—A.D.305*, London: Routledge, 2001, P69.

[3]　Raoul Mclaughlin, *The Roman Empire and the Indian Ocean*, Great Britain: Pen& Sword Military, 2014, P81.

这为商人带来了极大的便利"[1]。毫无疑问，这些保护措施大大提高了那些在沙漠中往来的商人们的信心。结果与托勒密王朝时期的贸易相比，仅仅在罗马吞并埃及后的几年时间里，从埃及开往印度船只的数量就大大地增加了，[2]埃及的亚历山大港也成为东西方之间商业贸易的重要大商港。

图拉真时期，他命人在原有航道的基础上于尼罗河和红海之间修建了一条新的运河，运河起点在巴比伦（接近于现在的开罗），终点在新建的克莱斯玛港，后人把这条运河称为"图拉真运河"[3]。据说这条运河有241米宽，能容纳最大的商船。哈德良在位时期，他又在尼罗河与红海之间修建了一条新的道路，后人称为"哈德良大道"[4]，其主要目的是为了缩短尼罗河与红海之间的距离，以促进贸易的发展。在罗马帝国早期，由于基础设施完善，尼罗河—红海之间的沙漠道路成为商人的首选路线。

2.提供军事保护

罗马人为了保护贸易，一方面积极地改善现有的交通设施，力图使交通干线变得更为通畅和安全，同时为使商人免受海盗的威胁，罗马统治者对红海以及地中海地区的海盗还组织了军事征剿。奥古斯都上台后对贸易

---

[1] Raoul Mclaughlin, *Rome and the Distant East:Trade Routes to the Ancient Lands of Arabia, India and China*, New York: Continuum, 2010, P28.

[2] Gary K.Young, *The Long-Distance "International" Trade in the Roman East and Its Political Effects 31B.C.—A.D.305*, Tasmania :University of Tasmania,1998, P107.

[3] 这条运河在不同时期的路线略有不同，参见Raoul Mclaughlin, *Rome and the Distant East:Trade Routes to the Ancient Lands of Arabia, India and China*, New York: Continuum,2010, P20。

[4] Gary K.Yong, *Rome's Eastern Trade: International Commerce and Imperial Policy 31B.C—A.D.305*, London: Routledge, 2001, P69.

最直接的影响莫过于其镇压海盗的行动，这一行动使罗马和印度之间的商业贸易得以平稳发展："因为现在的交通路线变得更安全了，而商人在运输过程中所承担的风险也大大地降低了。"[1]很难说奥古斯都实行的这些措施主要是由于商业利益，但是毫无疑问的是，奥古斯都非常清楚地意识到了埃及与印度之间商贸的重要性，因此他在埃及的商业贸易方面做了很多保护性措施，如派加鲁斯远征阿拉伯半岛，试图对红海沿岸地区的埃塞俄比亚人进行严格的控制。[2]

（1）对海路的用兵和保护

在罗马参与到地中海贸易之前，居住在阿拉伯半岛南部的塞巴-希木叶尔人在印度和地中海世界之间充当着贸易中间商的角色。[3]他们与波斯湾、印度有着繁荣的商业贸易，其对外贸易的主要港口是"Arabia Eudaemon"（现在的亚丁），它是希腊化时期位于阿拉伯南部海岸的一个繁荣的大商港，也是罗马商人和印度商人贸易接触的重要市场。在这里汇聚着来自不同国家和地区的商人，有希腊人、阿拉伯人和印度人等。在奥古斯都时期，控制该地区的塞巴-希木叶尔人构成了罗马和印度海上贸易的直接阻碍，为了消除这一障碍，同时也为了获得南阿拉伯半岛的财富，

---

[1]　E.H.Warmington, *The Commerce Between the Roman Empire and India*, New Delhi:Central Archaeological Library, 1974, P25.

[2]　Strabo, *The Geography of Strabo*, 16.4.22.

[3]　Raoul Mclaughlin,*The Roman Empire and the Indian Ocean*, Great Britain: Pen& Sword Military, 2014, P138.

奥古斯都决定用武力对付他们。[1]于是在公元前25年，奥古斯都派盖乌斯·埃利乌斯·加鲁斯远征阿拉伯半岛，加鲁斯从红海北部的阿尔西诺港出发经琉克科美港（阿拉伯半岛的西海岸）最终到达塞巴人的领地。尽管在战争期间罗马人受到了纳巴泰人和犹太人的帮助，但最后仍以失败而告终，加鲁斯不得已沿着尼罗河与红海之间的沙漠道路返回了亚历山大港。虽然远征阿拉伯半岛的计划失败，但是可能从这一时期开始，罗马人在琉克科美港驻扎有罗马军团，并且对路过该港口的商品征收25%的税。[2]同样，罗马人在征服阿拉伯半岛的同时也试图对红海沿岸地区的埃塞俄比亚人进行严格的控制，企图通过军事征服或者以条约谈判的方式来确保在红海航行的罗马船只的安全。公元前29年，埃及的地方行政长官在镇压了科普托斯地区因税收而引起的叛乱之后，受命去调整埃及与埃塞俄比亚的边界，试图使埃塞俄比亚成为罗马人的一个保护国，但最后罗马人仍以失败告终。[3]尽管如此，不得不承认的是奥古斯都在东方的军事行动促进了贸易的增长。在奥古斯都之前很少有罗马的船只可以越过曼德海峡航行，直到奥古斯都在公元前25年远征阿拉伯也门的时候，每年大约有120条罗

---

[1] E.H.Warmington, *The Commerce Between the Roman Empire and India*, New Delhi:Central Archaeological Library, 1974, P15.

[2] Gary K.Yong, *Rome's Eastern Trade: International Commerce and Imperial Policy 31B.C—A.D.305*, London: Routledge, 2001, P69.

[3] J.Thorley, *The Development of Trade to The End of the Second Century A.D.Between the Eastern Provinces of the Roman Empire and the Countries Lying Further East*, Durham: Durham University, 1965, P4.

马船只从埃及出发前往索马里与印度地区，并且满载而归。[1]在奥古斯都的支持下，罗马商人通过海上航行可以直接到达印度。由于奥古斯都的文韬武略，在罗马他被当作神而受到人们的崇拜，在埃及他也受到了人们的拥护，甚至在印度马拉巴尔海岸的穆泽里斯港都建有奥古斯都神庙。[2]

（2）对陆路的用兵和保护

罗马与帕提亚之间不稳定的外交关系以及帕提亚本身政治状况的混乱是罗马努力开辟海路的一个重要原因。[3]如果罗马与帕提亚之间能保持和平，经过帕提亚地区的商业路线就能正常使用，那么罗马商人通往印度的陆路就有了安全保障，但现在就连与中国的陆路贸易也有一部分是从印度转运，然后走海路到达罗马。在罗马和印度的陆路贸易路线中，帕提亚王国是必经之地。在公元1世纪初，帕提亚已经成为东西方丝路贸易上不可忽视的重要力量，罗马和帕提亚围绕两河流域以及亚美尼亚的争夺时战时和，这对罗马和印度的陆路贸易产生了较为直接的影响。在罗马帝国建立之前，罗马人和帕提亚人就已经有所接触，克拉苏、安东尼都曾远征过帕提亚，但最后都以失败告终。罗马帝国建立之时，帕提亚王国已经占据了伊朗高原和阿姆河流域的大部分地区。奥古斯都上台后实行了温和的外

---

[1] E.H.Warmington, *The Commerce Between the Roman Empire and India*, New Delhi:Central Archaeological Library, 1974, P9.

[2] E.H.Warmington, *The Commerce Between the Roman Empire and India*, New Delhi:Central Archaeological Library, 1974, P18.

[3] J.Thorley, *The Development of Trade to The End of the Second Century A.D.Between the Eastern Provinces of the Roman Empire and the Countries Lying Further East*, Durham: Durham University, 1965, P7.

交政策，努力维持与帕提亚人的和平关系。可以说双方和平外交的开展，保障了罗马商人可以安全地通过帕提亚王国边境与印度进行商业贸易。在接下来的时期，虽然罗马和帕提亚围绕边界问题多有争端，但是当公元66年尼禄与帕提亚人达成协议后，罗马与帕提亚维持了近半个世纪的和平局面。安全稳定的局势繁荣了穿越帕提亚路线和波斯湾路线的贸易。

### 三、早期罗马帝国与印度次大陆的贸易路线

#### （一）罗马共和国时期到印度的贸易路线

早在罗马帝国建立之前，地中海东部的一些国家和地区就已经和印度建立起稳定的贸易联系。根据古代文献记载，罗马共和国时期，从地中海航行到印度的商贸路线主要包括以下几条[1]：

1.北线

北线指的是从小亚细亚经黑海、里海，然后通过巴克特里亚地区到达印度的贸易路线，这条路线在帝国建立之前就已经存在了。庞培在东方作战期间，他曾击败了高加索地区的伊比利亚人和阿尔巴尼亚人，了解到了该地区的贸易情况。[2]当时从印度西北地区来的货物，沿着这条路线大约

---

[1]　E.H.Warmington, *The Commerce Between the Roman Empire and India*, New Delbi:Central Archaeological Library, 1974, P26—29.

[2]　M. P. Charlesworth, *Trade-Routes and Commerce of the Roman Empire*, London: Cambridge University Press,1924, P58—73.

用12天时间就可以到达黑海东部科尔基斯王国的西斯城。[1]在奥古斯都时期，奥克苏斯河（即现在的阿姆河）是很容易航行的。从西北印度地区来的货物在穿过巴克特里亚地区后借由阿姆河可以到达里海。在里海与黑海之间有两条重要的河流：一条是库拉河，一条是里奥尼河。它们是里海到黑海之间的重要运输通道。在商人到达里海后，走两条路线可以到达罗马帝国，一条是通过库拉河、里奥尼河到黑海，然后经小亚细亚到达地中海各地；另外一条是通过库拉河的支流阿拉斯河到古亚美尼亚地区的阿尔塔沙特城镇，然后再经小亚细亚到达地中海或者叙利亚地区。[2]在罗马与帕提亚发生冲突时，这条路线的重要性显而易见，它成为了罗马商人避开帕提亚地区的较为安全的路线。

2.中线

中线主要包括海陆两条路线，海路是从小亚细亚出发经两河流域、波斯湾到达印度；陆路是指从小亚细亚或者两河流域出发，沿着古代的丝绸之路经伊朗高原到巴克特拉，然后跨越兴都库什山到达印度。后者与经过中亚地区的丝绸之路相连，即从小亚细亚的安条克出发，翻越扎格罗斯山到埃克巴坦那、里海关口，然后经阿帕美亚到达丝路上的重要城市木

---

[1]  J.Thorley, *The Development of Trade to The End of the Second Century A.D.Between the Eastern Provinces of the Roman Empire and the Countries Lying Further East*, Durham:Durham University,1965, P3.

[2]  E.H.Warmington, *The Commerce Between the Roman Empire and India*, New Delbi:Central Archaeological Library, 1974, P26—29.

鹿。[1]奥古斯都时期，伊西多尔所写的《帕提亚驿程志》就提到了这条路线。从木鹿继续向东可到达巴克特里亚地区的巴克特拉，到印度的商人可以选择从巴克特拉南下，穿过兴都库什山到达旁遮普和印度河流域，或者从喀布尔出发到达北部的塔克西拉，在这里商人向西南可到巴里加扎港，向东经巴特那可到恒河三角洲的塔姆鲁克。[2]对于前往印度贸易的西方商人来说，还有一条更便捷的路线，那就是从木鹿出发经赫拉特、乌戈山离（亚历山大东征时建立或重新命名的70座城市之一，是赫拉特与坎大哈之间的中转站）和坎大哈，走海路或者陆路到达印度北部地区，[3]亚历山大东征时就已经走过这条路线。

3.南线

南线指的是从印度沿海到南阿拉伯地区，经陆路到佩特拉，向北到地中海东部沿岸城市以及向西到埃及的路线。佩特拉与埃及、叙利亚以及阿拉伯东海岸的格拉港都有道路相连。在罗马帝国建立之前，格拉港是位于阿拉伯东海岸的一个重要贸易港口。该港口的商人控制着从埃及穿越阿拉伯沙漠到佩特拉以及西方的香料贸易路线。直到帝国早期，位于底格里斯河上的梅塞尼王国的首都查拉克斯取代了格拉港,成为美索不达米亚与印

---

[1] J.Thorley, *The Development of Trade to The End of the Second Century A.D.Between the Eastern Provinces of the Roman Empire and the Countries Lying Further East*, Durham:Durham University, 1965, P4.

[2] E.H.Warmington, *The Commerce Between the Roman Empire and India*, New Delbi:Central Archaeological Library, 1974, P21—24.

[3] E.H.Warmington, *The Commerce Between the Roman Empire and India*, New Delbi:Central Archaeological Library, 1974, P21—24.

度之间重要的贸易港口。

由于文献资料以及考古证据的不足，我们无法得知途经这三条路线的具体贸易量。不过从古代作家的记载来看，就这三条路线来说，北线商人很少使用，中线由于帕提亚与罗马不稳定的政治关系，两河流域与波斯湾地区的商业贸易也多掌握在帕提亚人的手中，不利于罗马和印度之间商业贸易的稳定发展。因此在帝国大半部分时间里，商人会倾向于选择从埃及出发经红海和印度洋到印度的贸易路线。早期罗马帝国时期，埃及与印度之间的海路贸易已经成为罗马和印度商贸联系的重要通道。公元1世纪中期由希腊佚名作家所写的《厄立特里亚航海记》为我们了解这一时期的印度洋贸易提供了有价值的参考资料。

### （二）罗马帝国时期到印度的贸易路线

#### 1.帝国境内的贸易路线

罗马帝国建立初期，帝国境内主要有三条贸易线路：一条是从布林迪西[1]出发，穿过亚得里亚海，沿着厄纳齐雅大道[2]再穿过比提尼亚行省或者特洛阿斯就可以到小亚细亚以及安条克，这条路线的行程需要整整一年的时间；第二条路线是从意大利出发经科林斯和雅典，或者绕伯罗奔尼撒半岛到小亚细亚和叙利亚地区，这条路线最适于那些想要夏季到印度去的旅行者、商人或从希腊方向来的贸易者；第三条路线是直接从罗马或者意大

---

[1] 意大利南部阿普利亚地区的一个城市，位于亚得里亚海沿岸的布林迪西省首府，也是阿庇安大道的终点。

[2] 罗马人于公元前2世纪修建的道路，它穿过了伊利里库姆、马其顿和色雷斯，以及现在的阿尔巴尼亚、马其顿、希腊和土耳其。

利半岛的普泰俄利港出发经地中海航行到埃及的亚历山大港，这是对商人来说最便捷的一条路线。[1]斯特拉波提到了亚历山大港在东方贸易中的重要性，尤其在埃及红海贸易中，亚历山大港扮演着举足轻重的角色。无论罗马时期陆上运输价格如何波动，水上运输成本总是比较低的。[2]在古代意大利半岛，负责接收东方货物的港口主要是奥斯提亚港与普泰俄利港。因此，通常从红海以及地中海东部地区运过来的印度货物会先被运到埃及的亚历山大港，然后再由亚历山大港转运至意大利半岛这两个港口以及帝国其他地区。在夏季前期的时候，商人可能从亚历山大港航行到罗马，但是在7月中旬，地中海盛行的西北季风迫使商人停止了所有向西的航行，因而对于商人来说，最好的选择就是在5月至9月期间搭乘来往于亚历山大港与普泰俄利港之间的大型谷物船航行到罗马。根据古代作家记载，从罗马到亚历山大港最快也需要18天或者19天的时间，在罗马春天发生的事情可能在夏天才能传到埃及；在冬季航行的话，时间可能要花双倍。[3]

2.从埃及到印度的贸易路线

早在希腊化时期，埃及的亚历山大港就已经成为东西方商贸联系的重要港口，托勒密二世时期在埃及红海沿岸建立了很多新的港口，这些港口将红海与亚历山大港连接在一起，成为埃及与希腊商人到阿拉伯、印度地

---

[1] E.H.Warmington, *The Commerce Between the Roman Empire and India*, New Delbi:Central Archaeological Library, 1974, P14.

[2] Bryan Ladds, *Persians,Ports,and Pepper: The Red Sea Trade in Late Antiquity*, Ottawa: University of Ottawa, 2015, P47.

[3] E.H.Warmington, *The Commerce Between the Roman Empire and India*, New Delhi:Central Archaeological Library, 1974, P50.

区的主要路线之一。在奥古斯都时期，埃及成为罗马帝国的行省，这意味着罗马商人可以利用季风从埃及直接航行到印度。埃及与红海之间的道路主要包括尼罗河到红海之间的沙漠道路和从红海港口经印度洋到印度的海上路线。

（1）埃及—红海之间的陆上通道

在埃及，尼罗河是重要的运输通道。尼罗河与红海之间的道路主要指的是尼罗河的科普托斯港与红海沿岸的米奥斯·荷尔莫斯港以及贝雷尼塞港之间的沙漠道路。根据阿伽撒尔基德斯、斯特拉波、普林尼等古典作家的记载，在尼罗河与红海之间有两个重要的港口，分别是米奥斯·荷尔莫斯港和贝雷尼塞港，它们都是由托勒密二世建立的。[1]

公元3世纪之前，米奥斯·荷尔莫斯港是红海沿岸最活跃的一个港口，在这里居住的有阿克苏姆人、南阿拉伯人、印度人以及埃及人等。从考古发掘中可以看出，在罗马时期，它从地中海、红海以及印度洋等地区进口了很多物品，包括来自坎帕尼亚的葡萄酒、非洲的柚木与象牙、印度的胡椒与纺织品等。[2]在该港口以南290米处是帝国早期在红海沿岸的另一个重要港口——贝雷尼塞港。在该遗址中发掘出了很多来自印度和地中海地区的物品，包括地中海的双耳瓶及其碎片、印度的胡椒、东南亚的绿

---

[1] Strabo, *The Geography of Strabo*,16.4.4-5; Raoul Mclaughlin, *Rome and the Distant East:Trade Routes to the Ancient Lands of Arabia, India and China*, New York: Continuum, 2010, P30. 这两个港口也可译作"迈奥斯·霍尔毛斯港"和"贝里尼克港"。

[2] Bryan Ladds, *Persians, Ports, and Pepper:The Red Sea Trade in Late Antiquity*, Ottawa:University of Ottawa, 2015, P48.

豆、斯里兰卡和爪哇岛的珠子等，这些考古发现显示了这一时期罗马与印度商贸的繁荣。[1]在帝国早期，米奥斯·荷尔莫斯港的贸易地位相对重要，不仅是因为奥古斯都在这里建立了一个军港，而且由于它距离尼罗河比较近——它到尼罗河之间的沙漠路程是贝雷尼塞港到尼罗河路程的四分之三，因而受到了商人的重视。提比略时期，贝雷尼塞港的基础设施可能有所恢复。到公元1世纪中期，这两个港口在埃及红海贸易中的地位已经不相上下。这两个港口与科普托斯港之间都有道路相连。[2]科普托斯港是尼罗河距离红海海岸最近的一个港口，其中米奥斯·荷尔莫斯港距离科普托斯港约180公里，需要花费6到7天的时间；而贝雷尼塞港则需要12天的时间。商人可以根据自己的要求来选择合适的港口进行运输。有些商人会亲自参与货物运输，但有的商人会雇用专门的托运公司在这两个港口之间运输货物。[3]在这两条沙漠道路沿途都建有一系列驿站以及瞭望塔，对过路的商队及旅客，统治者还会派军队予以保护，可以说为商人在沙漠中的旅途提供了安全保障。

当然，如果一个人敢于冒海上航行的风险，他也可以选择古代的航

---

[1]　Raoul Mclaughlin, *The Roman Empire and the Indian Ocean*, Great Britain: Pen& Sword Military, 2014, P90.

[2]　E.H.Warmington, *The Commerce Between the Roman Empire and India*, New Delbi:Central Archaeological Library, 1974, P6.

[3]　Raoul Mclaughlin, *Rome and Distant East:Trade Routes to the Ancient Lands of Arabia, India and China*, New York: Continuum, 2010, P31.

道，[1]即从亚历山大港出发沿着尼罗河东部的支流——佩洛锡克支流，走运河通过咸水湖，最后到达红海北端的港口——阿尔西诺港。该港口是由托勒密二世所建并且以他妻子的名字命名。从这里出发沿着红海海岸继续向南可到达米奥斯·荷尔莫斯港与贝雷尼塞港。[2]到罗马帝国时期，奥古斯都又重新疏浚并开通了这条古代的运河，但是红海海域长时间盛行的北风以及位于该港口附近的浅滩不利于商人安全地航行。因此在奥古斯都统治时期甚至在整个罗马帝国早期，科普托斯港与贝雷尼塞港及米奥斯·荷尔莫斯港之间的道路是埃及通往印度的主要贸易路线。到图拉真时期，为了扩大与东方国家和地区的贸易，也带有军事目的的考量，他重新疏浚并扩建了旧有的运河，在运河终点附近建立了新的港口——克莱斯玛港。到帝国后期，该港口逐渐取代了米奥斯·荷尔莫斯港与贝雷尼塞港在红海贸易中的地位，成为红海北部贸易的重要港口。

（2）红海—印度洋—印度的海上通道

"罗马帝国初期，地中海世界人们所谈的印度主要指印度次大陆的西海岸地区，对于东海岸，他们的了解有限，贸易交往以间接方式为

---

[1] 如前所述，运河在不同的时期路线略有不同。无论如何我们可以确定的是，早在罗马帝国建立之前这条运河就已经存在了。托勒密二世时期对这条连接尼罗河三角洲与红海的运河重新进行了疏浚挖掘，并且在运河终点附近建立了以他妻子的名字命名的阿尔西诺港。参见Steven E. Sidebotham, Berenike and the Ancient Maritime Spice Route, London:University of California Press, 2011, P179。

[2] M.P.Charlesworth, *Trade-Routes and Commerce of the Roman Empire*, London: Cambridge University Press, 1924, P20.

主"[1]。从红海渡过印度洋到印度贸易的商人主要走两条航线：一条是到印度西北海岸的巴巴里贡港和巴里加扎港；一条是到印度马拉巴尔海岸的穆泽里斯港与内尔辛达港。[2]对于印度东部地区，罗马商人很少前往。因此，笔者在结合文献记载和考古资料的基础上，将从红海经印度洋到印度的贸易区域及路线主要分为以下四部分：

第一，红海到印度西北海岸的贸易路线。

在商人前往印度的路途中，从曼德海峡到阿拉伯南岸有几个著名的中转港口可供西方商人使用，如穆扎港、卡内港和穆哈港，尤其是卡内港和穆哈港所在地盛产乳香，它们与非洲、波斯湾以及西北印度地区都存在稳定的贸易联系。所有出口到印度的货物一般都会在埃及装载，只有两种物品例外：一种是出口到巴巴里贡港的香料；另一种就是出口到巴里加扎港的阿拉伯酒，而这两种产品很可能是商人在前往印度的途中得到的。[3]从阿拉伯南岸出发有两条航线可以到达印度：一条通往印度的西北地区；一条通往印度的西南地区。当然还有一条是从索马里北端的瓜达富伊角直接航行到达西南印度地区的贸易路线。这些线路的使用离不开季风。船长在出行时一般会挑选一个合适的日期，以便利用季风顺利地航行。

[1] 陈思伟：《埃及与印度次大陆的海上贸易及其在罗马帝国经济中的地位》，《历史研究》2018年第1期，第114页。

[2] J.Thorley, *The Development of Trade to The End of the Second Century A.D.Between the Eastern Provinces of the Roman Empire and the Countries Lying Further East*, Durham: Durham University, 1965, P37.

[3] Lionel Casson, *The Periplus Maris Erythraei:Text with Introduction, Translation and Commentary*, Princeton: Princeton University Press, 1989, P22.

早期罗马帝国与西北印度地区的贸易主要集中在次大陆北部沿岸的两个港口——巴巴里贡港和巴里加扎港，这也是西方商人最熟悉的两个港口。[1]其中，位于最北端的是巴巴里贡港，它是通往印度河上游内陆城市的重要港口，位于现在的巴基斯坦境内。罗马帝国早期，巴巴里贡港是一个比较有活力的商业城市。据《厄立特里亚航海记》记载，这里汇聚了来自各个国家和地区的产品，有各种各样的香料，包括闭鞘姜、芳香树胶、枸杞、甘松等，此外还有来自中亚的绿松石、天青石以及来自赛里斯人的皮毛和丝线。[2]很明显，巴巴里贡港是一个繁华的商业港口，它与阿拉伯、中亚甚至远东地区都存在一定的贸易联系。

在巴巴里贡港的南部是巴里加扎港，也就是今天位于印度古吉拉特邦的巴鲁克。从地理位置上看，它位于纳尔马达河的河口附近，是西方船只在印度北部停靠的主要港口。相较于巴巴里贡港来说，它是一个规模更大的商业集市，与巴克特里亚地区以及印度次大陆的内陆城市都有密切的贸易联系。从地理位置上看，纳尔马达河的河口很难找到，而且由于浅滩的存在，它的入口很危险，因此到访的西方船只须在当地提供的引航员的指导下才能顺利地进入该港口。[3]在巴里加扎港汇聚了来自阿拉伯、印度以

---

[1] Lionel Casson, *The Periplus Maris Erythraei:Text with Introduction, Translation, and Commentary*, Princeton: Princeton University Press, 1989, P16.

[2] 西方商人在印度获得的某些动物皮毛可能来自中亚地区。从中亚穿过帕米尔高原进入印度河谷地区也是古代常见的一条交通路线。绿松石主要来自波斯北部，可能是通过阿富汗到达印度的。虽然在印度发现了天青石，但它可能来自中亚地区。

[3] E.H.Warmington, *The Commerce Between the Roman Empire and India*, New Delhi: Central Archaeological Library, 1974, P9.

及远东地区的各种各样的产品，有"闭鞘姜、胶质没药、枸杞、甘松、胡椒、印度没药、靛青、绿松石、天青石、玛瑙、象牙、棉花、细棉布、丝绸、纱线以及来自赛里斯的毛皮"[1]等。从贸易的物品来看，这两个港口的进出口物品大体上是相似的。但唯一不同的是，巴里加扎港除了是一个重要的贸易市场外，还是一个重要的工业制造中心。[2]有些从印度内陆及其他地区运过来的原材料会在这里经过进一步加工，然后再出售给西方商人。从西方来的贸易商人通常可以满载而归，它们用印度人喜爱的帝国产品作为交换。在西方商人带过来的物品里包括了一些细棉布以及精美的棉麻纺织品。这些棉麻纺织品大部分来自埃及的亚历山大港，尽管它们的利润并不大，但是印度人对它们有比较稳定的需求，西方商人也视它们为较好的出口产品。此外，西方商人带到印度的产品还包括红海的黄玉、地中海的珊瑚、阿拉伯的乳香和意大利生产的玻璃器皿、金银盘以及少量的葡萄酒等，它们都深受印度人欢迎。[3]普林尼说："印度人对珊瑚的喜爱就好比罗马人对珍珠的喜爱。"[4]这些由西方商人带来的绝大部分产品要供

[1] Lionel Casson, *The Periplus Maris Erythraei:Text with Introduction, Translation, and Commentary*, Princeton: Princeton University Press, 1989, P16.

[2] Roberta Tomber, *Indo-Roman Trade: From Pots to Pepper*, London: Duckworth, 2008, P125.

[3] J.Thorley, *The Development of Trade to the End of the Second Century A.D.Between the Eastern Provinces of the Roman Empire and the Countries Lying Further East*, Durham: Durham University, 1965, P38.

[4] E.H.Warmington, *The Commerce Between the Roman Empire and India*, New Delbi:Central Archaeological Library, 1974, P263.

给当地统治者使用。[1]

第二，红海到印度西南海岸的贸易路线。

相较于印度西北地区来说，罗马与南印地区的贸易联系更为密切且频繁，在这里罗马硬币的大量发现也间接证实了这一点。[2]帝国早期，西方商人的贸易活动主要集中在印度西南部的马拉巴尔海岸，也就是《厄立特里亚航海记》提到的"Limyke"。其作者以及后来的地理学家托勒密提到了这里的两个港口——穆泽里斯港与内尔辛达港，它们受古代泰米尔人的控制。在古代印度南部有三个泰米尔人国家，分别是哲罗王国、朱罗王国和潘地亚王国。[3]其中哲罗王国位于西部，朱罗王国位于东部，而潘地亚王国则位于他们的南部。这三个国家在一定程度上控制着罗马与印度次大陆南部的商业贸易。普林尼提到了从阿拉伯半岛南部的欧克里斯港出发只用40天的时间就可以到达穆泽里斯港，而这是商人横渡印度洋到达印度的最短航程。穆泽里斯港是以出口贸易为主的商业中心，位于哲罗王国境内，该王国是著名的胡椒产地，尤其盛产黑胡椒。古代泰米尔诗歌中提到了亚瓦那人的美丽的船只，满载着黄金，用来交换胡椒，还提到了他们用优雅的罐子带来的凉爽的香葡萄酒。[4]在穆泽里斯港的南部是《厄立特里

[1] J.Thorley, *The Development of Trade to the End of the Second Century A.D.Between the Eastern Provinces of the Roman Empire and the Countries Lying Further East*, Durham : Durham University, 1965, P43—44.

[2] Paula J.Turner, *Roman Coins from India*, London: Routledge, 2016, P11.

[3] Raoul Mclaughlin, *The Roman Empire and the Indian Ocean*, Great Britain: Pen& Sword Military, 2014, P173.

[4] Romila Thapar, "*Black gold: South Asia and the Roman Maritime Trade*", *Journal of South Asian Studies*, vol.15, no.2, 1992, P22.

亚航海记》作者提到的另一著名港口——内尔辛达港。它和穆泽里斯港一样，也是古代印度对外贸易的重要商港，归潘地亚王国统治。早期罗马帝国与南印地区的贸易基本上是通过这两个港口进行的。在这里，西方商人可以购买到来自不同国家和地区的产品，有"胡椒、肉桂、恒河甘松、宝石、珍珠、象牙及中国丝绸等"[1]，这些从泰米尔人沿岸港口输出的东方奢侈品源源不断地到达了罗马帝国，成为罗马上层人士的最爱。为了购买这些奢侈品，除了使用大量的金银币外，西方商人也用帝国产品作为交换，主要包括一些棉麻纺织品、珊瑚、玻璃、矿产品（锑、铜、锡、铅、雄黄和雌黄）及少量的葡萄酒等。[2]就整体来看，印度西南海岸的两个港口与印度北部港口的贸易物品并无太大差别，但是来自该地区的考古发掘以及泰米尔史诗中的相关记载都证实了这一时期罗马与南印地区商贸的繁荣。[3]

第三，红海到印度东海岸的贸易路线。

罗马帝国早期，尽管很少有商人可以穿过科摩林海角前往印度的东海岸进行贸易活动，但是在印度东海岸的考古发现证实了这里曾经有西方商人贸易活动的痕迹。从印度的西海岸出发，有两条路线可以通往印度的东部地区。一是走海路，商人可以绕古代的锡兰岛或者穿过印度东南端与斯

---

[1] Steven E.Sidebotham, *Berenike and the Ancient Maritime Spice Route*, London: University of California Press, 2011, P191.

[2] Lionel Casson, *The Periplus Maris Erythraei: Text with Introduction, Translation, and Commentary*, Princeton: Princeton University Press, 1989, P16.

[3] 在哲罗、潘地亚和朱罗王国境内，发现了大量的从奥古斯都到尼禄时期的罗马硬币。

里兰卡北部之间的马纳尔海峡航行到印度的东海岸；二是走陆路，在穿过巴尔卡德山口后经由高韦里河到达印度的东海岸。[1]相较于印度西海岸来说，罗马与印度东海岸之间的商贸联系很少，而且多是间接性贸易。由于来往于埃及与马拉巴尔海岸的西方船只体积相对较大，这使得它们无法横渡马纳尔海峡，因此只能把运往印度东海岸的货物交由当地船只，[2]由当地商人负责运输到印度的西海岸，如在印度西海岸港口见到的恒河甘松就是一个很好的例子。这些甘松在恒河河口被收集起来，然后再由当地商人将货物运往西海岸的穆泽里斯港和内尔辛达港。尽管如此，对于当地商人来说，要安全地通过马纳尔海峡也不是件容易的事。这里不仅有危险的浅滩，而且商人可能还会面临着海上季风风暴的危险。因此，穿过巴尔卡德山口经哥印拜陀地区到印度东海岸的陆路路线成为商人相对安全的贸易路线。在沿线发现的大量罗马硬币以及地中海陶器也间接证实了这一点。[3]

在印度的东海岸，迄今为止发现的最为著名的考古遗址就是位于科罗曼德海岸的阿克梅杜港口，也是《厄立特里亚航海记》作者与地理学家

---

[1] Jean Deloche, "Roman Trade Routes in South India: Geographical and Technical Factors", Indian Journal of History of Science, vol.45, no.1,2010, P38.

[2] 《厄立特里亚航海记》提到了从印度马拉巴尔海岸和恒河三角洲出发的船只都是当地船只，这是用轭连在一起的非常大的独木舟，被称作"Sangara"。参见Lionel Casson, "Ancient Naval Technology and the Route to India", in Vimala Begley and Richard Daniel De Puma,eds., Rome and India: The Ancient Sea Trade, Wisconsin:University of Wisconsin Press, 1991, P11。

[3] 硬币在地理上的分布印证了从印度西海岸到东海岸的贸易路线。考古学家发现，罗马硬币存留最多的地方是在印度的德干高原一带，具体说是在南印度的哥印拜陀区，即印度邦那尼河与高韦里河之间，而且多是奥古斯都与提比略在位时期的硬币。参见Jean Deloche, "Roman Trade Routes in South India:Geographical and Technical Factors," Indian Journal of History of Science, vol.45, no.1, 2010, P38—39。

托勒密所说的 "Pudoke" 港。[1]有证据表明该港口与地中海世界的第一次接触可能是在公元前2世纪至公元前1世纪和奥古斯都时期。[2]考古学家在这里发现了数百片来自地中海西部地区的双耳瓶碎片，它们可能来自西班牙、高卢以及亚德里亚海的北部和爱琴海地区。同时也发现了来自意大利的精致器皿、罗马灯具、玻璃器皿、宝石以及玻璃珠等，[3]这证明了从公元1世纪开始西方商人就与这里有着积极的贸易联系。此外，在泰米尔诗歌里也提到了西方商人在高韦里河口有一个殖民地，[4]根据考古发现这里有西方商人居住的痕迹，由此可以证明罗马帝国与印度的商业网络已扩展到了印度次大陆的东海岸地区。

第四，红海到锡兰岛的贸易路线。

罗马帝国早期，很少有水手可以直接到达锡兰岛，也就是今天的斯里兰卡，古代希腊罗马作家把它叫做"塔普罗巴奈岛"[5]。《厄立特里亚航海记》中对其有简单的描述，但是并没有提到这一时期人们到这里的航

[1]　Roberta Tomber, *Indo-Roman Trade: From Pots to Pepper*, London: Duckworth, 2008, P135.

[2]　Steven E. Sidebotham, *Berenike and the Ancient Maritime Spice Route*, London: University of California Press, 2011, P191.

[3]　Elizabeth Lyding Will, "*The Mediterranean Shipping Amphoras from Arikamedu*" in *Vimala Begley and Richard Daniel De Puma, eds. Rome and India:The Ancient Sea Trade*, Wisconsin:University of Wisconsin Press, 1991, P151—154.

[4]　除了阿克梅杜之外，在其附近的"Kaveripattinam"（今位于印度的泰米尔纳德邦境内），即《厄立特里亚航海记》所提到的"Kamara"港，在这里发现了很多来自斯里兰卡和恒河地区的产品，有黄金、珠宝以及来自内陆地区的胡椒。参见Roberta Tomber, *Indo-Roman Trade:From Pots to Pepper*, London: Duckworth, 2008, P138.

[5]　Strabo, *The Geography of Strabo*, 15.1.14.

行。[1]根据古代作家记载，该岛与罗马的直接交往最早可能发生在克劳狄乌斯时期。在普林尼的作品里提到了一名叫"Annius Plotamus"的自由人在季风的作用下意外航行到该岛，该岛国王由于被罗马帝国的钱币吸引故而派大使前去觐见了罗马皇帝。[2]虽然是传说，但却反映了古代罗马人在该地区的探索与航行。帝国早期，商人可以在印度西海岸的穆泽里斯港与内尔辛达港获得来自锡兰以及远东地区的产品。罗马与锡兰之间的贸易活动主要是通过印度南部的泰米尔人进行的。尽管如此，考古学证据证明从公元4世纪开始一直到拜占庭帝国时期，该岛与地中海周边国家和地区之间的商贸联系日益频繁，并且逐渐成为东西方之间商贸的重要中转站。[3]

## 四、早期罗马帝国与印度次大陆贸易的主要商品

长期以来罗马与东方国家和地区贸易被冠以"奢侈品贸易"，这种看法显然带有主观偏见。虽然罗马和印度贸易的大宗物品是奢侈品，但是从贸易物品的种类和价值来看，罗马和印度贸易的物品种类多样且用途广泛，不应笼统地称之为"奢侈品"。另外，本书虽然仅仅涉及早期罗马帝国和印度次大陆之间的商业贸易，但需要注意的是，东西方之间贸易的物品以印度为中介得以在古代世界范围内流通，因此到达罗马帝国的产品绝

---

[1] E.H.Warmington, *The Commerce Between the Roman Empire and India*, New Delbi: Central Archaeological Library, 1974, P63.

[2] Pliny, *Natural History*, 6.24.84－5.

[3] 罗马帝国早期在该岛发现的罗马硬币数量很少，而发现最多的是公元4—5世纪的罗马硬币。这一时期，罗马与印度次大陆贸易的重心也逐渐从马拉巴尔海岸转向了锡兰岛，锡兰岛作为印度洋贸易的中心也一直持续到公元6世纪左右。

不仅限于印度当地的物产，同时也可能包括远东以及中亚地区的产品（正如我们所知，在罗马帝国建立之前，印度和中亚乃至中国已经有了一定的贸易接触）；同样，从罗马帝国输入印度的产品也可能来自帝国以外地区，如阿拉伯和东非。

罗马帝国建立后，罗马和印度之间的商业贸易进一步发展，公元1—2世纪是罗印贸易发展的高峰期。以印度为中心，来自中亚及远东国家和地区的物品源源不断地输入到罗马帝国，东西方物产得以在大的范围内流通，这不仅极大地刺激了古代罗马经济的发展，同时也满足了人们日益增长的物质需求。罗马和印度的贸易物品种类丰富、用途广泛，同一种物品可能具有不同的使用价值，很难对其命名分类，也没有统一的划分标准。因此，笔者依据古代作家的不同记载，以罗马帝国为核心，在对罗印贸易物品进行详细考察与分类的基础上，重点论述罗马和印度贸易的大宗物品。

### （一）罗马帝国的进口物品

罗马帝国从印度进口的物品种类丰富多样，既有来自印度内陆的产品，也有来自中亚、波斯湾以及远东地区的产品，它们和印度次大陆之间有着密切的贸易联系，来自这些国家和地区的物品以印度为中心源源不断地输入到罗马帝国。在罗马从印度进口的所有物品中，大宗贸易物品是香料、珍珠、宝石以及丝绸。

*1.香料类产品*

胡椒是罗马和印度香料贸易中的大宗物品，也是最受西方人喜爱的商品。罗马人第一次知道胡椒是在征服小亚细亚以及叙利亚之后，[1]帝国早期的"罗马和平"进一步刺激了人们对胡椒的需求。奥古斯都时期的作家们就多次提到了胡椒，印度洋季风的发现以及埃及红海贸易的迅速发展又进一步扩大了罗马和印度商贸的规模，大量的胡椒被运往地中海地区。在古代，胡椒根据品种的不同，可分为黑胡椒、白胡椒以及长胡椒三种。其中最受罗马人喜爱的是黑胡椒，它主要来自印度的马拉巴尔海岸以及西南部地区。《厄立特里亚航海记》提到，西方商人可以在穆泽里斯港和内尔辛达港获得黑胡椒，[2]同样在泰米尔文学作品中也提到了亚瓦那人用黄金来交换胡椒，这些都证明了胡椒贸易的繁荣。至于白胡椒，是比黑胡椒少点辛辣但具有独特香味的产品，而最开始罗马人获得的白胡椒是通过腓尼基人以及迦太基人得到的。除了这两种胡椒外，还有一种长胡椒，它主要产自于今天的南亚地区。根据古代作家的记载，这种胡椒在医药方面的价值很高，比普通胡椒珍贵。

在古代罗马，胡椒几乎成为每个罗马家庭的日常必需品之一。在佩特罗尼乌斯的小说《萨蒂利孔》中提到了主人公特里马乔在其晚宴上经常使用胡椒。古代美食家阿比西乌斯所写的食谱中也频繁地提到了胡椒，在他所给出的每一份食谱里，基本上都包含了胡椒，胡椒似乎成了比盐和糖还

---

[1] E.H.Warmington, *The Commerce Between the Roman Empire and India*, New Delhi:Central Archaeological Library, 1974, P9.

[2] Lionel Casson, *The Periplus Maris Erythraei:Text with Introduction, Translation, and Commentary*, Princeton: Princeton University Press, 1989, P16.

要贵重的东西。[1]除了用于烹饪，胡椒也经常被应用于医药，古代作家普林尼、盖伦都提到胡椒在药物中的使用。现存的纸草文献显示胡椒是唯一出现在医药处方中的印度香料，它在治疗疟疾以及感冒高烧方面都发挥了一定的作用。[2]西方人曾经一度想引种胡椒，但是"胡椒一旦移植到了意大利半岛便不再是原先的胡椒，失去了它的价值"[3]。罗马和印度的胡椒贸易繁荣了很长时间，甚至在公元410年，阿拉里克攻克罗马城的时候，他要求作为赔偿的一部分要得到3000英镑的胡椒。[4]在胡椒贸易中商人们可以得到巨大的利润，因此他们也甘愿承担海上贸易的风险。从印度内陆地区运送过来的胡椒会先被运载到印度西南海岸的各个港口，然后再由西方商人运往埃及的亚历山大港，进而穿越地中海运到意大利半岛的普特俄利港与罗马，最后在罗马专门的香料商店出售。商店会把香料研磨装袋出现在罗马人的餐桌上，在米奥斯·荷尔莫斯港以及贝雷尼塞港的考古发现也间接证实了这一点。[5]普林尼给我们提供了胡椒在罗马出售的价格以及罗马人使用它的一些信息。[6]在罗马商铺出售的黑胡椒每磅价格达到了4

---

[1] 转引自Steven E. Sidebotham, *Berenike and the Ancient Maritime Spice Route*, London:University of California Press, 2011, P226.

[2] Matthew Adam Cobb. "*The Reception and Consumption of Eastern Goods in Roman Society*", Greece & Rome, vol. 60, no.1, P142.

[3] E.H.Warmington, *The Commerce Between the Roman Empire and India*, New Delhi: Central Archaeological Library, 1974, P182.

[4] Bryan Ladds, *Persians, Ports, and Pepper:The Red Sea Trade in Late Antiquity*, Ottawa:University of Ottawa, 2015, P161.

[5] 考古学家在米奥斯·荷尔莫斯港和贝雷尼塞港也发现了从公元1世纪到公元3世纪残存的黑胡椒粒，尤以贝雷尼塞港发现最多。

[6] Steven E. Sidebotham, *Berenike and the Ancient Maritime Spice Route*, University of California Press, 2011, P226.

迪纳里乌斯，白胡椒是7迪纳里乌斯，长胡椒（通常被当作药物使用）则达到了15迪纳里乌斯。尽管胡椒价格比较昂贵，但对普通人也并非遥不可及，因为他们未必会成磅购买，每次购入的数量可能很少。[1]因此，从这个意义上看，胡椒不属于"奢侈品"，而是日常生活必需品。

除了胡椒，在罗马与印度的贸易中还有一种可以广泛应用于食物、医药以及香水制作方面的香料，那就是来自印度与中国的肉桂，主要取材于中国、西藏、缅甸以及印度次大陆不同地区的不同种类的肉桂树。来自肉桂树的产品主要有三种，分别是桂皮、桂叶以及肉桂果实。[2]希腊罗马人把肉桂叶叫做"Malabathrum"，它和甘松是罗马人油膏和香水制作中最重要的两种成分，罗马帝国对其有稳定且大量的需求。[3]西方商人在印度获得的肉桂叶主要来自次大陆南部的肉桂品种，而最好的肉桂叶来自喜马拉雅山以及远东地区，它们与印度之间存在密切的贸易联系。从这些地区的肉桂树上获得的肉桂叶先被运输到印度西海岸的各港口，然后再由西方商人通过海路运输到埃及的亚历山大港。肉桂叶用途广泛，不仅可以用来制作葡萄酒以及烹饪食物，同时也具有很大的药用价值。据普林尼说，肉桂叶出售的价格很高，每磅价格在60迪纳里乌斯左右，而从叶子中提取的精

---

[1] Steven E. Sidebotham, *Berenike and the Ancient Maritime Spice Route*, University of California Press, 2011, P225.

[2] E.H.Warmington, *The Commerce Between the Roman Empire and India*, New Delhi:Central Archaeological Library, 1974, P186.

[3] J.Thorley, *The Development of Trade to The End of the Second Century A.D.Between the Eastern Provinces of the Roman Empire and the Countries Lying Further East*, Durham: Durham University, 1965, P38.

油每磅价格达到了300或400迪纳里乌斯。[1]

对于罗马人来说，最好的桂皮来自中国，而质量较差的桂皮来自印度的马拉巴尔海岸。普林尼提到上好的桂皮每磅价格达到了300迪纳里乌斯，比较老的桂皮每磅价格也在10迪纳里乌斯左右，[2]它们被广泛地应用于罗马帝国油膏、香水以及药品制作中。罗马人并不知道桂皮的真正来源，古代作家对其来源的不同记载，证明了这一时期肉桂贸易可能受到了阿拉伯人的垄断，[3]即便是在罗马和印度有了直接的商贸接触之后，罗马和印度的某些贸易产品可能大部分也是通过阿拉伯人进行贸易的，肉桂叶就是一个很好的例子。此外，在罗马和印度的香料贸易中，还有几种比较重要的产品，如生姜、豆蔻和甘松等，它们在某种程度上可能也受到了阿拉伯人的垄断。

罗马人通过阿拉伯人可以获得来自远东地区的生姜，阿拉伯人垄断着该产品的贸易，即使在印度洋季风发现之后，罗马人还是不知道生姜原产地在远东。《厄立特里亚航海记》在描述到印度港口的出口货物时也没有提及这种香料，直到普林尼之后，希腊商人才发现这种香料来自远东。据普林尼说，这种香料每磅价格在6迪纳里乌斯左右。[4]狄奥斯库里德斯提到

[1]　E.H.Warmington, *The Commerce Between the Roman Empire and India*, New Delhi:Central Archaeological Library, 1974, P189.

[2]　Lionel Casson, *The Periplus Maris Erythraei:Text with Introduction, Translation, and Commentary*, Princeton: Princeton University Press, 1989, P16.

[3]　E.H.Warmington, *The Commerce Between the Roman Empire and India*, New Delhi:Central Archaeological Library, 1974, P188.

[4]　Raoul Mclaughlin, *Rome and Distant East:Trade Routes to the Ancient Lands of Arabia, India and China*, New York: Continuum, 2010, P182.

了生姜在意大利是一种重要的调味品。在阿比西乌斯的食谱里也记录了它在食物烹饪方面的应用，[1]同样在他书中提及的还有来自印度的豆蔻。豆蔻主要产自于印度次大陆的高地地区，一般来说其价格很高。普林尼也提到了不同品质的豆蔻的价格：最好品质的豆蔻每磅价格在60迪纳里乌斯，如果破损的话价格就降到了49迪纳里乌斯。它不仅有重要的食用和医用价值，而且也常用于特殊的场合，如古代作家斯塔提乌斯和尤维纳利斯都提到了豆蔻在罗马人葬礼仪式上的使用。[2]除了以上所提及的香料产品外，还有一种香料深受罗马人的喜爱，那就是甘松油，它是取自于喜马拉雅山区的一种开花植物。《厄立特里亚航海记》提到，在印度北部的巴巴里贡港和巴里加扎港，西方商人可以获得来自喜马拉雅山区的甘松，而在西南海岸的穆泽里斯港和内尔辛达港，商人可以获得来自恒河地区的甘松，它们与胡椒以及其他香料一起被大量运往罗马帝国。[3]这些香料价值昂贵，用途广泛，它们在饮食、医药以及宗教仪式中得到了广泛使用，深受罗马人喜爱。

### 2.矿石产品

在罗马和印度的商业贸易中除了香料产品占有一定的比重外，矿石类产品也同样重要，其中最受罗马人喜爱的是来自印度的各式各样的宝

---

[1] E.H.Warmington, *The Commerce Between the Roman Empire and India*, New Delhi:Central Archaeological Library, 1974, P184.

[2] E.H.Warmington, *The Commerce Between the Roman Empire and India*, New Delhi:Central Archaeological Library, 1974, P185.

[3] Lionel Casson, *The Periplus Maris Erythraei: Text with Introduction, Translation, and Commentary*, New Jersey: Princeton University Press, 1989, P20.

石。罗马人从东方获得的宝石大部分来自印度，因此印度有"宝石王国"的称号。[1]《厄立特里亚航海记》提到了在印度市场上出售的各种透明的宝石，同样古代作家普林尼也为我们详细列举了来自东方的各种宝石，有玛瑙、肉红玉髓、水晶、钻石、蛋白石、红宝石、绿松石等。[2]其中有些是印度本地所产，有些则是从其他地区转运到印度的，如来自伊朗和阿富汗的天青石。古希腊哲学家泰奥弗拉斯托斯以及地理学家斯特拉波都提到了亚历山大东征之后将印度的很多宝石带回了西方。罗马帝国建立后，人们对宝石的需求进一步增加，尤其是罗马富人，他们不仅在手上佩戴着宝石，甚至在自己家的沙发、墙壁以及盔甲上都饰满了各种各样的宝石。从公元前1世纪开始，罗马人对印度珠宝的收藏已经成为一种普遍的现象，如恺撒、维斯帕先、哈德良都是有名的收藏家。在共和国末期，罗马的街道两旁就已经有了很多金银匠与宝石匠开的店铺；到了罗马帝国时期，几乎每个富有的罗马家庭都有珠宝装饰的橱柜，相反穷人只能用玻璃仿制品。

在所有的矿石类产品中，最珍贵的当属钻石。作家普林尼说钻石是所有矿石类产品中最珍贵的一种；诗人马库斯·曼尼里乌斯说，钻石是比黄

---

[1] E.H.Warmington, *The Commerce Between the Roman Empire and India*, New Delhi:Central Archaeological Library, 1974, P235.

[2] J.Thorley, *The Development of Trade to the End of the Second Century A.D.Between the Eastern Provinces of the Roman Empire and the Countries Lying Further East*, Durham: Durham University, 1965, P39.

金还要珍贵的东西，甚至最坚硬的蓝宝石都可以被钻石切割。[1]公元1世纪，希腊商人在印度西海岸的穆泽里斯港与内尔辛达港发现有这种宝石。这种宝石可能是从印度内陆运到西海岸港口的（今印度的矿产地主要位于德干高原东部地区）。虽然古代印度人曾限制钻石的大量出口，但是罗马人仍然可以在这里获得最大的且最好的钻石。在印度当地所产的矿石中，受到罗马人喜爱的还有来自印度的绿宝石和海蓝宝石。海蓝宝石在罗马人看来比蓝宝石价值高，甚至比黄金还要受到人们的喜爱。根据作家普林尼和佩特罗提乌斯所说，这些蓝、绿宝石在罗马人中很受欢迎。

除了钻石以外，罗马商人还可以从印度获得其他各种各样的宝石，如蛋白石、玛瑙、红玉髓、水晶等。在共和国末期，这些宝石就已经被大量运到罗马。在印度洋季风发现之后，进口到罗马的印度宝石数量就更多了。玉髓有不同的颜色，如红色、蓝色、橙色以及蓝绿色等。《厄立特里亚航海记》之后的作家们就常常提及这种产品，人们用它来制造橱柜、花瓶、葡萄酒勺、杯子及其他器皿。除了这些宝石，比较珍贵的还有来自印度的水晶。富有的罗马人经常使用水晶做酒杯，可以用来盛清凉的葡萄酒。普林尼提到了用水晶做的杯子和碗，并说道："这些物品的价格很高，而一些人却想要拥有它们，这是一个愚蠢的想法。"[2]罗马帝国能买得起水晶橱柜和水晶杯的可能只有罗马富人。这些从印度转运过来的东方

---

[1]　转引自E.H.Warmington, *The Commerce Between the Roman Empire and India*, New Delhi:Central Archaeological Library, 1974, P236。

[2]　E.H.Warmington, *The Commerce Between the Roman Empire and India*, New Delhi:Central Archaeological Library, 1974, P246.

宝石有些是在印度当地加工的，有些则被运到埃及的亚历山大港经过再加工。在亚历山大港有专门切割宝石的工匠，他们会把这些宝石加工成样式各异的首饰运往帝国其他地区，而罗马无疑是帝国最大的消费市场。

除了宝石类产品，罗马从印度进口的还有少数金属矿产品。尽管我们知道罗马帝国矿产资源丰富，帝国的金银币以及铅、铜、锡等金属大量出口到东方，但不可否认的是罗马对印度的金属矿产也有一定的需求。在罗马从印度进口的金属中就包括了铁、钢以及少量的黄金。在叙利亚的大马士革，罗马人用钢铁制成各式各样的餐具和盔甲。[1]

3.动物及动物产品

在罗马与印度的动物贸易中，鹦鹉是比较常见的物种。早在希腊化时期，就已经有来自印度的鹦鹉到达了地中海。帝国早期，鹦鹉受到了罗马上层人士的普遍喜爱，宝石上经常描绘着它们的图案，甚至罗马富人在出席公共场合时也会用它们来炫耀自己的身份与地位。在奥古斯都时期，鹦鹉是被关在柳条笼子里的，但是到了罗马作家马尔提阿利斯与斯塔提乌斯时期，它们就被关在了用象牙以及龟甲装饰的笼子里，可见罗马人对它的喜爱。鹦鹉一般是成对喂养，古罗马诗人奥维德与斯塔提乌斯还专门为死去的鹦鹉作诗。[2]公元2世纪，人们对鹦鹉的需求进一步增加了。据说在

[1]　J.Thorley, *The Development of Trade to The End of the Second Century A.D.Between the Eastern Provinces of the Roman Empire and the Countries Lying Further East*, Durham: DurhamUniversity, 1965, P3.

[2]　E.H.Warmington, *The Commerce Between the Roman Empire and India*, New Delhi: Central Archaeological Library, 1974, P154.

埃拉伽巴卢斯时期，他用鹦鹉的头来制作美味佳肴，并且用其喂养狮子及其他动物。[1]之后由于罗马帝国的衰落，人们对鹦鹉的需求也大大减少。除了鹦鹉以外，在罗马帝国早期作家的作品里也提到了来自印度的其他动物，包括狮子、老虎、大象、犀牛等。这些来自遥远东方的大型野生动物被大量带入罗马帝国，主要用于斗兽表演，以供公众娱乐。

珍珠在罗马与印度的商业贸易中占有很重要的地位。虽然罗马人在红海也能获得珍珠，但是最好品质的珍珠来自波斯湾地区，而印度则是罗马帝国珍珠的最大供应地。来自巴里加扎港的商人可以从波斯湾获得珍珠，[2]然后再出售到西方商人手中；同样印度次大陆本身也生产珍珠，在其南部海域有很多天然的渔场，主要集中在马纳尔湾附近。[3]《厄立特里亚航海记》作者与普林尼都提到了印度南部海域的珍珠渔业，但这里的珍珠贸易受到古代泰米尔人国家——潘地亚王国的控制。在穆泽里斯港和内尔辛达港，帝国商人可以获得来自锡兰以及恒河地区的珍珠；同样在巴里加扎港，商人也可以获得从波斯湾运过来的质量上乘的珍珠。据普林尼所说，在希腊历史上最繁荣的时期，珍珠并没有受到人们过多的喜爱，但是当庞培将大量珍珠带回罗马的时候，珍珠开始受到人们的欢迎。到罗马共

---

[1]  E.H.Warmington, *The Commerce Between the Roman Empire and India*, New Delhi:Central Archaeological Library, 1974, P154.

[2]  J.Thorley, *The Development of Trade to the End of the Second Century A.D.Between the Eastern Provinces of the Roman Empire and the Countries Lying Further East*, Durham: Durham University, 1965, P16.

[3]  J.Thorley, *The Development of Trade to the End of the Second Century A.D.Between the Eastern Provinces of the Roman Empire and the Countries Lying Further East*, Durham: Durham University, 1965, P39.

和国末期，珍珠首饰已经变得很流行了。随着罗马妇女对珍珠装饰品的需求以及印度洋季风的发现，罗马与印度的珍珠贸易迅速地发展。珍珠的价格很高，据安德斯提尼所说，罗马人在印度获得的珍珠是用黄金支付的。[1]对于珍珠的价格没有明确的记载，但是在罗马人眼中，它的珍贵程度仅次于钻石。最大最好的珍珠比其他任何珠宝的价格要高。罗马人除了用硬币购买印度货物外，可能也用琥珀、珊瑚以及玻璃等帝国产品来交换在印度获得的货物。

古代作家普林尼强烈谴责罗马人这种奢侈行为，他说人们在珍珠方面的花费几乎快要超出正常的生活开支，并不惜冒着远洋航行的危险去寻求珍珠。"人们喜欢听到珍珠碰撞发出的声音，人们脖子上佩戴着它，甚至在鞋上都装饰着珍珠，连生活窘迫的人都渴望拥有珍珠，珍珠被视为优雅女性的象征"[2]。在尼禄之后的作家也多次提到来自印度的珍珠，说它们具有很高的价值，是女人们渴望得到的东西，成年妇女，甚至那些穿金戴银、卖弄风情的妓女身上都佩戴着珍珠。[3]普林尼提到了罗马皇帝卡里古拉的妻子在她的头上、脖子上、耳朵以及手指上都佩戴着钻石和珍珠。当然对珍珠的追求并不仅限于女性，如著名教育学家昆体良谴责尼禄拥有太

---

[1] 转引自E.H.Warmington, *The Commerce Between the Roman Empire and India*, New Delhi: Central Archaeological Library, 1974, P169。

[2] Raoul Mclaughlin, *Rome and the Distant East:Trade Routes to the Ancient Lands of Arabia, India and China*, New York: Continuum, 2010, P151.

[3] E.H.Warmington, *The Commerce Between the Roman Empire and India*, New Delhi:Central Archaeological Library, 1974, P169.

多珍珠，在他的床上以及浴室里都铺满了珍珠，[1]可见当时罗马人对珍珠的喜爱。

同样来自印度次大陆的动物产品还有象牙和龟甲。在托勒密时期，象牙的主要供应地来自非洲。罗马帝国时期，部分象牙来自印度。从罗马人的文学作品里我们可以看到象牙的广泛用途，它可以被用来制作雕塑、椅子、床、权杖、刀柄、刀鞘、战车、马车、桌子、书柜、桌腿、门、长笛、七弦竖琴、梳子、胸针等。罗马人起初将它作为高级行政长官的一种身份象征，后来随着象牙贸易的发展，人们在使用象牙方面越来越不受节制。据普林尼说，罗马人对象牙的奢侈使用造成了非洲的缺货，因此不得不从印度进口。据《厄立特里亚航海记》记载，西方商人可以在印度的巴里加扎港、穆泽里斯港、内尔辛达港获得象牙以及来自印度次大陆沿岸海域几种不同种类的龟甲。《厄立特里亚航海记》提到，在印度市场上可以见到很多来自马来半岛及锡兰地区的龟甲。这些龟甲连带从印度西部岛屿运过来的龟甲，最后都汇集在马拉巴尔海岸的穆泽里斯港与内尔辛达港，流入希腊人手中。希腊罗马人用龟甲来装饰家具、制作小物件商品，如梳子、刷子以及个人装饰品，包括戒指和胸针等。[2]

在从印度转运过来的动物产品中，动物的皮、毛以及从动物身上获取

---

[1]　转引自E.H.Warmington, *The Commerce Between the Roman Empire and India*, New Delhi:Central Archaeological Library, 1974, P170。

[2]　J.Thorley, *The Development of Trade to the End of the Second Century A.D.Between the Eastern Provinces of the Roman Empire and the Countries Lying Further East*, Durham: Durham University, 1965, P39.

的油脂也成为西方商人重点采购的对象。从印度北部巴巴里贡港出口的丝织品，一部分皮毛来源于中国，这中间一部分来源于藏族地区（尤其是狼皮和豹皮）。

4.中国丝与印度棉

丝绸也是罗马和印度商业贸易中的大宗货品。虽然印度本地也生产丝绸，但是来自中国的丝及丝绸似乎更受西方商人的青睐。在最早时期西方人所用的丝是欧洲丝，但是到公元1世纪，这种丝逐渐被中国的桑蚕丝取代，希腊罗马人把它叫做"Seres"，称产丝的国家为"赛里斯"。[1]一般来说，运到罗马帝国的大部分丝绸包括生丝多是通过印度转运到罗马的。罗马商人可以在印度获得由中国运来的生丝、纱线以及丝绸，[2]这些原材料会被运往埃及、叙利亚以及小亚细亚的工厂里经过进一步加工和染色，[3]最后再出售到罗马市场上。在罗马有专门的丝绸售卖中心，一些富有的上层贵族都有自己的丝绸衣柜。来自罗马和中国方面的文献都提到了丝的价格是用黄金计算的。尽管其价格昂贵，但这仍然阻挡不了罗马人对它的追求。在当时的罗马人看来，丝绸光泽亮丽、价格昂贵，购买者大部

---

[1]　E.H.Warmington, *The Commerce Between the Roman Empire and India*, New Delhi:Central Archaeological Library, 1974, P175.

[2]　中国和印度在罗马帝国建立之前就已经有了丝绸贸易往来。从中国运来的丝经巴克特里亚地区转而南下到印度次大陆北部的巴巴里贡港和巴里加扎港,或者直接通过中国西藏地区，穿过喜马拉雅山脉到达恒河沿岸的港口，然后由印度当地船只沿着东海岸航行到西海岸的穆泽里斯港和内尔辛达港，再出售给西方商人。参见M.P. Charlesworth, *Trade-Routes and Commerce of the Roman Empire* , London: Cambridge University Press, 1924, P51。

[3]　E.H.Warmington, *The Commerce Between the Roman Empire and India*, New Delhi:Central Archaeological Library, 1974, P175.

分是富豪或王室贵族。据统计，罗马帝国每年的丝绸衣料花费达到近1亿赛斯退斯。在很长一段时期内，丝绸和丝绸服装都处于供不应求的状态。

除了从印度转运过来的中国丝及丝绸外，印度棉也是西方商人喜闻乐见的商品。尽管在埃及、阿拉伯、西里西亚、巴勒斯坦以及希腊地区也出产棉花，但是无疑质量最好的棉花来自印度。罗马人用印度棉来制作枕头、织布甚至用作船帆材料。希腊人第一次注意到这些印度棉是在亚历山大东征之后，在季风发现以后进口到罗马帝国的印度棉数量增加了，并且逐渐成为罗马与印度商业贸易中一个比较重要的产品。如《厄立特里亚航海记》在提到印度出口到罗马帝国的物品中就包括了印度棉及棉布。另外，在米奥斯·荷尔莫斯港和贝雷尼塞港的考古发现也证实了这一点。[1]

在罗马帝国从印度进口的物品中可能还包括了各种木材、水果及水果产品等。早期罗马帝国从印度进口的树脂或树胶类产品中，有一部分来自印度的芳烃植物。从这些植物中提取的树汁液也可作为天然颜料或者药材使用。

### （二）罗马帝国的出口物品

*1.谷物类产品*

葡萄酒是罗马帝国出口到印度的一个很重要的贸易产品。罗马帝国时期最负盛名的葡萄酒是来自意大利半岛与劳迪西亚的葡萄酒，也是罗马出

---

[1] Bryan Ladds, *Persians, Ports, and Pepper:The Red Sea Trade in Late Antiquity*, Ottawa: University of Ottawa, 2015, P84.

口到其他地区最多的产品之一。[1]帝国早期，农业生产得到进一步发展，在罗马本土及各行省地区，葡萄种植面积有了很大的增加，从而大大提高了葡萄酒的产量。这一时期印度对来自意大利、叙利亚以及阿拉伯的葡萄酒有很大的需求，其中上乘的葡萄酒供居住在内陆宫廷的王室享用。[2]同一时期，泰米尔文学作品桑伽姆诗集中也提到了"亚瓦那人船只用优雅的罐子带来凉爽的香葡萄酒"[3]。随后的考古发现也进一步证实了这一时期葡萄酒贸易的繁荣：在距离红海沿岸的贝雷尼塞港北部不远处，考古学家发现了34个双耳细颈陶罐，其中有20多个来自坎帕尼亚地区，并且都带有葡萄酒酒塞；另外，来自印度的考古发现也为我们提供了葡萄酒贸易的证据，在印度很多地方发现了来自地中海的双耳细颈罐，如考古学家在阿克梅杜就发现了很多地中海风格的双耳细颈陶罐及其碎片，时间最早可追溯到公元前2世纪，这些容器可用来盛葡萄酒和橄榄油，但是用于装葡萄酒的居多。

2.生玻璃及玻璃制品

玻璃是罗马帝国出口到印度的另一项重要产品。叙利亚与亚历山大的玻璃制造业早在公元1世纪初就已经建立起来。奥古斯都时期，叙利亚

---

[1]　Steven E. Sidebotham, *Berenike and the Ancient Maritime Spice Route*, London: University of California Press, 2011, P232.

[2]　Lionel Casson, *The Periplus Maris Erythraei:Text with Introduction, Translation, and Commentary*, Princeton: Princeton University Press, 1989, P20.

[3]　在残存下来的一些来自贝雷尼塞港的海关收据记录中就多次提到了来自意大利和劳迪西亚的葡萄酒。参见Romila Thapar, "*Black gold: South Asia and the Roman Maritime Trade,*" *Journal of South Asian Studies*, 1992, P23.

和埃及的玻璃制造业有了飞速的发展，其主要原因在于玻璃吹制技术的发明，这样制造出来的高质量的玻璃很快畅销于整个罗马帝国。[1]在帝国的东部地区，埃及的亚历山大里亚、叙利亚的推罗等城市都是著名的玻璃制造中心，其生产的玻璃远销海外。[2]在帝国出口到印度的玻璃产品中不仅包括未加工的生玻璃，还有精致的玻璃器皿。考古学家在印度很多地区都发现了来自罗马帝国的玻璃器皿。在印度的东海岸，尤其是在阿克梅杜港口，考古学家发现了很多罗马帝国生产的玻璃制品、生玻璃以及玻璃残渣，在印度的中部以及西部也有类似发现，这些都说明了当时罗马玻璃曾大量地出口到印度。[3]这些从西方运过来的生玻璃以及玻璃器皿深受印度人的喜爱，质量上好的玻璃和金银器还会送与当地的国王使用。罗马帝国生产的玻璃不仅销往印度，甚至还出口到了中国。这些运过来的大部分生玻璃都被罗马人制成了玻璃器皿、镜子、人造珠宝和彩色玻璃制品。学者斯坦因在中亚地区也发现了一些玻璃粉以及来自罗马帝国的玻璃制品，这都说明了当时罗马帝国玻璃制造业的发达以及与东方玻璃贸易的繁荣。[4]

---

[1]  J.Thorley, *The Development of Trade to the End of the Second Century A.D.Between the Eastern Provinces of the Roman Empire and the Countries Lying Further East*, Durham: Durham University, 1965, P59.

[2]  E.H.Warmington, *The Commerce Between the Roman Empire and India*, New Delhi:Central Archaeological Library, 1974, P271.

[3]  E.Marianne Stern, "*Early Roman Export Glass in India*", in *Vimala Begley and Richard Daniel De Puma, Rome and India:The Ancient Sea Trade*, Wisconsin:The University of Wisconsin Press, 1991, P113—121.

[4]  J.Thorley, *The Development of Trade to the End of the Second Century A.D.Between the Eastern Provinces of the Roman Empire and the Countries Lying Further East*, Durham: Durham University, 1965, P58—60.

### 3.矿产品

在罗马和印度的贸易物品中，矿产品也占有一定的地位。印度对罗马帝国的贵金属有很大的需求，在印度发现的大量罗马硬币也间接证实了这一点。古代印度铸币大多使用铅币，也有铜锡合金的，但几乎没有自己的银币与金币。罗马帝国虽然也从印度进口一些基本金属，但相较于罗马出口到印度的金银币来说是不值得一提的。罗马帝国西部行省矿产资源丰富，其所需一半以上的金银都依赖于西部行省的开采。尤其是西班牙、高卢、不列颠以及沿多瑙河、莱茵河一带的矿产，不仅成为帝国银、铅、锡的主要来源，而且部分金属还出口到帝国以外的地区。如在印度发现的大部分罗马金银币所用的金属材质就来源于帝国的西部矿产。[1]印度人也用铜币，《厄立特里亚航海记》中提到从巴里加扎港出口到波斯湾的铜可能来自欧洲的矿产。早期罗马帝国几乎从西班牙的卢西塔尼亚和加利西亚获得了所有能获得的矿产，"印度人用珍珠、宝石以及香料来交换这些从西方带来的铅和铜"[2]。除了金银币和这些基本金属以外，罗马帝国出口到印度的矿产品还包括硫化锑、雄黄和雌黄等。其中硫化锑并不是罗马帝国的产品，它主要来源于阿拉伯和卡尔曼尼亚地区，是帝国商人在前往印度的途中获得的，另外两种产品雄黄和雌黄则具有一定的药用价值，尤其雌黄可作为一种染料使用。《厄立特里亚航海记》中也提到西方商人用它们

---

[1]　杜丹：《古代世界经济生活》，志扬译，商务印书馆1963年版，第272页。

[2]　E.H.Warmington, *The Commerce Between the Roman Empire and India*, New Delhi:Central Archaeological Library, 1974, P269.

来交换当地的产品。[1]

4.宝石类产品

尽管罗马帝国从印度进口了很多宝石，但是也有几种比较独特的宝石是罗马帝国出口到印度的，其中比较重要的是来自地中海的红珊瑚。《厄立特里亚航海记》提到了从西方带来的红珊瑚被出口到印度的巴巴里贡港、巴里加扎港、穆泽里斯港和内尔辛达港，或者通过阿拉伯再转运到印度。普林尼时期由于罗马和印度海上贸易的发展，红珊瑚被大量地出口印度，以至于在红珊瑚原产地几乎供应枯竭。帝国早期，红珊瑚的主要供应地为西里西亚、撒丁岛、科西嘉岛、巴利阿里群岛以及意大利沿岸、西班牙和北非地区。普林尼说，现在高卢人无法像以前那样用大量的红珊瑚去装饰他们的剑、盾、铠甲，因为印度人对珊瑚的需求已经使它变得稀有。他还提到了印度人对珊瑚的喜爱就如罗马人对珍珠的喜爱一样。[2]在印度，佛教徒们认为珊瑚是一种神圣的护身符，是一种非常美丽的装饰品，所以很有可能的是帝国商人用珊瑚来交换马纳尔湾的珍珠。对于罗马商人来说，与印度的珊瑚贸易存在很大的利润，部分红珊瑚甚至出口到中国。到今天为止，珊瑚在印度仍然有很大的消费市场。同样，考古学家在印度也发现了一些来自西方的宝石及其仿制品，它们可能由海路到达了中国。

5.纺织品及其他

---

[1] Lionel Casson, *The Periplus Maris Erythraei:Text with Introduction, Translation, and Commentary*, Princeton: Princeton University Press, 1989, P16.

[2] E.H.Warmington, *The Commerce Between the Roman Empire and India*, New Delhi:Central Archaeological Library, 1974, P263.

罗马帝国出口到印度的华美服饰及各种各样的纺织品主要得益于帝国东部行省的纺织和染色工业，尤其是埃及和叙利亚。埃及和叙利亚的纺织业非常发达，在这些地区都有专门的纺织和染色工厂，从印度和中国运过去的生丝和丝绸会在这里经过重新加工和染色，或者与亚麻和羊毛混合织成新的丝织品再次出口到东方国家和地区。据《厄立特里亚航海记》记载，从帝国出口到印度的纺织品包括用野生蚕丝织成的上等布匹、金丝刺绣布和地毯、束腰带以及彩色的纺织品等。[1]除了这些以外，罗马帝国输入到印度的产品还包括来自阿拉伯半岛和索马里地区的产品，如乳香和没药，前往印度的帝国商人可以在中途获得这些产品，并用帝国上好的纺织品、葡萄酒以及玻璃器皿作为交换。

总体来看，罗马人对来自印度的东方产品需求更大，罗马帝国的进口远远大于出口，印度的进出口贸易存在不平衡的现象，这在一定程度上导致了罗马帝国硬币的大量外流，同时也是招致古代罗马道德家不断谴责和抨击的一个重要原因。

## 五、对印贸易对早期罗马帝国的经济及社会影响

综上所述，早期罗马帝国与印度的商业贸易颇具规模，可以说对印贸易在早期罗马帝国的经济生活中占有重要的比重，并对罗马帝国的经济、社会及文化等方方面面都产生了不同程度的影响。由于篇幅有限，笔者重

---

[1] Lionel Casson, *The Periplus Maris Erythraei:Text with Introduction, Translation, and Commentary*, Princeton: Princeton University Press, 1989, P16.

点分析贸易对罗马帝国的经济及社会影响，其主要表现如下：

## （一）经济方面

### 1.帝国税收收入的增加

在罗马与印度的商业贸易中，谈及贸易对罗马帝国的经济影响，最直接的莫过于帝国从东方贸易中所获得的税收收入。从印度运过来的商品在经红海港口到达罗马帝国边境时要支付各种各样的通行费、过路费以及关税。其中最重要的就是在亚历山大港对进口的东方货物所征收的25%的关税，这是对阿拉伯人、非洲人、印度人以及所有进入埃及边境的货物都要征收的一种税，而这构成了罗马财政收入的重要来源。[1]公元前1世纪，税收由专门的包税人负责，罗马帝国时期，统治者在税收方面专门设置了管理官员，叫"Arabarch"，用来监督当地的包税人。[2]早期罗马帝国的进口贸易中，印度产品占有很大的比重。在罗马法学家埃利乌斯·马西亚努斯编订的一份法律文书中提到了一张公元2世纪亚历山大港对东方物品的征税清单，有学者统计，上面所提到的56种商品中，就有30多种是印度产品。[3]据古代作家普林尼记载，每年帝国流入印度、阿拉伯和中国的财富达到了1亿塞斯退斯，而光印度从帝国拿走的财富就达到了5000万塞斯退斯。根据其他

---

[1] E.H.Warmington, *The Commerce Between the Roman Empire and India*, New Delhi:Central Archaeological Library, 1974, P307; Raoul Mclaughlin, *The Roman Empire and the Indian Ocean*, Great Britain: Pen&Sword Military, 2014, P14.

[2] Gary K.Yong, *Rome's Eastern Trade:International Commerce and Imperial Policy 31B.C—A.D.305*, London: Routledge, 2001, P42.

[3] 转引自Raoul Mclaughlin, *Rome and Distant East:Trade Routes to the Ancient Lands of Arabia, India and China*, New York: Continuum, 2010, P143。

学者的估算，这个数字相当于奥古斯都时期整个埃及行省税收收入的五分之一。[1]虽然普林尼提供的数据可能并不准确，但也客观反映了印度在罗马与东方贸易中所占的重要比重。"最近出土的一份纸草文献有助于我们了解当时罗马和印度的贸易规模以及罗马帝国从中可能获得的贸易收入。这是一份残缺的纸草文献，时间要追溯到公元1至2世纪。因正面是一份从印度南部的穆泽里斯港到埃及亚历山大里亚港的海上贸易贷款协议的副本，所以被称为"穆泽里斯纸草"[2]。在它的反面提到了一艘叫"赫玛波隆号"的船只的进口物品，包括了甘松、象牙以及从印度进口的多包棉布等，当然这些货物只是总货物的一部分。有学者推测，在残存的纸草文献上应该还包括印度的胡椒和其他物品，船只载重量可能超过了220吨。[3]据现代学者估算，这些货物的总价值（纳税前）约达900万塞斯退斯，[4]如果按斯特拉波记载，公元前后，每年从米奥斯·荷尔莫斯港驶向印度的商船多达120艘，每艘所载吨数与其相似，那么公元1世纪，通过印度洋进入到罗马帝国的东方产品每年的价值至少在10亿塞斯退斯左右，这意味着罗马帝国仅从东方贸易中所获得的税收收入就达到了约2.5亿塞斯退斯，而这

---

[1] Richard Duncan-Jones, *Money and Government in the Roman Empire*, London: Cambridge University Press, 1994, P53.

[2] 参见陈思伟：《埃及与印度次大陆的海上贸易及其在罗马帝国经济中的地位》，《历史研究》2018年第1期，第118页。

[3] Raoul Mclaughlin, *The Roman Empire and the Indian Ocean*, Great Britain: Pen& Sword Military, 2014, P89.

[4] Raoul Mclaughlin, *Rome and the Distant East: Trade Routes to the Ancient Lands of Arabia, India and China*, New York: Continuum, 2010, P158.

几乎相当于整个早期罗马帝国年财政收入的四分之一。[1]

2.帝国东部行省工商业的发展及城市的繁荣

在罗马帝国早期，罗马与印度的大规模商业贸易在一定程度上刺激了帝国东部行省工商业的发展，从而推动了东部行省城市的进一步繁荣。"地中海世界与远东、印度及东非之间贸易的扩张与发展，西方对于亚历山大城、腓尼基、叙利亚及小亚细亚一切奢侈工业品需要的增加，海上交通的安全——所有这些罗马统治的后果，都大大有助于东方工场出品的增加"[2]。罗马人对印度产品有着持续稳定的需求，同时罗马帝国的贵金属硬币以及玻璃、陶器等产品在印度次大陆以及远东地区也有一定的消费市场。一直以来，帝国东部行省地区的工业水平比较发达，著名的工业有葡萄酒制造业、玻璃制造业和棉纺织业等。很多从印度运过来的东方产品在运到东部地区后会经过再加工，例如从印度运来的香料以及芳香植物产品可以被制成油膏或香水；从印度运过来的丝绸和棉花可以在埃及和叙利亚的纺织工厂里经过加工染色，织成颜色各异、色彩华丽的纺织品。《厄立特里亚航海记》中提到，亚历山大里亚生产的纺织品在印度和阿拉伯有很大的消费市场。[3]此外，从印度运过来的其他珍贵产品如珍珠、宝石等经专门的手工匠人处理可以加工成精美的珠宝送到商店出售。在罗马和印度

---

[1] 按帝国关税税率25%计算。参见Raoul Mclaughlin, *The Roman Empire and the Indian Ocean*, Great Britain: Pen& Sword Military, 2014, P94。

[2] 杜丹：《古代世界经济生活》，志扬译，商务印书馆1963年版，第271页。

[3] Gary K.Yong, *Rome's Eastern Trade: International Commerce and Imperial Policy 31B.C—A.D.305*, London: Routledge, 2001, P47.

贸易发展的高峰期，东部行省生产的工业制品大量增加，帝国的商业贸易网络也愈加成熟和发达。由于东部行省是罗马帝国通往东方国家和地区的重要交通要道，因贸易而带动起来的城市也不计其数，以叙利亚和埃及行省为例。

在叙利亚北部沿岸，最重要的商业城市就是安条克，这是仅次于埃及亚历山大港的第二大进口城市，也是帝国通往印度的多条贸易路线的起点。从安条克向东可到帕尔米拉、两河流域；向北可到小亚细亚以及黑海地区；向南沿叙利亚海岸可至埃及以及阿拉伯地区。就地理位置而言，该城市在罗马与东方的商业贸易中扮演着重要的角色，[1]虽然这里的工业生产并不发达，但是因转运贸易而获得丰厚财富却成为支撑该城市商业发展的有力支柱。在安条克居住着很多从事东方贸易的商人，他们构成了东西方之间贸易交往的桥梁。在叙利亚南部海岸，劳迪西亚、推罗和西顿等，都是有名的商业城市。早在罗马人到来之前，这里的纺织业和葡萄酒制造业就非常发达，尤其是劳迪西亚生产的葡萄酒不仅畅销于地中海各地，而且还远销印度和阿拉伯地区。[2]在行省内陆，比较重要的商业城市是大马士革，其独特的地理位置以及便利的交通网络使得这里的进出口贸易非常发达。大马士革生产的刀剑非常有名，早在罗马人到来之前，在大马士革就已经可以见到来自印度和中国的丝绸、香料以及铁和钢，罗马时期这座

---

[1]　M.P.Charlesworth, *Trade-Routes and Commerce of the Roman Empire*, London: Cambridge University Press, 1924, P89—90.

[2]　M.P.Charlesworth, *Trade-Routes and Commerce of the Roman Empire*, London: Cambridge University Press, 1924, P48—51.

城市继续繁荣发展，其生产的工业制品出口到世界各地。

在埃及，随着帝国东部贸易的繁荣，亚历山大里亚成为国际贸易的主要市场，斯特拉波称其为世界上最大的商业中心。[1]在罗马和印度的长途贸易中，亚历山大里亚扮演着举足轻重的角色，不仅因为它是帝国重要的工业制造中心，同时也是帝国对外贸易的重要市场。从印度进口的各种工业原材料，如丝绸、棉花、粗棉布、象牙、龟甲、兽皮、香料、宝石，还有一些金属等，在运到亚历山大港后，会经过当地工场的进一步加工，然后再转运到地中海各地。同样来自帝国西北地区的琥珀与锡、意大利和高卢的陶器、希腊半岛和亚洲的葡萄酒、叙利亚的马等经由亚历山大港出口到世界各地，包括非洲、阿拉伯、印度及远东地区。在亚历山大里亚，商店和手工作坊在城市生活中一直占据着重要的地位。"在亚历山大里亚有两个主要的活动区：一个是纯商业的地区，在这个区域，城市只给那些从别处来的、并且要把他们的货物运往其他地区的商人提供转换地；另一地区是加工工业区，它负责把原材料加工成制成品，然后销售出去。"[2]"工场通常既是生产地，又是销售地。亚历山大里亚的手工工场天天热闹非凡，以至于斯特拉波说在亚历山大港居住的没有闲人。玻璃制造工人、纸草生产工人以及一些纺织工人，所有人都自称从事某种贸易。这里成为人人向往的地方，成为一个民族大熔炉。这座城市吸引了来自各

---

[1] Raoul Mclaughlin, *The Roman Empire and the Indian Ocean*, Great Britain: Pen & Sword Military, 2014, P89.

[2] 让-诺埃尔·罗伯特：《从罗马到中国——恺撒大帝时代的丝绸之路》，马军、宋敏生等译，广西师范大学出版社2005年版，第129页。

国的人，希腊人与叙利亚人、阿拉伯人、意大利人，甚至是印度人一起并排而行"[1]。

3.商人在贸易中的积极参与

最早在公元前1世纪的时候，罗马商人就已经出现在埃及并积极参与到罗马帝国与东方的商业贸易中去，但是在公元初的两个世纪里，参与埃及红海贸易的商人主要是亚历山大港人。从事印度贸易的很多商人都居住在亚历山大港，[2]他们在很早的时候就开始在印度洋上冒险航行。在季风被发现之后，到印度旅行以及贸易的商人越来越多，甚至有些希腊商人专门定居在印度，印度人把他们称作"亚瓦那人"。在古代印度泰米尔史诗中也提到了亚瓦那人如何为当地国王服务以及充当雇佣兵的故事。譬如，其中一首讲述了"亚瓦那人的超级巨轮载着黄金，激起佩里亚鲁海上白色的浪花一路驶来，当穆济里的钟声鸣响时，再带着胡椒重新出发"[3]，还有一首讲述王子品尝由亚瓦那带回的醇香美酒的故事。这些商人可能已在印度定居下来，并且将有关希腊的文化技艺传播到了印度。

"对地中海贸易商人来说，惊人的利润鼓舞了其对亚洲的向往和探索"[4]。"尽管通向印度的海洋之路充满了危险，但商人们还是甘愿冒着

---

[1] M. P. Charlesworth, *Trade-Routes and Commerce of the Roman Empire*, London: Cambridge University Press,1924, P28—29.

[2] Gary K.Yong, *Rome's Eastern Trade: International Commerce and Imperial Policy 31B.C—A.D.305*, London: Routledge, 2001, P48.

[3] 让-诺埃尔·罗伯特：《从罗马到中国——恺撒大帝时代的丝绸之路》，马军、宋敏生等译，广西师范大学出版社2005年版，第100页。

[4] Romila Thapar, "*Black Gold: South Asia and the Roman Maritime Trade,*" *Journal of South Asian Studies*, 1992, P25.

风险不辞辛苦地前往印度进行贸易，原因就在于他们可以从中获得丰厚的利润"[1]。贸易涉及各种各样的商人、投资者和商业代理人。虽然罗马共和国时期曾颁布法律，禁止罗马高级官员从事海外贸易，但不可否认的是他们通过金钱资助以及在红海港口派驻商业代理人的方式，也间接参与到了这项有利可图的贸易活动中。参与印度贸易的不仅仅有帝国的奴隶、自由民，还有一些富有的罗马公民、元老院贵族、妇女，甚至是皇帝的代理人，仅"尼卡诺尔档案"就显示了大约20个贸易中心、25个贸易商人以及近30个商业代理人的存在。[2]其中，它提到了7名在埃及拥有商业企业的富有的罗马公民，他们在红海港口都派驻有自己的商业代理人，可能间接参与到了这项贸易活动中。公元前2年，一名为盖伊斯·墨西多·埃罗斯的罗马公民在从贝雷尼塞港返回科普托斯港途中的岩石表面刻有拉丁文涂鸦，上面写着他刚从印度返回来。[3]无论如何，罗马商人似乎很快就意识到东部贸易扩张带来的市场机会。考古学家在科普托斯的陶器上发现了罗马商人的标签，这些商人可能是帝国西部地区的葡萄酒商人。另外，来自埃及一座神庙的铭文揭示了两个来自亚历山大港的富有的罗马女商人的

---

[1] Steven E.Sidebotham, "Ports of the Red Sea and the Arabia-India Trade," in Vimala Begley and Richard Daniel De Puma,eds., *Rome and India: The Ancient Sea Trade*,Wisconsin: University of Wisconsin Press, 1991, P23.

[2] "尼卡诺尔档案"为学者在红海沿岸港口发现的一组碎陶片铭文，记录了尼卡诺尔家族在尼罗河与红海之间从事贸易活动的运输业务。参见Raoul Mclaughlin, *Rome and the Distant East:Trade Routes to the Ancient Lands of Arabia, India and China*, Continuum, 2010, P34。

[3] Raoul Mclaughlin, *Rome and the Distant East: Trade Routes to the Ancient Lands of Arabia, India and China*, New York: Continuum, 2010, P34.

活动。铭文中记载"Aelia Isidora"和"Aelia Olympias"以及她们的船长一起向埃及的莱托女神献祭。她们的身份可能是在东方进行贸易的船主或者商人，[1]其在贸易中的积极参与证明了在东方贸易中可获得丰厚利润。尤其是对地中海东部地区的商人来说，他们从贸易中受利颇丰，很多商人为此而发家致富，他们将"经营商业所得的钱财投之于工业、土地和房贷"[2]，一些人退休后住进了宁静的地中海沿岸的宫殿式别墅，建立了类似种植园的庄园，雇用了数百名农业工人。[3]而由贸易发展起来的埃及交通运输业使得许多交通运输人员的生计得到了解决，还有手工艺人和雇佣军，他们也从各种商业活动中受益。[4]

### （二）社会方面

罗马人对东方奢侈品的需求与其奢侈的生活作风是分不开的。罗马人对来自印度的香料、宝石、珍珠以及中国丝绸有很大的需求，这在一定程度上助长了其奢侈的生活作风，加速了罗马帝国的衰落。

1.奢华宴饮

"奢华的家庭宴会在罗马人的社会生活中具有重要意义，它既是亲朋

[1]　Kyle Mcleister, *The Traders in Rome's Eastern Commerce*, Ontario:Mcmaster University, 2011, P14—34.

[2]　M.罗斯托夫采夫：《罗马帝国社会经济史》，马雍、厉以宁译，商务印书馆1985年版，第251页。

[3]　Raoul Mclaughlin, *The Roman Empire and the Indian Ocean*, Great Britain: Pen& Sword Military, 2014, P104.

[4]　Raoul Mclaughlin, *Rome and the Distant East:Trade Routes to the Ancient Lands of Arabia, India and China*, New York: Continuum, 2010, P34.

好友聚会的主要方式，也是宴会主人显示其社会和经济地位的手段"[1]。罗马人经常举办各种各样的宴会。"宴会上不仅有各种美味佳肴，还有各类装饰精美的餐具、酒杯以及玳瑁饰面的象牙腿和玛瑙脚的家具"[2]。精致的菜肴和陈设都是为宴会准备的，宴会的奢华程度反映了主人的身份地位。豪华的宴会是积攒个人声望、提高社会地位的一种好的手段。在宴会上可以见到很多来自东方的物品，最明显的莫过于用来给食物和饮料调味的香料。在古代著名的美食家阿比西乌斯的食谱中也多次提到了来自印度的各种各样的香料，包括胡椒、豆蔻、肉桂等。虽然它们价格昂贵，但并不是只有罗马富人才能买得起，有些香料售卖商为了赚取更多的利润也会以次充好或大量掺假，从这个角度而言，价格就相对便宜好多。除了用于人们日常的饮食烹饪外，它们也被一些医学家当作药剂使用，或者用来制作香水和油膏。如在古代作家狄奥斯科里迪斯、塞尔苏斯、普林尼以及盖伦的作品中就提到了印度香料在药物中的使用。有些香料在治疗特殊的疾病方面有神奇的功效，如塞尔苏斯指出乳香、没药、阿拉伯树胶和豆蔻可以用来帮助恢复伤口；狄奥斯科里迪斯提到桂皮可以治疗皮肤损伤，豆蔻可以治疗背部和腹部疼痛"[3]。

---

[1]　纳撒尼尔·哈里斯：《古罗马生活》，卢佩媛、赵国柱、冯秀云译，希望出版社2006年版，第135页。

[2]　Matthew Adam Cobb, "*The Reception and Consumption of Eastern Goods in Roman Society*", Greece & Rome, vol.60, no.1, 2013, P141.

[3]　Matthew Adam Cobb, "*The Reception and Consumption of Eastern Goods in Roman Society*", Greece & Rome, vol.60, no.1, 2013, P143.

2.衣着配饰

"从共和时期至帝国时期，罗马社会的日益繁华使得罗马人的服装和饰物越来越讲究，形式越来越奢靡。罗马版图的扩大使世界各地的商品畅通无阻、源源不断地进入意大利半岛，其中有北欧的琥珀、毛皮以及亚洲的各种奢侈品。它促使罗马人的服饰逐渐摆脱早期希腊服饰的朴素，开始追求华丽，并向东方民族的服装风格转化"[1]。从东方来的丝绸在埃及和叙利亚地区经过进一步加工后逐渐成为高档奢侈品的象征。这些华丽的服饰再配以珍贵的珍珠、宝石则成为人们炫耀财富和地位的奢华展示。苏维托尼乌斯曾说："卡里古拉喝着其中溶解了珍珠的醋，穿着华丽的丝绸，披着镶有宝石的斗篷，给他的马建造了一个象牙畜栏。"在罗马帝国的鼎盛时期，贵重的丝绸服装是所有东方进口产品中最引人注目、最具争议的一种，因为丝绸比西方任何由动物制品或植物纤维制成的材料都更亮、更结实、更耐用、更轻、更舒适。

对于罗马人这种奢侈的社会风气，古罗马作家普林尼和皇帝提比略都表达了不满。如提笔略在写给元老院的信件中提到，他反对罗马贵族向别人夸耀他们的别墅、奴隶、金银珠宝以及丝绸衣物，这些都来自遥远的东方国家和地区。普林尼也抱怨道，每年帝国花费在印度、阿拉伯、中国的财富达到了1亿塞斯退斯，其中有一半流入印度。在古代罗马道德家的眼中，这些所谓的来自异域地区的东方产品助长了罗马社会奢侈的作风，致

---

[1] 纳撒尼尔·哈里斯：《古罗马生活》，卢佩媛、赵国柱、冯秀云译，希望出版社2006年版，第113页。

使普林尼发出感叹："奢侈和妇女使我们付出了这样的代价！"[1]

## 六、结语

综上所述，罗马与印度商业贸易的发展和帝国的政治、经济发展状况密切相关。在早期罗马帝国时期，由于国内政治相对稳定、经济发展，罗马与印度的商业贸易得以顺利进行。尤其是印度洋季风的发现更是大大便利了罗马和印度的直接交往。公元1至2世纪，罗马和印度之间的商业贸易臻于极盛。可以说对印贸易为早期罗马帝国的经济发展注入了新的活力，推动了古典城市的繁荣发展。但随着东方产品的大量涌入以及罗马人对东方奢侈品的不断追求，无形中助长了罗马贵族骄奢淫逸的社会风气，从而为帝国的衰落埋下了隐患。到罗马3世纪危机时，伴随而来的是罗马帝国与印度次大陆贸易的缓慢发展与停滞。这一时期，在政治上，罗马政权不断更迭，行省内部多发生叛乱，帝国边境也随时遭到外族入侵的威胁；在经济上，由于硬币的贬值以及货币金融体系的不稳定导致了经济的紊乱，人们的购买力在逐渐下降，对东方产品的需求也大大减弱。虽然戴克里先上台后罗马的政治经济状况有所恢复，但仍然阻挡不住罗马帝国衰落的脚步。从海路来看，红海沿岸港口基础设施的毁坏[2]以及阿克苏姆人的兴

---

[1]　科瓦略夫：《古代罗马史》，王以铸译，生活·读书·新知三联书店1957年版，第791页。

[2]　3世纪危机对米奥斯·荷尔莫斯港的影响尤为严重，到4世纪，这个港口已经被废弃了。同样在3世纪危机中受到影响的有贝雷尼塞港，尽管米奥斯·荷尔莫斯港被遗弃了，但是贝雷尼塞港到帝国后期依然在使用，只不过限制在很小的范围内。

起使得这一时期罗马与印度的海上贸易受到了阻碍；从陆路来看，中亚地区萨珊波斯人的兴起使得罗马人逐渐丧失了对波斯湾地区的控制，从中亚到印度的陆路也不再便利。因此到古代罗马后期，罗马与印度的商业贸易出现了整体下滑的趋势。虽然到拜占庭帝国时期，罗马和印度的海上贸易又重新得以恢复和发展，但是这一时期罗马和印度的商贸规模已经大不如前，而且贸易的重心也逐渐由印度半岛转向锡兰和东南亚地区。

　　尽管如此，早期罗马帝国和印度贸易的辉煌成就仍然值得重视。以丝绸之路为平台、以罗马帝国为核心的对印商贸研究，不仅有助于我们梳理早期罗马帝国的经济发展状况，同时以印度次大陆为桥梁、以贸易为纽带带动起来的东西方之间文明的交往与互动也使我们受益匪浅。随着历史研究的不断进步、资料的不断出新，还有很多文化方面的影响亟待我们去探讨和发掘，在此不专门赘述。

参考文献

# 一、中文文献

## （一）中文译著

1.修昔底德.伯罗奔尼撒战争史.谢德风译.北京：商务印书馆，1960.

2.阿庇安.罗马史.谢德风译.北京：商务印书馆，1979.

3.阿里安.亚历山大远征记.李活译.北京：商务印书馆，1985.

4.希罗多德.历史.王以铸译.北京：商务印书馆，1985.

5.维吉尔.埃涅阿斯纪.杨周翰译.南京：译林出版社，1999.

6.科瓦略夫.古代罗马史.王以铸译.北京：三联书店，1957.

7.杜丹.古代世界经济生活.志扬译.北京：商务印书馆，1963.

8.戈岱司.希腊拉丁作家远东古文献辑录.耿昇译.中华书局，1981.

9.保罗·佩迪什.古代希腊人的地理学——古希腊地理学史.蔡宗夏译.北京：商务印书馆，1983.

10.M.罗斯托夫采夫.罗马帝国社会经济史（上册）.马雍、厉以宁译.北京：商务印书馆，1985.

11.G.F.赫德逊.欧洲与中国.王尊仲、李申、张毅译.中华书局，1995.

12.中国基督教三自爱国运动委员会.圣经. 南京爱德印刷有限公司，2003.

13.布尔努瓦.丝绸之路.耿昇译.济南：山东画报出版社，2001.

14.H.裕尔.东域纪程录丛.张绪山译.昆明:云南人民出版社，2002.

15.余英时.汉代贸易与扩张.邬文玲等译.上海：上海古籍出版社，2005.

16.格雷格·沃尔夫主编.剑桥插图罗马史.郭小凌、晏绍祥等译.济南：山东画报出版社，2005.

17.让-诺埃尔·罗伯特.从罗马到中国——恺撒大帝时代的丝绸之路.马军、宋敏生等译.桂林：广西师范大学出版社，2005.

18.爱德华·吉本.罗马帝国衰亡史（第二卷）.席代岳译.吉林出版集团有限责任公司，2007.

19.孟德斯鸠.罗马盛衰原因论.婉玲译.北京：商务印书馆，2011.

20.弗兰克.罗马经济史.王桂玲等译.上海：三联书店，2013.

21.比尔·波特.丝绸之路.马宏伟、吕长清译.成都：四川文艺出版社，2013.

22.D.P.辛加尔.印度与世界文明.庄万友等译.北京：商务印书馆，2015.

（二）中文著作

1.张星烺编注.朱杰勤校订.中西交通史料汇编（第一册）.北京：中华书局，1976.

2.刘欣如.印度古代社会史.北京：中国社会科学出版社，1990.

3.王乃新.汉尼拔战争.大连：大连海事大学出版社，1994.

4.施治生，郭方主编.古代民主和共和制度.北京：中国社会科学出版社，1998.

5.杨俊明，张齐政.汉尼拔与布匿战争.长春：吉林人民出版社，2001.

6.吴于廑，齐世荣.世界史.北京：高等教育出版社，2005.

7.徐新.西方文化史.北京：北京大学出版社，2006.

8.林太.印度通史.上海:上海社会科学院出版社，2007.

9.杨共乐.罗马史纲要.北京：商务印书馆，2007.

10.许昌财.西班牙通史.北京：世界知识出版社，2009.

（三）中文期刊论文

1.杨共乐.谁是第一批来华经商的西方人.世界历史，1993(4).

2.张绪山.罗马帝国沿海路向东方的探索.史学月刊，2001(1).

3.倪乐雄.海权与文明的兴衰.中国国防报，2007-07-10.

4.时殷弘，惠黎文.战略、制度和文化的较量——第二次布匿战争中的罗马和迦太基.世界经济与政治，2007(4).

5.杨共乐."丝绸西销导致罗马帝国经济衰弱说"源流辨析.史学集刊，2011(1).

6.王锐.古代腓尼基和迦太基商业帝国兴衰的历史概说.天津商业大学学报，2011(3).

7.杨巨平.希腊化还是印度化——"Yavanas"考.历史研究，2011(6).

8.罗帅.汉代海上丝绸之路的西段——印度西南海岸古港穆吉里斯.新疆师范大学学报，2016(5).

9.王坤霞，杨巨平.流动的世界:《厄特里亚航海记》中的海上贸易.西域研究，2017(1).

10.陈思伟.埃及与印度次大陆的海上贸易及其在罗马帝国经济中的地

位.历史研究，2018(1).

### （四）学位论文

1.刘红影.罗马与迦太基关系研究.硕士学位论文. 武汉:华中师范大学，2006.

2.赵书山.汉尼拔家族兴衰史研究.硕士学位论文.北京: 中央民族大学，2011.

3.王三三.帕提亚与丝绸之路关系研究.博士学位论文.天津:南开大学，2011.

4.郭小红.文明互动中的古罗马与东方——古罗马向东方的探索及其经济文化交流.硕士学位论文.北京:首都师范大学，2011.

5.张绪强.斯特拉波及其笔下的印度.硕士学位论文.长春:东北师范大学，2015.

6.梅雪研.罗马帝国时期的旅行与旅游活动研究.硕士学位论文.临汾：山西师范大学，2018.

# 二、英文文献

## （一）英文著作

1. Strabo. The Geography of Strabo，7vols， edited and translated by H.L.Jones. Loeb Classical Library. Cambridge: Harvard University Press. 1923.

2. Pliny. Natural History，with an English translation by H.Rackham，Loeb Classical Library， London and Cambridge: Harvard University Press. 1979.

3. Lionel Casson. The Periplus Maris Erythraei: Text with Introduction, Translation, and Commentary. Princeton: Princeton University Press.1989.

4.Wallace Bruce Fleming.The History of Tyre.Columbia University Press.1915.

5. Gerhard Herm.Translated by Caboline Hiller.The Phoenicians.The purple empire of the ancient world .New York: Wiliam Morrow and Company.inc. 1975.

6. M.P.Charlesworth. Trade-Routes and Commerce of the Roman Empire. London: Cambridge University Press.1924.

7. B.H.Warmington.Carthage.London Robert Hale Limited.1960.

8. J.Thorley. The Development of Trade to The End of the Second Century A.D.Between the Eastern Provinces of the Roman Empire and the Countries Lying Further East. Durham: Durham University. 1965.

9. E.H.Warmington. The Commerce Between the Roman Empire and India. London:Cambridge University Press. 1974.

10. Gilbert Charles Picard and Colette Picard.Carthage—a survey of Punic history and culture from its birth to the final tragedy. Sidgwick and Jackson Limited.1987.

11. Vimala Begley, Richard Daniel De Puma, eds. Rome and India:The Ancient Sea Trade. Wisconsin: The University of Wisconsin Press. 1991.

12. Duncan-Jones, Richard. Money and Government in the Roman Empire. London:Cambridge University Press. 1994.

13. Serge Lance. Carthage: a history. Blackwell Oxford and Cambridge Press.1995.

14. H. Jacob Katzenstein. The History of Tyre. Ben–Gurion University of the Negev Press.1997.

15. Gary K. Young. The Long–Distance "International" Trade in the Roman East and Its Political Effects 31B.C.—A.D.305. Tasmania:University of Tasmania.1998.

16. Jean Andreau. Banking and Business in the Roman World. London:Cambridge University Press. 1999.

17. Maria Eugenia Aubet. The Phoenicians and The West. the second edition. Cambridge University Press.2001.

18. Gary K.Young. Rome' Eastern Trade: International Commerce and Imperial Policy， 31B.C.—A.D.305. London : Routledge. 2005.

19. Colin Adams. Land Transport in Roman Egypt: A Study of Economics and Administration in A Roman Province. Oxford: Oxford University Press. 2007.

20. Walter Scheidel. The Cambridge Economic History of the Greco–Roman World. London: Cambridge University Press. 2007.

21. Roberta Tomber. Indo–Roman Trade: From Pots to Pepper. London: Duckworth. 2008.

22. Raoul Mclaughlin. Rome and The Distant East: Trade Routes to the Ancient lands of Arabia， India and China. New York: Continuum. 2010.

23. Dexter Hoyos.The Carthaginians.Routledge Taylor and Francis Group Press.2010.

24. E. Sidebotham，Steven. Berenike and the Ancient Maritime Spice Route. London: University of California Press. 2011.

25. Walter Scheidel. The Cambridge Companion to the Roman Economy. London:Cambridge University Press. 2012.

26. Bryan Ladds. Persians，Ports，and Pepper: The Red Sea Trade in Late Antiquity. Ottawa: University of Ottawa. 2015.

（二）英文论文

1. Wright. "News about old Tyre." The American schools of Oriental Research. 1939.

2. Mordechai Cogan. "Tyre and Tiglath-Pileser Ⅲ. " The American Schools of Oriental Research. 1973.

3. Walter Schmitthenner. "Rome and India: Aspects of Universal History During the Principate." The Journal of Roman Studies. vol.69. 1979.

4. Lionel Casson. "Rome's Trade with the East: The Sea Voyage to Africa and India." Transactions of the American Philological Association. vol.110. 1980.

5. Keith Hopkins. "Taxes and Trade in the Roman Empire 120B.C—A.D.400." The Journal of Roman Studies. vol.70. 1980.

6. Shulamit Geva. "Archaeological Evidence for the Trade between Israel

and Tyre." The American Schools of Oriental Research.1982.

7. I.M. Diakonoff. "The Naval power and trade of Tyre." Israel Exploration Society.1992.

8. Christopher Howgego. "The Supply and Use of Money in the Roman World 200B.C.to A.D.300." The Journal of Roman Studies. vol.82. 1992.

9. Peter Temin. "Financial Intermediation in the Early Roman Empire." The Journal of Economic Perspectives, vol.20, no.1.2006.

10. Dominic Rathbone. "Merchant Networks in the Greek World: The Impact of Rome." Mediterranean Historical Review. 2007.

11. David Kessler. "The Organization of the Grain Trade in the Early Rome Empire." The Economic History Review. vol.60, no.2. 2007.

12. Matthew Adam Cobb. "The Reception and Consumption of Eastern Goods in Roman Society." Greece & Rome. vol.60, no.1. 2013.

13. Matthew Adam Cobb. "Balance the Trade: Roman Cargo Shipments to India." Oxford Journal of Archaeology. 2015.

14. Ron Harris. " The Organization of Rome to India Trade Loans and Agents in the Muziris Papyrus." Tel–Aviv University. 2016.

# 后　记

本书稿将要交付出版，尽管还有一些缺憾，但多年教学科研中积累的腓尼基人城市研究的素材、感悟等能够形成较系统的研究成果，笔者还是甚感欣慰。

本书由徐跃勤主编著，具体撰稿人如下：

第一章：徐跃勤、刘仁凯；

第二章：徐跃勤、杨可尧；

第三章：徐跃勤、杜佳；

第四章：徐跃勤、原玲。

本书稿即将出版之际，感谢车效梅教授主持的"丝绸之路城市史研究（多卷本）"国家社科基金重大招标项目提供的资金支持，感谢国家级一流专业（历史学）项目的资助，感谢为本书出版付出努力的各位撰稿人，感谢为本书出版辛苦工作的出版社同志们！